本书是海南省哲学社会科学规划课题（思政专项）立项重点课题（编号：hnsz2019-19）成果、海南省高等学校教育教学改革研究项目（编号：hnjg2019-66）成果、海南省人文医学研究基地资助成果、海南医学院教育科研重点课题（编号：HYZ201917）成果。

『新人文·新思政』丛书

苏玉菊◎总主编

卫生法
教学案例评析

WEISHENGFA

JIAOXUE ANLI PINGXI

主　编◎苏玉菊

副主编◎杜换涛　徐喜荣　王玄览

撰稿人◎（以姓氏笔画为序）

王玄览　尤晋泽　李　永　李润生

苏玉菊　杜换涛　余　敬　范　辉

徐喜荣　徐海波　梁　晨

中国政法大学出版社

2020·北京

图书在版编目（CIP）数据

卫生法教学案例评析/苏玉菊主编. —北京：中国政法大学出版社,2020.11
ISBN 978-7-5620-9715-0

Ⅰ.①卫…　Ⅱ.①苏…　Ⅲ.①卫生法－案例－中国　Ⅳ.①D922.165

中国版本图书馆CIP数据核字(2020)第218488号

出　版　者　中国政法大学出版社

地　　址　北京市海淀区西土城路 25 号

邮　　箱　fadapress@163.com

网　　址　http://www.cuplpress.com (网络实名：中国政法大学出版社)

电　　话　010-58908435(第一编辑部) 58908334(邮购部)

承　　印　固安华明印业有限公司

开　　本　720mm×960mm　1/16

印　　张　18.75

字　　数　305 千字

版　　次　2020 年 11 月第 1 版

印　　次　2020 年 11 月第 1 次印刷

印　　数　1～6000 册

定　　价　59.00 元

主编简介

苏玉菊，清华大学法学博士，海南医学院教授、硕士生导师、卫生法学与人文医学重点学科负责人，海南省人文医学研究基地（海南省哲学社会科学重点示范基地）负责人，美国乔治城大学（Georgetown University）访问学者，中国卫生法学会常务理事、联合国教科文组织生命伦理教育推进理事会中国成员单位协调中心副主席、中国伦理学会健康伦理学专业委员会常务理事、中国医师协会人文医学专业委员会委员、海南省医学会医学伦理学专业委员会副主任委员、世界医学法学协会会员。主持国家社科基金项目 1 项、省部级课题 10 余项，发表学术论文 40 多篇，出版专著 2 部，主编教材 2 部，参编教材 6 部，主译专著 1 部，参译专著 1 部。海南省"南海名家""领军人才"，海南公共卫生法治研究创新团队带头人（本团队于 2020 年 7 月入选海南省"双百"人才团队），荣获海南省高等教育省级教学成果一等奖、海南省社会科学优秀成果三等奖、"中国法学家论坛"征文二等奖、海南医学院"金粉笔"教学奖等重要奖项。

总　序

习近平总书记提出："要抓好教材体系建设，形成适应中国特色社会主义发展要求、立足国际学术前沿、门类齐全的哲学社会科学教材体系。"教材体系建设关涉"教什么""教给谁"与"怎样教"的问题，因而是育人育才的关键所在。

海南医学院历来高度重视教学改革与教材建设，以教学改革促进教学研究、创新教材编写，以教材编写与教材建设呈现教学改革与教学研究成果，形成两者之间的良性互动，并取得了良好成效。尤其值得一提的是，近年来，海南医学院马克思主义学院以"立德树人"为根本，大力推行思政教育、人文教育、专业教育、校园文化建设融通的教学改革，加强课程思政内涵式建设，构建三全育人大格局，为培养仁义良医作出了突出贡献，形成了一系列具有示范推广价值的教学成果（该成果荣获海南省高等教育省级教学成果一等奖）。其中，"新人文·新思政"丛书就是具有代表性的教学成果之一。"新人文·新思政"丛书力图凸显以下特色：引领性：关注培养什么人、怎样培养人、为谁培养人的问题；战略性：建构学术话语体系，观照重大理论与实践问题；创新性：开展跨学科研究，实现思政教育的机制创新、模式创新与方法创新。鉴于编写者水平有限，疏漏与不足在所难免，恳请业界同仁不惜批评、指正。

今后，我们将继续在统一使用"马工程"重点教材的基础上，致力于教学研究，编写兼具高等教育思政教育、人文教育共性与医学院校思政教育、人文教育特性的"新人文·新思政"丛书，为哲学社会科学教材体系建设贡献绵薄之力。

苏玉菊

2020 年 1 月于杏林苑

前　言

法学教育重在实践训练，案例教学、模拟法庭、法律诊所等都是法学实践教学的重要方式。其中，以案例分析为基础的苏格拉底式教学法（案例教学法），在法学教学中被广为采用。案例教学法的特点是：将学生置于教学的主体地位，以问题为导向，引导学生"像律师一样思考"——基于案件事实，综合应用法学理论与知识来分析、解决法律问题，从而培养学生的法律意识与法律思维。此种"在行动中学习"的方式，能够充分调动学生学习的主动性与积极性，增强教学的实效性。

卫生法学是一门新兴交叉学科，其价值在于沟通医学文化与法学文化，加强医学与法学两个领域的理解与合作，回应并解决人类社会发展中出现的事关健康的重大问题。从本质上来说，卫生法学属于法学学科，所有适用于法学教学的方法都适用于卫生法学教学，包括案例教学法。此外，鉴于涉及医药、卫生、生命科技的事实与法律问题过于专业，以案例导入更易于教与学，因而，编写一本适宜的卫生法案例书便早已列入笔者的工作日程。

本书以维护和保障人的生命健康权益为主线，融入最新的法学理论、法律制度、法律实务成果，具有以下几个方面的特色：

1. 在体例与内容安排上：涵盖卫生法的主要领域，包括：第一篇：医疗保健案例（包含9个案例）；第二篇：公共卫生及卫生管理案例（包含9个案例）；第三篇：生命科技案例（包含8个案例），突破了现有图书市场上的卫生法案例书偏重医疗纠纷的局限。全书主题突出、内容清晰、结构合理、体系完整。

2. 在案例的选取上：注重经典性与新颖性相结合、国内与国外相结合，视野开阔，内容厚实。

3. 从追求的实际效果上：既注重生动性与可读性，又凸显理论性与学术性，引导学生从感性认识到理性体悟、从微观了解到宏观把握，帮助学生建构立体的卫生法学理论、制度框架体系，培养学生的法律意识与法律思维。

本书不仅是医学生与医务人员研习卫生法学的良师益友，而且可以满足法科学子了解卫生法学之需，还可为卫生行政管理者与执法者提供参考与启示。当然，由于作者学识与水平有限，书中的疏漏与不足在所难免，恳请专家与读者批评指正。

本书由苏玉菊担任主编并统稿审定。全书撰写分工如下：

苏玉菊（海南医学院）	案例1、2、10、16
王玄览（海南医学院）	案例3、4、5、17
李　永（海南医学院）	案例6
梁　晨（湖南理工学院）	案例7、14
徐海波（海南医学院）	案例8、13
杜换涛（沈阳师范大学）	案例9、19、20、21、23、24
徐喜荣（广州医科大学）	案例11、12、25
余　敬（海南医学院）	案例15
李润生（北京中医药大学）	案例18
范　辉（安徽医科大学）	案例22
尤晋洋（大连医科大学）	案例26

感谢中国政法大学出版社唐朝编辑为本书的出版所付出的智慧与辛劳。

苏玉菊

2020 年 4 月

目　录

第一篇 医疗保健案例

案例 1

何种情况下的误诊需要承担法律责任

——从 *Stephen H. Molien v. Kaiser Foundation Hospitals* 案[1]谈起

一、案例简介

原告莫里恩（Molien）的妻子身体不舒服，便到凯撒基金会医院（Kaiser Foundation Hospitals）就医。医生对她作了相关检查，认为她患了梅毒，并对她实施了大剂量的青霉素治疗。原告经建议也去该医院作了检查，验血检查表明他未感染梅毒。后原告妻子经复查，结果表明她没有感染梅毒，也就是说凯撒基金会医院原先的诊断是错误的。原告将医院诉至法院，认为由于医院的过失从而导致了对其妻子的误诊与误治，并由此导致他妻子怀疑他有婚外性行为，致使他妻子变得焦虑不安，并对他有了猜忌与敌意，双方的婚姻关系已濒临破裂。据此，原告提出两个诉讼请求：其一，要求被告赔偿原告"配偶权利损失"，也就是配偶一方未尽到配偶的义务，而对相对方造成的损失；其二，被告赔偿原告"一般的精神损害"。

初审法院判决原告败诉，原告上诉，最后上诉到加利福尼亚最高法院，莫斯克（Mosk）大法官对案件进行了法律分析。

大法官分析了双方的争议。原告认为，被告对原告所受到的精神创伤有着不可推卸的过失责任；而被告则认为，医生在下诊断的时候，原告并不在现场，而

[1] Stephen H. Molien v. Kaiser Foundation Hospitals et al, 27 Cal. 3d 916; 616 P. 2d 813; 167 Cal. Rptr. 831; 1980 Cal. LEXIS 207; 16 A. L. R. 4th 518.

是后来从他妻子那里得到的诊断结果，这就意味着，原告并不是被告过失行为的直接受害人，医院就不对原告的精神损害承担过失的责任。大法官说，被告的观点不成立。他认为，本案中，原告的伤害风险是被告可以合理预见到的。因为，错误的梅毒诊断以及其可能的感染来源将会导致夫妻不和，并导致患者配偶的情感痛苦，这是极易预见的。此外，医生建议原告妻子让原告去检查是否患此病的事实也证明了原告是这一过失诊断的可以预见的受害者。鉴于梅毒这种疾病通常是通过性关系传染的，因而可以预料的是，当他们得知感染上这种疾病的时候，丈夫和妻子都会经历焦虑、猜忌和敌视。因此，大法官同意原告的理由，也就是被告的行为既影响到妻子也影响到丈夫。因为他所受到的伤害是可以被合理预见的，所以被告在对妻子进行身体检查的时候，就对她丈夫负有一种合理注意的义务。最终，大法官认为因过失而致的精神痛苦可以成为一个诉因，并支持原告的这一诉讼请求。大法官强调，被告对原告妻子的误诊以及随后的误治客观证实了被告对原告造成了可以合理预见的严重的精神反应，因而可以成为原告诉请精神损害赔偿的有效证据。

本案的另外一个法律问题是，原告只是受到了精神的伤害，而没有受到实际的身体损伤。在这样的情况下，原告是否可以提起专门的精神损害赔偿诉讼？大法官说，一百年来精神损害案件有两个基本前提：其一，它是一种附带性质的赔偿；其二，精神问题要么是一个心理的问题，要么是一个身体的伤害问题。在20世纪，医学特别是心理科学得到迅速的发展，但传统的规则还是在起作用。这个规则是讲，要提起精神损害赔偿的诉讼，就要求有身体的伤害。设立这个屏障的理由是为了减少原告夸大其辞的权利请求或者虚假的伤害陈述，从而保障权利请求的客观性和真实性。大法官说，如今的法院大多坚持传统的方法，但也有另外一种新的思路，学者们认为人为设置这样的障碍是没有必要的。著名的普洛塞教授说，"这个困难并不是不可以克服的。惊惧和休克可以有特定的身体症状，其他形式的心理伤害同样有身体症状，它们都可以依医学的证据来证明"。大法官说，这种说法已经被纽约上诉法院所采纳，他们在先例里已经宣告"免于心理障碍的自由如今在本州是一项被保护的利益"。[1] 大法官总结说，区分心理和身

---

〔1〕 参见徐爱国：《名案中的法律智慧》，北京大学出版社2005年版，第38页。

体特征只会混淆视听，根本的问题却还是一个证据的问题。大法官认为本案中原告配偶所受伤害的程度是否严重到足以引起其配偶权利的损失是一个证明问题。在这样的情形之下，陪审团是最好的评判者，他们按照他们的经验可以判断被告的行为在多大的程度上导致了原告的精神损害。另外，医疗专家的证词也是一个客观的尺度。

大法官最后的结论是支持原告，原告可以单独提起精神损害的诉讼，并可以要求赔偿由此而产生的"配偶权利损失"。[1]

二、案例述评

本案是一起发生在美国的误诊案例。这个误诊到底是由主观原因引起还是由客观原因引起的？医方是否要承担责任？应承担何种责任？带着这些问题，我们进入对本案的述评。

误诊并不等同于错误或者过失。误诊是否要承担责任，要依据民事侵权构成要件来分析。医疗侵权责任一般适用过错责任原则（除因不合格或有缺陷的医疗产品引起的医疗侵权责任适用无过错责任原则外），因此，医疗侵权责任一般应包括以下四个要件：①医疗行为具有违法性，即医方违反了对患者的生命权、健康权、身体权等权利不得侵害的法定义务；②造成了患者的人身损害，如生命的丧失或者健康的损害等；③违法的医疗行为与患者的人身损害后果之间具有因果关系；④医方具有主观上的过失。医疗过失是指合理的医生未尽到高度注意义务的疏忽和懈怠。认定医疗过失，通常采用客观标准，即以医疗卫生管理法律、行政法规、部门规章和诊疗护理规范及常规等关于医方的注意义务的规定为标准，或者以医方应尽的告知、保密等法定义务为标准，只要医方未履行或者违反这些义务就被认定为有过失。通常认为高度注意义务是比善良管理人的注意义务更高的注意义务（善良管理人的注意也称为善良家父的注意，其注意标准高于处理自己事务时的注意程度，更高于普通人的注意义务）。另外，认定医疗技术过失，

---

[1]　参见徐爱国：《名案中的法律智慧》，北京大学出版社 2005 年版，第 38~39 页。

应当以医疗行为发生时的医疗水平为标准（不应是案件审理时的医疗水平）〔1〕，并要适当考虑不同地区、不同资质的医疗机构、不同资质的医务人员等差别因素，即以"当时的国家标准+相关差别因素"来考量、认定。〔2〕

由此，因"医务人员在诊疗活动中未尽到与当时的医疗水平相应的医疗义务"这一主观上的过失导致误诊，造成患者损害时，即构成医疗侵权，医方应当承担赔偿责任。反之，因客观原因（见前文）而导致的误诊，医方不存在过失，因而不构成医疗侵权，亦无需承担赔偿责任。因而，误诊与医疗过失之间的关系是交叉关系，而不是包含关系。〔3〕

曾经发生在中国北京的这个案例可以较好地说明误诊与医疗过失之间的这种交叉关系。案情如下：患者陈某因排便不适伴有肛门肿块突出，到北京市海淀区某光医院就诊。该医院门诊诊断患者患有"混合痔"，将其收治入院后对其施行了"混合痔"切除手术，送检了病理标本，病理诊断为"结核"。术后，陈某出现低热症状，出院时，某光医院嘱咐其门诊随访，继续抗结核治疗。一个月后，陈某经某光医院建议在丰台区某国医院接受治疗，作出的病理切片诊断也是"结核性肉芽肿"，据此做抗结核治疗。数月后，陈某到朝阳区某兴医院接受治疗。某兴医院经病理检查，结合病史考虑为克隆病（又名克罗恩病），据此对陈某进行激素治疗。经治疗，陈某病情好转。陈某出院后，对某光医院对其实施的混合痔切除手术及抗结核治疗和某国医院的抗结核治疗等提出异议，认为存在误诊、误治。某光医院认为，该医院手术切除指征适当，抗结核治疗无明显不当，克隆病的诊断是在抗结核治疗不佳、逐步排除疑似病症的基础上明确的。陈某不满该医院答复，向当地卫生行政部门提出医疗事故处理申请，卫生行政部门委托当地医学会组织医疗事故技术鉴定。鉴定结论认为：克隆病较少见，确诊较为困难；两医院对陈某的诊断、治疗符合常规，没有过失，本次医疗事件不构成医疗

---

〔1〕《中华人民共和国侵权责任法》第57条规定："医务人员在诊疗活动中未尽到与当时的医疗水平相应的诊疗义务，造成患者损害的，医疗机构应当承担赔偿责任。"此处采用的就是以"当时的医疗水平"为标准。

〔2〕参见杨立新：《〈中华人民共和国侵权责任法〉精解》，知识产权出版社2010年版，第242、243页。

〔3〕参见刘昭彦："医学上的误诊不等于法律上的过失（一）"，载中顾法律网，http：//lawyer. 9ask. cn/lvshi/lzy8007789/blog_153304. html，2018年6月20日访问。

事故。

　　本案中的误诊是因疾病的特殊性与罕见性这一客观原因所致，前两家医院的医务人员在诊疗活动中已尽到与当时的医疗水平相应的医疗义务，并无主观上的过失，因此两医院对误诊所造成的不利后果不应承担法律责任。本案中的医疗事故技术鉴定结论是正确的。我国《医疗事故处理条例》第 33 条第 2 项规定，"在医疗活动中由于患者病情异常或者患者体质特殊而发生医疗意外的"情形不属于医疗事故；我国于 2010 年 7 月 1 日正式施行的《中华人民共和国侵权责任法》（以下简称《侵权责任法》）在第 60 条中更明确地规定，因"限于当时的医疗水平难以诊疗"造成患者损害的，医疗机构不承担赔偿责任。毫无疑问，对医学科学规律的尊重也是法律公正原则的具体体现。

三、法理探析

　　本案涉及以下几个重要问题，即英美法上过失认定中的注意义务、美国法上医师注意义务的标准、英美法上"配偶权利损失"的内涵等。

（一）英美法上过失认定中的注意义务

　　通常认为，英美法的过失侵权包括四个构成要件：义务的存在、违反义务的行为、因果关系和损害后果。由此构成要件可知，只有当行为人负有注意义务，且行为人的行为未达到所需的行为标准而违反该注意义务对被害人造成损害时，才有可能构成过失，才有可能向相对人承担责任。可见，注意义务在过失侵权认定中具有重要的地位。正如英国法官 Atkin 在 1932 年 *Donoghue v. Stevenson* 一案的判决中所说的："过失是一种被告违反其对原告所应给予的注意的义务。"[1]那么，英美法上的过失侵权中的"注意义务"的具体内涵是什么呢？

　　在英美侵权法中，虽然注意义务是一种法定的义务，但是，并不是任何不谨慎的行为都会构成侵权，也不是任何损害都可以获得法律上的救济。只有那些没有尽到合理的谨慎义务，并造成了不合理危险的人，才可能负有过失侵权责任。换言之，侵权人承担赔偿责任，需要具备一定的条件。目前，就侵权人承担"注意义务"的构成要件在理论界和实务界还存在不同的观点。一般认为，在英美侵

---

　　[1]　转引自张淑宁："浅析英美法上的过失侵权"，载中国法院网，http：//www. chinacourt. org/article/detail/2007/01/id/231516. shtml，2018 年 7 月 25 日访问。

权法中，侵权人承担注意义务应具备三个相互关联的条件：危险是能预见的；能预见的危险是可以避免的；负有注意义务的人与受害人之间具有一定的联系。[1]

1. 危险是能预见的。在判断行为人是否有注意义务时，需要判定行为人的行为可能会对他人造成伤害后果是否能够预见。关于认定伤害可预见性的标准，理论上存在着主观和客观两种标准。所谓主观标准，是指从行为人的角度来判定，即在特定的环境下行为人是否有可能认识到危险的存在。这种标准存在着很大的局限性：一是主观标准过分偏重医学、心理学，导致同一事件可能发生截然不同的结果；二是受害人的举证难度较高，不利于保护受害人的利益。所谓客观标准，即"理性人"标准，是指从一个谨慎的人的角度来断定是否能合理地预见到危险。这种理论能够更好地保护受害人的利益。英美法采用的是客观标准，即以一般的、正常的理性人的注意义务为认定标准。因此，"行为人是否预见其行为可能损害他人因而必须注意以期避免，原则上与行为人具体之认知无关，应从一般人之标准认定之"。那么，理性人的含义是什么呢？理性人是指法律上被理想化和标准化了的假想人，具有法律所期望的一般人所应有的谨慎和理性。当判断被告的行为是否谨慎时，我们要看一个理性人处在被告的情况下会如何行为。如果理性人处在被告的情况下不会像被告那样行为，那么，被告的行为就不符合理性人的标准，就可能是不谨慎的。如果行为人是具有特殊技能的专业人员，如医生、律师、会计师等，那么，判断其行为的标准就会涉及"专业过失"标准。这个行为标准比一般的过失行为标准要高，他不仅要求以一个谨慎的专业人员的行为为标准，而且还要以一个合格的专业人员通常的和习惯的行为为标准。也就是说，每一个职业都有它本身的职业行为标准，如果特定行业人的行为符合该行业的行为标准、习惯和做法，他一般都不会被认为有过失。

2. 能预见的危险是可避免的。行为人对其所实施的行为承担注意义务尚需以能预见性与可避免性之间存在某种联系为前提。能预见性与可避免性之间存在以下几种组合方式：能预见且可避免、能预见但不可避免、不能预见且不可避免，其中只有第一种组合——能预见且可避免需要承担注意义务，若违反该注意义务造成损害则需要承担法律责任。

---

[1] 参见张淑宁："浅析英美法上的过失侵权"，载中国法院网，http：//www.chinacourt.org/article/detail/2007/01/id/231516.shtml，2018年7月25日访问。

（1）能预见且可避免，如给患者肌肉注射或静脉滴注青霉素可能会出现过敏反应。此种情况下，行为人应当承担注意义务。具体来说，即医方应依照青霉素注射规范在注射或滴注青霉素前对患者进行青霉素皮试，经过观察，如果患者对青霉素皮试无过敏反应现象，才可给患者进行青霉素肌肉注射或者静脉滴注。此时，即便发生过敏反应也属于医疗意外，医方不承担法律责任。否则，未经皮试直接给患者肌肉注射或静脉滴注青霉素后出现过敏反应，医方则应承担法律责任。

（2）能预见但不可避免，如临床手术中发生难以避免的并发症。临床上通常将并发症分为"难以避免的并发症"和"可以避免的并发症"两类。"难以避免的并发症"是指医务人员在对患者进行诊疗护理过程中，患者发生了现代医学科学技术能够预见但却不能避免和不能防范的不良后果，而这种不良后果的发生与医务人员是否存在医疗过失无直接的因果关系。如腹腔手术后的肠粘连、颅内血肿清除术中开颅造成对头皮和颅骨的损伤以及各种手术时的切口创伤性损伤等。针对"难以避免的并发症"，只要医方在术前作了全面、客观的告知，在术后作了相应的对症处理即不应承担任何责任。

（3）不能预见且不可避免，如医疗过程中发生医疗意外。医疗意外，是指医务人员在从事诊疗或护理工作过程中，由于患者的病情或患者体质的特殊性而发生的难以预料和防范的患者死亡、残疾或者功能障碍等不良后果。发生医疗意外时，医务人员没有过失，医务人员的行为与损害结果间不具有直接的因果关系。因此，医疗意外不属于医疗侵权损害，医疗机构也不承担赔偿责任。比如患者疾病危重，急需手术，手术无误，但术中死亡或术后出现严重后遗症，即属于医疗意外。

3. 负有注意义务的人与受害人之间具有一定的联系。在具备了前两个条件之后还应具有"主体关系"的要件，即负有注意义务的人与受害人之间具有一定的联系。法官 Atkin 在 *Donoghue v. Stevenson* 一案提到这种关系时说："在法律中到底谁能成为你的邻居呢？所谓邻居，是那些与你关系密切并且直接受你的行为影响的人，由于你的邻居会为你的行为所影响，那么当你将自己的想法付诸行动或可能发生疏忽时，应当对你的邻居予以合理的考虑。"〔1〕美国法院对该联系的解释经历了一个从严格到宽泛的发展过程。在 *Vince v. Wilson* 一案中，交通事故肇事人的祖母给其钱去买车，而事实上该肇事人并未具备开车的资格，其祖母在知道这一点的情况下仍给了钱。此外，售车商也在知道肇事人不具备资格的情况下，仍将车出售给他。当本案原告要求肇事人的祖母及售车商承担赔偿责任时，被告要求法庭适用传统的较为严格的归责标准，将侵权当事人限制在直接侵权当事人之间。但是，法院没有采纳被告的主张，而是采取了较宽泛的归责原则，认为两被告对原告负有注意义务，其具体理由如下：一是许多州的判例已经扩大了适用范围；二是美国《第一次侵权法重述》中规定，如果一个人直接或间接地向另一个人提供某物，而事实上提供人知道或有理由知道由于接受人的年轻、缺乏经验或其他原因致使他在使用其提供的物品时会对其自身或其他人造成身体伤害，那么，提供者就要为由此而产生的伤害承担责任。到了《第二次侵权法重述》时，提供者的适用范围又扩大至其他人——任何提供物品给其他人使用的人，提供者包括卖主、出租人、赠与人或者授予人以及所有各种保证人，而不管是否保证是免费的或有对价的。〔2〕

本案中的医生应当能够预见到梅毒（性传播疾病）诊断将对夫妻关系带来的严重的不良后果（夫妻之间的猜忌、敌视、甚至离婚，以及由此带来的情感与精神痛苦），而这种不良后果本可以避免，却因医生的误诊而未能避免，造成了对原告（及其妻子）的情感与精神损害。因此，本案中医生的行为违背了注意义务，应当承担因此而产生的赔偿责任。下文将具体探讨美国法上医师注意标准的确定。

（二）美国法上医师注意义务标准的确定规则

医疗过失（医师对注意义务的违反）是医疗损害责任认定中最为重要的条件，如何确定过失是医疗纠纷和诉讼中最为关键的问题。美国法上确定医师注意义务标准的规则如下：

---

〔1〕 参见张淑宁："浅析英美法上的过失侵权"，载中国法院网，http：//www.chinacourt.org/article/detail/2007/01/id/231516.shtml，2018 年 7 月 25 日访问。

〔2〕 参见张淑宁："浅析英美法上的过失侵权"，载中国法院网，http：//www.chinacourt.org/article/detail/2007/01/id/231516.shtml，2018 年 7 月 25 日访问。

1. 医师职业标准确定中的"可接受的做法"规则。在美国法上，确定医师的职业标准（professional standard）或者说医师的注意义务标准（standard of care）是依照"可接受的做法"（the accepted practice），还是依照"习惯做法"（the customary practice），对此一直存在着不同的观点。[1] 现在占支配地位的观点是：医师职业标准或者说医师注意义务标准是"可接受的做法"。这种"可接受的做法"是指该职业中合理的、有资格的执业者（a reasonably competent member）所期望的做法。这一标准不是该职业在历史上已经存在的独一无二的做法，也不是该职业中的从业者的习惯做法或者他们习惯遵循的做法。正如法官在 *Blair v. Eblen* 一案中所指出的：一名内科医师有义务履行这种程度的注意和技术是该医师同一个阶层（class）中的合理的、有资格的从业者（a reasonably competent practice）在相同的情况下所期望的。[2]

现代法学观点之所以拒绝历史上以"习惯做法"（the customary practice）为标准，取而代之以"可接受的做法"（the accepted practice）为标准，系基于以下考虑：其一，担心地方的习惯标准缩小和规避法律对医疗行为的审查监管；其二，如果以习惯做法为标准，将会使医师过于保守，丧失采取更好的医疗手段的动机。[3]

2. 医师职业标准在过失认定中的初步证据规则。在美国，对医师职业标准（professional standard）就是被告的合理注意的标准（standard of care），还是仅仅构成这种合理注意标准的证据，一直存在着争议。在一般的过失案件中，被告的行为符合职业标准（professional standard）只是证明其不具有过失的初步证据，而不能直接决定其不具有过失。否认职业标准具有决定性作用的学者认为：如果让职业标准（professional standard）具有决定性，使它等同于合理的注意义务标准，那么，那些危险的、没有效果的、为金钱而不惜做坏事的医疗习惯行为将可

---

〔1〕　参见姚苗："英美法对医疗过失的判定原则及对我国的启示"，载《法律与医学杂志》2007 年第 1 期。

〔2〕　Joseph H. King. *The Law of Medical Malpractice*，West Publishing Company，1977，p.42. 转引自姚苗："英美法对医疗过失的判定原则及对我国的启示"，载《法律与医学杂志》2007 年第 1 期。

〔3〕　Joseph H. King. *The Law of Medical Malpractice*，West Publishing Company，1977，p.44. 转引自姚苗："英美法对医疗过失的判定原则及对我国的启示"，载《法律与医学杂志》2007 年第 1 期。

能逃避法律的审查。[1]

3. 尊重少数派学者观点的规则。医学领域问题往往是错综复杂和不可以量来估计，因此，在一个特定的临床情况下，对什么是合适的诊疗方案或方法，往往很少有一个完全一致的观点，或者独一无二的观点。法官们深感他们对于决定各个互相冲突的观点孰优孰劣无能为力；并且认识到，对一个遵循被少数值得尊敬的从业者所赞同的医疗行为的医师，往往不能判定为存在过失。针对医疗领域中存在着各种不同观点的实际情形，法官们创立了尊重少数派学者观点的规则（"Respectable Minority" Rule）。

例如，在 *Downer v. Veilleux* 一案中，法官认为："一名医师不能因为在几种被认可的治疗方案中选择了一种方案而负（过失）责任。"[2] 在 *Chumbler v. McClure* 一案中，法庭认为："检验是否有过失不适用像公民投票那样的（多数决）的方法。对一种特定的疾病的适当的治疗方法，存在着两派或多派不同的做法，每一种做法都有负责任的（responsible）医学专家支持。在一个特定的城市中，不能认为占少数的做法就是有过失的。"[3]

（三）英美法上配偶权利损失的内涵及演变

依据历史上的英国普通法，丈夫对致其妻子受伤的侵权人有请求赔偿其配偶权利损失（loss of consortium）的权利。配偶权利损失是个总称，其中既包括财产性质的利益丧失，如配偶提供劳务利益之丧失（loss of services）以及为配偶治病支出的医药费等；也包括非财产性质的利益丧失，如配偶提供陪伴利益之丧失（loss of society），该项配偶提供陪伴之利益涵盖了妻子提供给丈夫的情感的关怀和性的满足等利益。另外，父亲对致其孩子受伤的侵权人亦有请求赔偿因孩子不能提供劳务之（财产性）损失（loss of services）的权利，但不包括孩子不能提供陪伴之（非财产性）损失。在普通法历史上，妻子和孩子成为男人的某种财产，因此，从本质上看，配偶权利损失（loss of consortium）这种侵权形式是与

---

[1] 姚苗："英美法对医疗过失的判定原则及对我国的启示"，载《法律与医学杂志》2007年第1期。

[2] Joseph H. King. *The Law of Medical Malpractice*, West Publishing Company, 1977, p. 57-58. 转引自姚苗："英美法对医疗过失的判定原则及对我国的启示"，载《法律与医学杂志》2007年第1期。

[3] Joseph H. King. *The Law of Medical Malpractice*, West Publishing Company, 1977, p. 58. 转引自姚苗："英美法对医疗过失的判定原则及对我国的启示"，载《法律与医学杂志》2007年第1期。

婚姻家庭制度联系在一起的。进入现代社会，尤其是随着女权运动的兴起，这种制度遭到强烈控诉，结果是英国通过立法彻底废除了普通法中的这种制度（即丈夫和妻子都不再能对第三人主张配偶权利丧失的请求权），美国的一些州和英国一样通过立法彻底废除了普通法中的这种制度，而另外一些州则保留了普通法上的这种制度，但将上述丈夫的请求权扩张至妻子也同样享有。至于孩子的请求权，许多州则仍持保守态度，不承认孩子因父母受伤而有请求赔偿的权利。[1]本案发生在美国加利福尼亚州，从本案的判决结果可见，该州仍保留着普通法中的配偶权利保护制度。

四、结语

临床上的误诊是指医生在临床医疗工作中因主观或客观因素的影响作出了不符合或不完全符合病情的结论。误诊可表现为将"无病"诊断成"有病"、将"有病"诊断成"无病"或将"此病"诊断为"彼病"等情形。根据误诊的性质和程度的不同，大体可将误诊分为以下六个类型：错误诊断、延误诊断、漏误诊断、病因判断错误、疾病性质判断错误、对新发生疾病和并发症的漏诊。[2]误诊不仅会给被误诊的患者带来负担和损害，也会给社会、家庭、医院及医务人员带来不良影响，误诊还是引发医疗纠纷的重要因素。

导致误诊的原因是多方面的，既有主观方面的因素，也有客观方面的因素。造成误诊的主观因素主要有（包括医生责任性误诊和技术性误诊）：①医生对病史采集草率，忽视相关病史采集；②体格检查不认真，遗漏重要阳性体征；③忽视必要的鉴别诊断；④对相关辅助检查结果的分析不认真、不及时；⑤盲目自信，不听取他人合理建议；⑥业务水平低下等。[3]

造成误诊的客观因素主要有：①疾病自身发展规律影响，如某些疾病早期症状不典型，其发生、发展、演变过程尚需时日；②某些疾病病因未知，缺乏有效

　　〔1〕　参见孙维飞：“英美法上第三人精神受刺激案型的处理其借鉴意义——以第三人派生的请求权与独立的请求权及其关系为视角”，载《华东政法大学学报》2012 年第 3 期。

　　〔2〕　参见“百度百科：误诊词条”，载 http：//baike．baidu．com/item/%E8%AE%AF%E8%AF%8A/6774976？fr=aladdin，2018 年 6 月 20 日访问。

　　〔3〕　刘昭彦：“医学上的误诊不等于法律上的过失（一）”，载中顾法律网，http：//lawyer．9ask．cn/lvshi/lzy8007789/blog_153304．html，2018 年 6 月 20 日访问。

的诊断手段；③特殊少见病、疑难病难以及时明确诊断；④技术水平、设备条件的限制；⑤患者个体差异，在临床上常见同一种疾病，在不同的患者身上表现出不同的症状和体征；⑥早期治疗影响了疾病的自然过程，改变了临床症状和体征，影响正确诊断；⑦患者及家属隐瞒重要病史或不执行医嘱进行相关辅助检查等。[1]

需要注意的是，误诊不等同于错误或过失。因"医务人员在诊疗活动中未尽到与当时的医疗水平相应的医疗义务"这一主观上的过失导致误诊，造成患者损害时，即构成医疗侵权，医方应当承担赔偿责任。反之，因客观原因而导致的误诊，医方不存在过失，因而不构成医疗侵权，亦无需承担赔偿责任。因而，误诊与医疗过失之间的关系是交叉关系，而不是包含关系。误诊可因客观因素而导致，因而误诊是不可能完全杜绝的，但是，医务人员应当尽可能地避免因主观因素导致的误诊。

---

[1] 刘昭彦："医学上的误诊不等于法律上的过失（一）"，载中顾法律网，http：//lawyer. 9ask. cn/lvshi/lzy8007789/blog_153304. html，2018 年 6 月 20 日访问。

案例 2

患者生命权与知情同意权冲突之解决
——基于两起临床事件的分析

一、案例简介

（一）事件一：未婚夫拒绝同意手术，孕妇与胎儿双亡

北京某医院曾接收了一名生命垂危的孕妇李某云。在她神志尚清醒的时候，医生征求她的意见，是否同意做剖宫产手术，她摇头拒绝。后李某云病情恶化，医生向其同居关系人肖某军告知孕妇的病情、必须手术的理由和不进行手术的严重后果，肖某军作出"坚持用药治疗，坚持不做剖腹手术，后果自负"的决定。最终院方在肖某军没有签署手术同意书的情况下，"无法"进行手术，结果年仅22 岁的孕妇李某云和她腹中的胎儿双亡。[1]

（二）事件二：丈夫拒签字手术，主治医生代签救下母子

患者周某芝在浙江省某县人民医院接受剖腹产，两小时后出现弥漫性血管内出血的症状。医院了解到，周某芝此前有流产经历，子宫受过创伤。医院认为，必须进行切除手术，否则极易死亡。当医方向患者丈夫胡某平说明患者病情并希望他同意手术并签字时，胡某平拒绝签字，院方立即将此事向县卫生局作了汇报，得到了"抢救病人、尽我们职责"的明确指示。但直至当晚 7 时，胡某平仍拒绝签字。此时，患者病情十分危急。针对这种情况，该医院常务副院长、抢救小组组长徐某珊决定："生命高过一切，家属不签字，主治医生联合签。"于是，两名主治医师在手术告知书上签了字，并对病人实施了子宫切除手术，病人转危

---

［1］　张雪、孙福川："生命权、知情同意权和特殊干预权的冲突及衡平"，载《中国医学伦理学》2009 年第 2 期。

为安。[1]

二、案例述评

上述两个事件都涉及紧急情况下患方生命权与知情同意权的冲突的解决，其中，患方的态度如出一辙，但院方的对待方式截然相反，事件的结果也天壤之别。对此，我们不仅要追问：为何针对情形相似的事件时，不同的医院对待的方式竟如此殊异？从事件的简介中可以看出，两家医院都依法履行了必要的告知与说明义务。区别在于，针对患者病情急危这一特定情形，当得不到患方的手术同意时，事件一中的医院无所作为，没有启动特殊干预权，最终母子双亡；事件二中的医院却及时启动了特殊干预权，最终患者转危为安。从后续的报道可以看出，事件一中的医院未启动特殊干预权，并非故意作恶，实乃是基于对现行法律规范关于患方知情同意权以及医方特殊干预权的理解，为规避自身风险而不得不"见死不救"。事件二中的医院则基于医方救死扶伤的职业伦理以及患者生命神圣这一价值理念（已超越了一般的法律文本），甘冒风险，启动了特殊干预权，及时为患者实施了手术。此种不同对待的真正原因在于现行法律关于知情同意权、生命权以及特殊干预权的规定不明确所致。很显然，事件二中的医院的职业道德要远高于事件一中的医院，但是事件一中的医院就一定要受到谴责吗？似乎不能如此。在法治社会里，明确、可预期的规则制定是立法者（也包括法官，如法官的法律解释）的任务，如果将此责任转嫁于医院，其一，医院不能胜任立法与法律解释的重任，势必仁者见仁，智者见智，导致规则的混乱与不可预期性；其二，加重医院的负担与责任，显然不公平；其三，医院为规避风险而不作为，患者的生命健康权得不到保障。因此，要解决患者的权利冲突，立法的完善辅以严格的法官释法才是根本途径。

临床实践中患者的生命权与知情同意权之间的冲突时有发生，并由此引发了多起悲剧性事件。立法的疏漏与缺陷是引发这一冲突的主要原因。在司法实践中，法官应当依据医疗卫生事业的终极人文价值、伦理原则，严格地运用法律解释的标准与方法进行法益的权衡，追求判决的公正，以引导医院尽可能地减少不

---

[1] 参见洪加祥、张丹丹："医生联合签名救了产妇"，载《浙江日报》2008年1月28日，第10版。

得已的"见死不救"事件的发生，并为培育医方关爱生命的人文精神提供司法支持与保障。下文将就此进行分析。

三、法理探析

（一）冲突的主因：立法的疏漏与缺陷

人类的理性是有限的，立法者对事物（包括对权利）的认识是逐步渐进并受当下社会历史条件的限制，加上立法技术的限制，由此决定了由人所制定的法律永远不可能是完善的，而社会生活又是流动的、常新的，这就必然导致立法的相对落后、滞后，甚至是相互之间的冲突。这在中国这个法治建设时间不长的国家里表现得尤为明显。就医疗卫生立法而言，其在全球的发展历史并不长，在中国更是短暂，相比其他领域的立法而言，更显不成熟。就患者的知情同意权的立法来看，对相关法律、法规、规章的规定做一梳理（以颁布实施时间为脉络），便可发现存在的问题。

1. 《侵权责任法》实施前相关法律规范中的知情同意权。

（1）《医疗机构管理条例》中的知情同意权。该《医疗机构管理条例》（自1994年9月1日起施行，已于2016年修正）第33条规定："医疗机构施行手术、特殊检查或者特殊治疗时，必须征得患者同意，并应当取得其家属或者关系人同意并签字；无法取得患者意见时，应当取得家属或者关系人同意并签字；无法取得患者意见又无家属或者关系人在场，或者遇到其他特殊情况时，经治医师应当提出医疗处置方案，在取得医疗机构负责人或者被授权负责人员的批准后实施。"该条规定的知情同意权的范围限于"施行手术、特殊检查或者特殊治疗"，这一权利由患者与其家属或者关系人共享，且不仅要征得其家属或者关系人"同意"并且要获得其"签字"。由此观之，患者家属或者关系人"同意"的效力似乎大于患者本人，而不管患者是否具有意思表示能力；该条的进步之处在于规定了医方特殊干预权启动的条件，但遗憾在于并未对"其他特殊情况"作出明确的规定，也未通过《医疗机构管理条例实施细则》对此加以明确，这不能不说是导致前述"肖某军"事件的一个重要原因。

（2）《医疗机构管理条例实施细则》中的知情同意权。该《医疗机构管理条例实施细则》（自1994年9月1日起施行，已于2017年修正）第62条规定：

"医疗机构应当尊重患者对自己的病情、诊断、治疗的知情权利。在实施手术、特殊检查、特殊治疗时,应当向患者作必要的解释。因实施保护性医疗措施不宜向患者说明情况的,应当将有关情况通知患者家属。"该条的规定扩大了患者知情权的范围,更强调了医方在实施手术、特殊检查、特殊治疗时的说明义务,并且基于不伤害的伦理原则规定了"因实施保护性医疗措施不宜向患者说明",但"应当将有关情况通知患者家属";并未对前述的"其他特殊情况"作出规定。

(3)《中华人民共和国执业医师法》中的知情同意权。《中华人民共和国执业医师法》(自 1999 年 5 月 1 日起施行,以下简称《执业医师法》,已于 2009 年修正)第 26 条:"医师应当如实向患者或者其家属介绍病情,但应注意避免对患者产生不利后果。医师进行实验性临床医疗,应当经医院批准并征得患者本人或者其家属同意。"该条规定强调了医师的如实说明义务,并要注意避免对患者产生不利后果;但却缩小了同意权的范围,仅规定了进行实验性临床医疗的患方的同意权,且未规定这种同意的形式要件应当是书面形式;[1] 该条也未规定医方特殊干预权启动的条件。作为一部规范医师执业行为的重要法律,该法不仅未能在总结前述低位阶的行政法规、规章不足的基础上就知情同意权作出全面、细致的规定,并且限缩了知情同意的范围,不能不说是一个重大的缺憾。

(4)《医疗事故处理条例》中的知情同意权。《医疗事故处理条例》(自2002 年 9 月 1 日起施行)第 11 条规定:"在医疗活动中,医疗机构及其医务人员应当将患者的病情、医疗措施、医疗风险等如实告知患者,及时解答其咨询;但是,应当避免对患者产生不利后果。"该条规定未能就前述规定中存在的问题进行弥补。

(5)小结。知情同意权由知情、理解、同意三个要素构成,理解是知情同意权实施的最重要的因素。知情同意权包括了解权、被告知权、选择权、拒绝权和同意权,是患者在对自己的病情、医疗措施、医疗风险、医疗费用等真实情况知晓的基础上(但应当避免对患者产生不利后果),充分行使自主权的前提和基础。知情同意权体现的是对个人尊严、个人选择的尊重,是尊重自主这一生命伦

---

〔1〕 实际上,实验性临床医疗包含在《医疗机构管理条例实施细则》第 88 条第 3 款规定的"特殊检查、特殊治疗"中,而根据前述规定,"特殊检查、特殊治疗"与"施行手术"都要获得书面的同意方可实施。

理原则在立法上的体现，反映了医患关系由医生家父主义模式向医患共同参与型模式的转变。19 世纪末、20 世纪初，在西方社会，病人权利首先在知情同意权领域取得突破，[1] 并随着纽伦堡审判及《纽伦堡法典》（1948 年公开发表）的颁布而彰显。在中国，1982 年卫生部颁布的《医院工作制度》第 40 条中首次确定"实行手术前必须由病员家属、或单位签字同意"，但这仅仅是同意，欠缺知情；而知情是同意的前提，因此，这里规定的不是完整的知情同意。1994 年我国在《医疗机构管理条例》中规定了患者的知情同意权，这是我国卫生立法的一大进步。这一立法的初衷是在尊重患方知情同意权的基础上，防止医方权利的滥用，以更好地保护患者的权益。但在整个卫生立法中，对患者生命权的保护是处于第一位的，这一立法宗旨可以通过对《医疗机构管理条例》等法律规范相关条文的分析得以呈现。《医疗机构管理条例》第 31 条规定："医疗机构对危重病人应当立即抢救。对限于设备或者技术条件不能诊治的病人，应当及时转诊。"该条是对危重患者及时抢救权的规定，并且对危重患者及时抢救权的实施未设定限制条件。据此，可以将《医疗机构管理条例》第 33 条理解为是对"危重病人"以外的病人实施手术、特殊检查或特殊治疗时的知情同意权的规定。《医疗机构管理条例实施细则》是对《医疗机构管理条例》规定的进一步细化，不可能对《医疗机构管理条例》的立法宗旨作改变。《执业医师法》的立法仍然延续了"生命权优先保障"这一宗旨，该法在第 24 条规定："对急危患者，医师应当采取紧急措施进行诊治；不得拒绝急救处置。"该条也未对急危患者紧急诊治的措施设定限制条件。该法在第 26 条规定了知情同意权（见前文），但此处规定却限缩了知情同意权的范围（与《医疗机构管理条例》第 33 条相比），仅规定了进行实验性临床医疗的患方的同意权，且未规定这种同意的形式要件应当是书面形式。2002 年 9 月 1 日施行的《医疗事故处理条例》（对 1987 年颁布的《医疗事故处理办法》作了较大程度的修改），试图从医疗事故的概念界定、预防、技术鉴定、行政处理与监督、赔偿等各方面加以完善，其重中之重是改革、完善医

---

　　[1]　最早的有关患者的知情同意权的案例是 1905 年的 *More v. Williams* 案以及 1914 年的 *Schloendor v. Society of New York Hospitals* 案，法院最早在这两个案例中将患者的同意作为一项权利来看待，在第 2 个案例中还明确了患者的自我决定权。参见 Ruth R. Faden & Tome L. Beauchamp：*A History and Theory of Informed Consent*，Oxford University Press，1986，pp. 120–125.

疗事故技术鉴定组织及程序，以保证鉴定结论的公正性，加强对患方利益的维护。其立法重点不在于知情同意权的规定，只在第 11 条就知情同意权作了一个概括性的规定。有关知情同意权的规定仍然要依据《医疗机构管理条例》及《医疗机构管理条例实施细则》。

当然，知情同意权作为一项独立的权利在我国卫生立法中也逐步得以确立。但在上述立法中，立法者未能对知情同意权的主体、客体、范围、形式、特殊情况下的对待作出精准、明晰的规定，且不同的法律文本之间存在冲突。由此也就不难理解临床实践及司法实践中处理此类案件的不确定性了。直至 2010 年 7 月 1 日《侵权责任法》的施行，有关知情同意权的诸多问题，有些得到了解决，有些仍然未能得到解决，详析如下。

2.《侵权责任法》中的知情同意权[1]。2010 年 7 月 1 日起施行的《侵权责任法》，用专章（第七章第 54 条至第 64 条）规定了医疗损害责任。此前，我国的医疗损害责任救济体制呈现"一四二"现象，即由一个医疗损害事实、四个双轨制所构成的二元化的医疗损害救济体制。此处的四个双轨制是指：一是医疗损害责任诉因的双轨制，既有医疗事故责任，又有医疗过错责任；二是医疗损害赔偿标准的双轨制，医疗事故责任适用《医疗事故处理条例》规定的赔偿标准，赔偿数额较低，医疗过错责任适用《最高人民法院关于审理人身损害赔偿案件适用法律若干问题的解释》规定的赔偿标准，赔偿数额较高；三是医疗损害责任鉴定的双轨制，医学会组织医疗事故责任鉴定，司法鉴定机构组织医疗过错责任鉴定；[2] 四是适用法律的双轨制，医疗事故引起的医疗赔偿纠纷，诉到法院的，参照《医疗事故处理条例》的有关规定办理，因医疗事故以外的原因引起的其他医疗赔偿纠纷，适用《中华人民共和国民法通则》（以下简称《民法通则》）及相关司法解释的规定。这种二元化的医疗损害责任救济体制所导致的严重后果

---

〔1〕 2018 年 10 月施行的《医疗纠纷预防和处理条例》在第 13 条对患方的知情同意作了规定，但是依然未能明确何谓"紧急情况"以及"紧急情况"包括哪些情形。2019 年 12 月颁布的《中华人民共和国基本医疗卫生与健康促进法》在第 32 条也对患方的知情同意作了规定，但与《侵权责任法》对知情同意权的规定没有什么差异。

〔2〕 杨立新：《〈中华人民共和国侵权责任法〉精解》，知识产权出版社 2010 年版，第 226 页。杨立新等学者认为是三个双轨制，即诉因、赔偿标准与鉴定的双轨制，笔者认为应加上法律适用的双轨制，即四个双轨制。

是：进一步激化了医患矛盾，形成了防御性医疗，破坏了司法的统一性、损害了司法权威。在这一背景下，《侵权责任法》关于"医疗损害责任"规定的着力点在于改变二元化的医疗损害责任救济体制，构建一元化的医疗损害责任救济体制；[1] 而关于知情同意权的规定有一些改进，但并无重大突破，只是对前述零散立法的归总与稍作补充。

（1）进展：明确了医方的告知形式与告知内容，明晰了患方的知情同意权。《侵权责任法》在总结前述立法的基础上，在第 55 条第 1 款规定："医务人员在诊疗活动中应当向患者说明病情和医疗措施。需要实施手术、特殊检查、特殊治疗的，医务人员应当及时向患者说明医疗风险、替代医疗方案等情况，并取得其书面同意；不宜向患者说明的，应当向患者的近亲属说明，并取得其书面同意。"较之前述立法，该条的改进之处在于明确了医方说明义务的三种形式：一是一般告知。适用于在一般诊疗活动中医务人员向患者简要说明病情和医疗措施。这是最常见的告知形式，通常是口头告知，不以书面形式为必要，病人可以口头或以行动表示同意。一般告知的优点是简便易行；缺点是一旦发生医疗纠纷，医院难以举证证明已经依法履行了告知义务。二是特殊告知。对需要实施手术、特殊检查、特殊治疗的患者，[2] 医务人员应当及时向其说明医疗风险、替代医疗方案等情况，并取得其书面同意。这种告知的优点是，一旦发生医疗纠纷，医院可以出示知情同意书，证明已经依法履行了告知义务；缺点是程序比较繁琐，实施成本高。三是向患者近亲属的告知。适用于当某些病情、治疗措施等信息不宜向患者说明或需对患者实施保护性医疗措施时，应当向患者的近亲属说明，并取得其书面同意。这一规定体现了生命伦理中的有利原则，展现了人文主义的情怀。第55 条第 2 款还明确规定了侵害患者知情同意权的法律责任，[3] 即医方违反告知义务、侵害患者知情同意权与自主决定权，造成患者损害的，医疗机构应当承担

---

〔1〕　苏玉菊："医疗损害鉴定体制研究——以《侵权责任法》为视角"，载《医学与哲学（人文社会医学版）》2010 年第 12 期。

〔2〕　结合《医疗机构管理条例实施细则》第 88 第 3 款的规定，特殊检查、特殊治疗是指具有下列情形之一的诊断、治疗活动：①有一定危险性，可能产生不良后果的检查和治疗；②由于患者体质特殊或者病情危笃，可能对患者产生不良后果和危险的检查和治疗；③临床试验性检查和治疗；④收费可能对患者造成较大经济负担的检查和治疗。这种告知以书面形式为必要：即医方书面告知，患者书面同意。

〔3〕　《侵权责任法》第 55 条第 2 款规定："医务人员未尽到前款义务，造成患者损害的，医疗机构应当承担赔偿责任。"

医疗伦理损害责任。[1]

（2）缺陷：未能进一步明确规定医方启动特殊干预权的具体条件，致使"肖某军"式的事件难以避免

《侵权责任法》第 56 条规定："因抢救生命垂危的患者等紧急情况，不能取得患者或者其近亲属意见的，经医疗机构负责人或者授权的负责人批准，可以立即实施相应的医疗措施。"这是对医方特殊干预权（即是对患方知情同意权的限制）的规定，但仅规定了"生命垂危"这一种"紧急情况"，对其他"等紧急情况"仍需通过司法解释或行政法规加以细化、明确（但至今尚未见与之相关的司法解释或行政法规出台）。且此处又给特殊干预权的启动加以另一个限制条件，即在"不能取得患者或者其近亲属意见"时方能启动。这里的"意见"可以是"同意"，也可以是"不同意"，那么只要获得了"意见"（无论是"同意"或是"不同意"），医方的特殊干预权都无法启动。由此，即便"肖某军"事件发生于该法施行之后，也仍难以避免悲剧的发生。这里的重大缺陷是仍未对"涉及公共利益或涉及第三者利益"等特殊情况下的医方特殊干预权作出规定，使得《医疗机构管理条例》第 33 条规定的"其他特殊情况"的不确定性得以延续。[2] 那么，在实践中，这种"等紧急情况"或"其他特殊情况"是由医方判定并承担风险？还是由患方判定并承担风险？还是由法院判定并分配风险？很显然由前两者判定并承担风险都不切实际，难以做到。[3] 当然，法院"不得拒绝判决"，但鉴于我国并非判例法传统的国家，法院往往局限于具体条文的适用，而忽略对法律整体的理解及对法律精神的把握，于是，现实中判决结果极具不确定性，这加剧了此类情况下医方基于对风险的规避而不得不"见死不救"的悲剧的发生。于是，"肖某军"事件还会上演。[4]

〔1〕 杨立新：《〈中华人民共和国侵权责任法〉精解》，知识产权出版社 2010 年版，第 234 页。

〔2〕 卫生部于 2010 年 3 月 1 日起实施的《病历书写基本规范》规定"为抢救患者，在法定代理人或被授权人无法及时签字的情况下，可由医疗机构负责人或者授权的负责人签字。"此处的无法及时签字并不能完全涵盖"其他特殊情况"，因为，有时即便是患方拒签，但由于患者的安危涉及公共利益或第三人的利益时，也应当及时救治。

〔3〕 参见苏力对肖某军事件的分析。苏力："医疗的知情同意与个人自由和责任——从肖某军拒签事件切入"，载《中国法学》2008 年第 2 期。

〔4〕 王卫英、丁嘉露："妻子需手术丈夫拒签字 兰溪版肖某军事件上演"，载浙江在线网，http：//zjnews. zjol. com. cn/system/2008/04/01/009368059. shtml，2018 年 12 月 8 日访问。

毫无疑问，有关知情同意权立法的疏漏与缺陷既是导致患者知情同意权与生命权冲突、患方知情同意权与医方特殊干预权冲突的重要原因，也是这些冲突发生后难以顺利解决的重要原因。[1]

（二）冲突的解决：法律解释

当临床实践中发生患者生命权与知情同意权之间以及医方的特殊干预权与患方的知情同意权之间的冲突事件时，而相关的立法又存在疏漏与缺陷时，法官的法律解释便是弥补立法疏漏与缺陷、解决冲突的必然选择。

现以本文第一部分列出的第一个事件（即"肖某军"事件）为例对此加以阐释。假设在"肖某军"事件中，医方尽管未能得到患方的同意并签字，但还是对李某云实施了剖宫产手术，患方事后以医院侵犯了其知情同意权而将医院诉至法院，法官应当如何判决呢？笔者认为，尽管当前我国的法律规范未对医方启动特殊干预权作出十分明晰的规定（见前文分析），但法官还是可以运用法解释学的理论与方法，对本案作出一个适当的判决。法律解释的标准与方法大体包括：字义解释、法律的意义脉络解释、历史的目的论解释、客观目的解释、合宪性解释。[2] 现依据这些解释标准与方法就本案分析如下。

1. 字义解释。字义解释也称文义解释、语法解释、文法解释或文理解释，是指从法律条文的字面意义来说明法律规定的含义。[3] 法律解释首先是对法律条文进行字义解释，即解释均始于字义，同时，字义解释也为法律解释划定了范围。[4] 前文已对有关知情同意权的法律条文作了详细的分析，得出我国关于知情同意权的规定不明晰。依据上位法优于下位法、新法优于旧法的规则，《侵权责任法》的相关规定应该优先适用。该法第 55 条对医方告知的主体、内容、方式、种类及形式作了较为明确的规定；该法第 56 条规定了"抢救生命垂危的患者等紧急情况"下的医方特殊干预权的启动，但是这里只规定了"抢救生命垂

---

〔1〕　导致患者权利冲突的原因尚有医疗行业自身的特殊性、患者权利意识的增强以及患者权利的多元化、医患纠纷处理机制的不完善、医方自律的不足、医疗保障体制的不完善、政府在提供基本医疗服务与公共卫生服务方面的职责缺失以及医学教育中人文教育的缺失等多种因素。在此不再赘述。

〔2〕　［德］卡尔·拉伦茨：《法学方法论》，陈爱娥译，商务印书馆 2003 年版，第 200~222 页；沈宗灵主编：《法理学》，北京大学出版社 2009 年版，第 361~363 页；舒国滢等：《法学方法论问题研究》，中国政法大学出版社 2007 年版，第 377 页。

〔3〕　沈宗灵主编：《法理学》，北京大学出版社 2009 年版，第 361 页。

〔4〕　［德］卡尔·拉伦茨：《法学方法论》，陈爱娥译，商务印书馆 2003 年版，第 201、204 页。

危"这一种"紧急情况",还需要对"等紧急情况"进行法律解释。同样,《医疗机构管理条例》第 33 条规定的"其他特殊情况"也需要通过法律解释来确定。很显然,这里需要对"等紧急情况""其他特殊情况"从字义上作扩大解释和目的解释。但是,字义解释应扩大到何种程度?又应当依据什么目的进行解释?"肖某军"案中的李某云的状态是否属于"等紧急情况"或"其他特殊情况"之列呢?这些问题还需借助以下的解释标准方能明晰。

2. 法律的意义脉络解释。卡尔·拉伦茨认为,法律经常由不完全法条(说明性、限制性或指示参照性的法条)所构成,它们与其他条文相结合才构成一个完全的法条,或相互结合构成一个规整。由此,也只有将单个条文视为法律整体的一部分,才能获悉个别条文的意义。[1] 卡尔·拉伦茨将这种解释标准称为法律的意义脉络解释,也就是我们通常所说的体系解释,是指将被解释的法律条文放在整部法律中乃至整个法律体系中,联系此法条与其他法条的相互关系来解释法律。[2] 现在需要通过对同一法律文本中的相关条文及不同法律文本中的相关条文的内在关联及整体意思的梳理与解释,来厘清生命权与知情同意权之间的关系。《执业医师法》先在第 24 条规定(紧急救治权):"对急危患者,医师应当采取紧急措施进行诊治;不得拒绝急救处置。"该条文及其他条文并未对紧急救治权规定限制性条件。然后在第 26 条第 1 款规定(知情同意权):"医师应当如实向患者或者其家属介绍病情,但应注意避免对患者产生不利后果。"与之相似,《医疗机构管理条例》也是先在第 31 条规定(紧急救治权):"医疗机构对危重病人应当立即抢救。对限于设备或者技术条件不能诊治的病人,应当及时转诊。"该条及其他条文并未对立即抢救附加限制性条件,即便是转诊的规定也是为了更好地救治患者。尔后,在第 33 条规定知情同意权(条文内容见前文)。从条文的内在结构来看,急危患者的紧急救治权(紧急救治权是维护、保障生命的权利,因此,生命权是上位权,紧急救治权是下位权)规定在前,患者的知情同意权规定在后。再看,《医疗事故处理条例》第 33 条规定,"在紧急情况下为抢救垂危患者生命而采取紧急医学措施造成不良后果的"不属于医疗事故;《侵权责任法》第 60 条规定,医务人员在抢救生命垂危的患者等紧急情况下已经尽到合理

---

〔1〕 [德] 卡尔·拉伦茨:《法学方法论》,陈爱娥译,商务印书馆 2003 年版,第 204 页。
〔2〕 沈宗灵主编:《法理学》,北京大学出版社 2009 年版,第 363 页。

诊疗义务造成患者有损害的，医疗机构不承担赔偿责任。这些规定实际上都在强调急危患者的紧急救治权，并且为保证这一紧急救治权的及时、顺利实现，立法者只要求医务人员在此情况下尽到合理注意义务（非高度注意义务）便可。通过对这些法律条文的体系分析，我们可以获知：其一，生命权优先的立法意图；其二，尽管无法获得"其他特殊情况"的完整内容，但是"急危""生命垂危"等"紧急情况"应当属于"其他特殊情况"之列；其三，在"急危""生命垂危"等"特殊情况"时，对患者生命权的救治并不受患方知情同意权的限制。

本案中的李某云及其腹中胎儿均处于"急危""生命垂危"状态（且李某云的安危直接涉及其腹中胎儿的生命法益，因此，李某云及其代理人在行使同意权时不能侵害胎儿的生命法益），此时，应对李某云实施紧急救治措施，而不应受其未婚夫肖某军的知情同意权的限制；肖某军在行使代理权时亦不得侵害被代理人的合法权益；此时医方基于专业判断而实施紧急救治是医方裁量权的当然内容，也符合紧急避险的构成要件，应受到法律的保护。

3. 历史的目的论解释。历史的目的论解释是指通过研究有关立法的历史资料或从新旧法律的对比中了解法律的含义。

由前文可知，救死扶伤、维护并促进患者的健康是医学的终极目的。尽管，病人权利运动及生物医学界一些丑闻的暴露催生了患者知情同意权及自主决定权的确立，但医学与法学的终极目的（维护、保障生命，促进人类健康）并未被撼动。由前文对相关法律、法规条文之间的相互关系及整体意思的分析可见，立法者既肯定了生命权，也肯定了知情同意权；但从条文的先后顺序及对紧急情形的规定，可以推定立法者的意图：生命权优先于知情同意权。在这一点上不同层级的卫生立法并无冲突（冲突主要体现在：在规定知情同意权时，对其主体、形式、内容等用语的不同）。因此，就本案而言，新旧卫生立法的宗旨一致：患者生命权的保护处于第一位。

4. 客观目的论解释。当上述各种解释标准不能达致毫无疑义或充分的解答时，这时就需要借助客观目的论解释标准。"之所以称之为客观目的论的标准，是因为立法者立法时是否意识到它们的意义，并不重要。"[1] 法的伦理性原则即

---

〔1〕 ［德］卡尔·拉伦茨：《法学方法论》，陈爱娥译，商务印书馆 2003 年版，第 211 页。

是客观目的论的标准之一，例如信赖保护原则、正义原则、同等情况同等对待原则等。

现以信赖保护原则为例作进一步的说明。医患之间首先是基于信托而形成的服务关系，患者将生命托付给医方，医方应竭尽所能救治患者。医方所要实施的诊疗措施尽管需要告知患方并应得到患方同意后方可实施，但这一知情同意权的设定，其目的并不仅仅是阻却诊疗行为的违法性，毋宁说是在尊重患方自主权的基础上获得患方对诊疗行为的理解、信赖、配合与参与，从而更好地维护患者的生命与健康。这便是信赖保护原则在医患关系中的体现。无论在一般情况下还是在紧急情况下，信赖保护都是医患关系的根本内容。当然在一般情况下，医患沟通会更从容，患方有较为充足的时间去理解医疗信息，最终作出较为理性的判断与决定，此时，应更多地考虑患方的自主权。但是在紧急情况下（如患者因病情急危或受到病痛折磨或高度惊吓而欠缺理性等情况），此时，医方应基于信赖保护原则，推定患者在具备正常理性下将会同意为救治其生命而实施妥当的诊疗行为。

尽管在本案中，李某云的未婚夫肖某军拒绝剖宫产手术，但这种拒绝并不当然能阻碍医方的特殊干预权的实施，因为医疗行为是建立在多种伦理原则综合考量基础之上的，这些伦理原则除了尊重自主原则之外，尚有不伤害原则、有利原则、公正原则等。我们不能简单地认为尊重自主原则在任何情况下都优先于其他原则。当患者处于"急危""生命垂危"等紧急情况，或因惊吓而欠缺理性、欠缺理解与同意能力时，或患者的代理人滥用代理权可能侵害患者的合法权益时，或患者的安危涉及公共利益或第三者利益时，此时，尊重患方自主原则并不当然优先于不伤害原则、有利原则及公正原则，医方基于综合考量而实施救治行为是其诊疗权的当然内容，因为"医生应该凭良心给病人治疗，病人不能强求医生采取违背良心的治疗方法"。[1]

5. 合宪性解释。在法律位阶上，宪法规范处于最高地位，因此，合宪性也是一种解释标准。其中具有宪法位阶的法伦理原则，对解释具有特殊意义。合宪性解释要求，依字义及脉络关系可能的多数解释中，应优先选择符合宪法原则，

---

〔1〕 夏芸：《医疗事故赔偿法——来自日本法的启示》，法律出版社 2007 年版，第 527 页。

尤以宪法基本权部分中的原则及价值更处于优越地位，如生命权、人格尊严。[1]当然，宪法所保护的基本权利与基本价值不止一个，这些基本权利与基本价值相互关联、相互补充、相互限制，构成一个完整的"意义整体"或"基本价值体系整体"。在遇到基本权利或其他宪法保障的法益之间发生冲突时，这时首先要看立法者是否已对宪法原则加以具体化规定，以及这种具体化规定是否超越了宪法所容许的范围或与宪法原则相抵触。以患者的生命权与自主权的立法规定为例，前文已述及《执业医师法》《侵权责任法》《医疗机构管理条例》等法律、法规都对患者的救治权、知情同意权作了规定，这些规定分别是对宪法中生命权、人格尊严的具体化，这些规定不与宪法原则相抵触。但是，上述法律、法规未对生命权与知情同意权发生冲突的"其他特殊情况"作出明确规定，这时需要法官在个案中进行"法益权衡"来解决。那么法官应该如何在生命权与知情同意权之间进行权衡呢？

尽管不同的人对生命权、知情同意权、自决权有不同的理解，但从整个人类社会的伦理和道德价值出发，生命权是宪法核心的价值体系，是人身的完整性与人身自我支配权的基础。生命权是神圣的、不可转让的、不可处分的、不可克减的，生命权是人的尊严的基础和一切权利的出发点，个体的生命权同时具有社会共同体价值秩序的性质，对个体生命权的侵害，同时也是对宪法秩序价值的侵害；因此，生命权作为王牌人权，并非完全属于个人自主决定权范畴，[2]尤其是紧急情况（如对急危患者，医方以争分夺秒抢救生命为第一要务）或特殊情况（如患者生死涉及公共利益或者第三者利益）更不应仅仅属于个人自主决定权范畴。本案即属于此类情形。尽管我国尚未建立起完善的违宪审查制度，但并不表明法院在适用法律时不用考虑宪法规范。在司法实践中已有适用宪法规范的案例（如齐某苓案）。当然，法官在进行法益权衡，追求个案正义时，应十分谨慎。这是因为，其一，法官负有在法律范围内就被托付的案件作出"正当的"裁判，法秩序整体也臣服于正义的理念，因此，追求正义是法官职业伦理上的要

〔1〕［德］卡尔·拉伦茨：《法学方法论》，陈爱娥译，商务印书馆 2003 年版，第 216、217、221页。

〔2〕参见韩大元："中国宪法学应当关注生命权问题的研究"，载《深圳大学学报（人文社会科学版）》2004 年第 1 期；上官丕亮："生命权的宪法保障"，苏州大学 2005 年博士学位论文。

求；其二，追求正义经常诱使法官超越明定的法规范，以自己的正义观来代替法定标准，这又是危险的。[1] 对此，法官需严格运用法律解释的标准与方法，忠诚于法律与良知。就本案而言，依据宪法价值、伦理原则以及对法律的体系分析与解释，法官认可医方的特殊干预权将在实现个案正义时实现法秩序整体的正义。

上述各种解释标准之间的关系应当是依次递进的。字义是制定法解释工作的出发点，并且可以划定制定法解释的界限；接下来需要探求制定法某用语或语句在法律中的意义脉络；倘若制定法的字义及其意义脉络仍然有作不同解释的空间，则应优先采纳最能符合立法者的规定意向及规范目的之解释；假使前述标准仍有不足，这时就需要借助客观目的论解释；当上述各种解释标准不能达致毫无疑义的解答时，最终则求助于合宪性解释标准。[2]

本案法官如运用上述法律解释标准与方法对相关法律、法规进行解释，可以得出如下结论：一般情况下，患者的生命权与知情同意权应得到平等保护；但在紧急情况等特定情况下，生命权优于知情同意权与自主决定权；[3] 本案中存在患者生命急危及其是否手术属于涉及胎儿生命法益的特定情况，属于《医疗机构管理条例》第 33 条规定的"其他特殊情况"（也属于《侵权责任法》第 56 条规定的"等紧急情况"）；此时，"经治医师应当提出医疗处置方案，在取得医疗机构负责人或者被授权负责人员的批准后实施"，也就是说，本案中，医方通过启动特殊干预权（不考虑患方的知情同意）而保障患者生命权，不仅符合伦理原则（即尊重自主原则、信赖保护原则、不伤害原则、有利原则、公正原则等的综合考量），也符合法律精神。[4] 国外的相关判例也支持这一法律解释，如韩国

---

〔1〕 ［德］卡尔·拉伦茨：《法学方法论》，陈爱娥译，商务印书馆 2003 年版，第 224 页。

〔2〕 ［德］卡尔·拉伦茨：《法学方法论》，陈爱娥译，商务印书馆 2003 年版，第 219~221 页。

〔3〕 临床实践中，生命权优于知情同意权与自主决定权主要有以下三种情况：其一，患者为无民事行为能力或限制民事行为能力者，或尽管具有民事行为能力但此刻不具有医学上的行为能力（如醉酒、昏迷、受到高度惊吓而意志受影响等）；其二，患者有意思表示能力，并作出不同意治疗的意思表示，此时，要考量患者不同意治疗是否涉及公共利益或第三人利益；其三，患者的代理人滥用代理权的情形。

〔4〕 学者贾海洋认为，一般情况下病人有权拒绝治疗，但这种拒绝必须符合以下四个要件：病人有理智决定、医师说明利害关系后、法律允许、符合社会公序良俗。在这四种情况之外，医师对患者拒绝治疗享有特殊干预权。参见贾海洋：《医疗纠纷与损害赔偿研究》，辽宁人民出版社 2006 年版，第 77 页。

大法院的相关判例。[1] 由此，本案的判决结果应当是驳回患方的诉讼请求。[2] 这样的判决无疑将会鼓励医院（在免除后顾之忧时）救死扶伤，将会尽可能地减少医院不得已的"见死不救"，并为培育医方关爱生命的人文精神提供制度支持与保障。

四、结语

值得注意的是，社会各界经过对"肖某军"事件的反复争论与交流，很多人认为：当患者处于病情急危等特定情况下，生命权优先于知情同意权与自主决定权，医方即使未能获得患方的同意，也可以启动特殊干预权，从而保护患者的生命权。这一认识也对医院和医务人员产生了巨大的影响，浙江省德清县医院就曾成功地阻止了"肖某军"事件的再次上演（见本文第一部分的事件二）。[3] 该县卫生局副局长王某弟认为，所有的法律和条例，都是建立在以人为本、尊重生命的基础之上的。[4] 该县卫生局局长王某春认为，两名主治医生在常务副院长、抢救小组组长徐某珊的指示下所作出的职务行为，其实与我国《医疗机构管

〔1〕　参见金玄卿："韩国的医师说明义务与患者知情同意权"，载《法学家》2011 年第 3 期。韩国大法院"1994·4·15, 92da25885"判决认为：当时患者因头部损伤而失去意识，并判定其处于生命垂危的状态。因此在采取注入急性脑压强化剂–甘露醇的措施之后，再使用防止脑压下降损害脑机能的激素，从而度过了危险并中断用药。其后，为了治疗因头部外伤的组织浮肿等而引起的右侧神经中麻痹等，又注射了该激素。开药当时，在未取得患者的同意或者承诺下，以独立的判断而使用了该激素。这是因为患者当时生命垂危，其意识恢复之前不可能对其进行事前说明，因而不存在说明义务。法院从保护患者利益出发，将紧急情况下无法征得患者同意作为取得患者知情同意的例外，具有积极意义。该判决确立的紧急救治原则也成为患者知情同意权原则的有益补充。在韩国，适用紧急救治原则应当考虑以下因素：其一，若等待患者或其法定代理人同意，极有可能耽误治疗的最佳时机，从而可能导致患者生命、健康受到极大损害。比起同意权，患者的生命权更为重要，因此两害相权取其轻，可以不经由患者或其法定代理人同意而实施紧急救治；其二，在危急情况下，法律推定患者同意的内容应当是医师救助自己的健康和生命，而医师未经患者同意而实施的救助行为也符合患者的本来目的，因此在患者生命受到严重威胁时推定医师的行为获得了患者的同意。

〔2〕　当然，本案中，如果医方在实施紧急救治行为时有过失违法之处（如违反诊疗护理操作常规、规范），则应依法承担相应的责任。但医方不考虑肖志军的拒签意思，启动特殊干预权，实施紧急救治并未违反患方的知情同意权。另外，即便医方在实施紧急救治行为时有过失违法之处，也需考虑《医疗事故处理条例》第 33 条的规定（"在紧急情况下为抢救垂危患者生命而采取紧急医学措施造成不良后果的"不属于医疗事故）以及《侵权责任法》第 60 条的规定（医务人员在抢救生命垂危的患者等紧急情况下已经尽到合理诊疗义务造成患者有损害的，医疗机构不承担赔偿责任）。

〔3〕　洪加祥、张丹丹："医生联合签名救了产妇"，载《浙江日报》2008 年 1 月 28 日，第 10 版。

〔4〕　洪加祥、张丹丹："医生联合签名救了产妇"，载《浙江日报》2008 年 1 月 28 日，第 10 版。

理条例》第 33 条规定并无矛盾。[1] 德清事件所展现的正是诸多生命伦理原则的综合考量以及生命权优先这一宪法价值，尽管医方在践行这些原则与价值时面临着巨大的困惑与风险。

认真对待患者的权利是医疗领域中一个永恒的话题。如何认真对待患者的权利，尤其是当患者不同的权利之间发生冲突时如何对待，既是一个理论问题，也是一个实践问题。当前，在立法存在疏漏与缺陷的情况下，法官应当依据医疗卫生事业的终极人文价值、伦理原则，严格地运用法律解释的标准与方法进行法益的权衡，追求判决的公正，以引导医患关系的良性发展，并为培育医方关爱生命的人文精神提供司法支持与保障。

---

〔1〕 洪加祥、张丹丹："医生联合签名救了产妇"，载《浙江日报》2008 年 1 月 28 日，第 10 版。

案例 3

医疗侵权精神损害赔偿司法适用
——黄某诉北京大学第一附属医院医疗侵权案

一、案例简介[1]

原告黄某于 2010 年 8 月 11 日入住被告北京大学第一附属医院胸外科进行左侧开胸探查、膈疝还纳修补术。原告认为被告在医疗过程中，未尽与"肠梗阻"疾病当时诊疗水平相应的诊疗注意义务，未及时检查诊断膈疝复发、膈疝嵌顿，对于已发生左上腹小肠聚集、小肠扩张、气液平、盆腔积液等绞窄性（坏死性）肠梗阻症状，任其发展为全小肠+升结肠坏死的严重后果，导致原告从被告处出院后，必须输注全静脉营养液，以维持生命必需的能量。被告的行为严重侵犯了原告的健康权，故起诉到北京市西城区人民法院要求被告承担相应的医疗损害赔偿责任，包括误工费、营养费、住院伙食补助费、护理费、交通费、残疾赔偿金、精神损害抚慰金等合计 299.6 万元，其中主张精神损害抚慰金 100 万元。依据北京司法鉴定业协会（2009）4 号《人体损伤程度鉴定标准（试行）》的伤残鉴定标准，被告的医疗过错行为造成原告小肠被切除 90% 以上，构成一级伤残。法院经审理认为被告的医疗过错是造成原告肠扭转后小肠切除的主要原因，原告的肠管存在的先天不良问题，亦与其损害后果存在轻微的因果关系。对于侵权责任程度，法院认定被告承担 90%，最终判决被告赔偿误工费、营养费、住院伙食补助费、护理费、交通费、残疾赔偿金、精神损害抚慰金等合计 142.0482 万元及后续 10 年医疗依赖的费用 264.96 万元。

---

[1]　（2014）西民初字第 9384 号民事判决书。

二、案例述评

上述判决的赔偿费用中有 18 万元是精神损害抚慰金，法院判决的理由是被告的医疗侵权行为给原告的身体造成了严重的痛苦。特别是原告年龄较轻，尚在学习阶段，在即将升入高等院校，进一步实现其人生价值之时，遭受严重的身体损害，势必会对其今后的学习、工作、生活造成严重的影响，进而导致原告在精神方面遭受严重的打击。而原告之父母为培养其成才，花费了大量的心血。因本案的医疗损害，亦造成其父母在培养教育的付出方面遭受了严重的损失。基于亲情，更难以接受原告术后的身体状况。但是，对于精神损害抚慰金的数额，目前法律及司法解释只作原则性规定，而没有具体的计算标准。考虑以上因素，法院认可原告主张精神损害抚慰金的合理性，但认为原告主张的 100 万元请求过高，最终酌定为 18 万元。

医疗侵权在侵害患者生命健康权的同时也往往会给患者带来精神损害。精神损害表现为被侵权人所产生的精神痛苦和精神压力，具有不可度量性、主观感受性、不可逆性和附属性等特征。[1] 精神损害赔偿是民事主体因其人身权益受到不法侵害而使其遭受精神痛苦或精神利益受到损害而要求进行赔偿的一项民事法律制度。[2] 医疗侵权精神损害赔偿制度的目的在于对患者所遭受的痛苦和伤害进行填补和抚慰。然而在司法实践中由于缺乏统一的医疗精神损害赔偿标准及计算方式，因而需要发挥法官的自由裁量来确定赔偿的具体数额，这给医疗损害精神赔偿的司法适用带来了难题。

三、法理探析

（一）相关法律规定

虽然我国最早关于精神损害赔偿的法律是《民法通则》，该法第 120 条[3]中的"赔偿损失"不仅包括财产损害赔偿还包括精神损害赔偿。但现行精神损害

---

〔1〕赵玄："论精神损害赔偿在国家赔偿中的定位与司法适用"，载《中南大学学报（社会科学版）》2014 年第 5 期。

〔2〕陆青："违约精神损害赔偿问题研究"，载《清华法学》2011 年第 5 期。

〔3〕《民法通则》120 条第 1 款："公民的姓名权、肖像权、名誉权、荣誉权受到侵害的，有权要求停止侵害，恢复名誉，消除影响，赔礼道歉，并可以要求赔偿损失。"

赔偿制度主要是通过司法解释建立起来的。[1] 1993 年《最高人民法院关于审理名誉权案件若干问题的解答》第 10 条第 4 款正式出现"精神损害赔偿"的表述。2001 年《最高人民法院关于确定民事侵权精神损害赔偿责任若干问题的解释》第 10 条[2]"标志着我国精神损害赔偿制度已经走向完善"。[3] 2003 年《最高人民法院关于审理人身损害赔偿案件适用法律若干问题的解释》就人身损害的精神损害抚慰金作出了更为具体的规定。值得一提的是，2002 年《医疗事故处理条例》第 50 条第 11 款[4]也规定了精神损害抚慰金的具体赔偿标准，但其适用范围非常狭窄，只赔偿构成医疗事故且损害后果为死亡或残疾的两种严重情况。2010 年《侵权责任法》首次在立法层面对"精神损害赔偿"加以明确，但该法第 22 条[5]的规定采取高度概括式，欠缺实操性，需要出台进一步的司法解释来指导实践。简言之，国内的立法和最高人民法院的司法解释没有能够确定一个具体的精神损害赔偿数额的标准。[6]

　　为了解决实际审判中的问题，我国多个省市相继出台了指导本地审判的规定。比如《重庆市高级人民法院关于当前民事审判若干法律问题的指导意见》针对精神损害赔偿的"受害人的精神损害造成严重后果"的判断标准、金额上

---

〔1〕　张新宝："从司法解释到侵权责任法草案：精神损害赔偿制度的建立与完善"，载《暨南学报（哲学社会科学版）》2009 年第 2 期。

〔2〕　《最高人民法院关于确定民事侵权精神损害赔偿责任若干问题的解释》第 10 条："精神损害的赔偿数额根据以下因素确定：①侵权人的过错程度，法律另有规定的除外；②侵害的手段、场合、行为方式等具体情节；③侵权行为所造成的后果；④侵权人的获利情况；⑤侵权人承担责任的经济能力；⑥受诉法院所在地平均生活水平。法律、行政法规对残疾赔偿金、死亡赔偿金等有明确规定的，适用法律、行政法规的规定。"

〔3〕　杨立新等：《精神损害赔偿——以最高人民法院精神损害赔偿司法解释为中心》，人民法院出版社 2004 年版，第 168 页。

〔4〕　《医疗事故处理条例》第 50 条第 11 款："精神损害抚慰金：按照医疗事故发生地居民年平均生活费计算。造成患者死亡的，赔偿年限最长不超过 6 年；造成患者残疾的，赔偿年限最长不超过 3 年。"

〔5〕　《侵权责任法》第 22 条："侵害他人人身权益，造成他人严重精神损害的，被侵权人可以请求精神损害赔偿。"

〔6〕　《精神损害赔偿数额之评算方法》课题组主编：《精神损害赔偿数额之评算方法》，法律出版社 2013 年版，第 268 页。

限以及其他相关问题均作出了规定。[1]《江西省高级人民法院关于审理医疗损害赔偿纠纷案件若干问题的指导意见（试行）》规定了医疗精神损害赔偿的计算方法。[2]《安徽省高级人民法院审理人身损害赔偿案件若干问题的指导意见》按照严重程度作出了分级赔偿的规定。[3] 福建省高级人民法院根据侵害的严重程度不同将精神损害赔偿分为三个档次：0.1万元~1万元，1万元~5万元，5万元~10万元。河南对造成患者残疾的精神损害赔偿按照残疾等级计算，每一级伤残5000元，依次递增，十级至一级伤残赔偿为5000元至5万元不等。[4] 个别省份采用设立下限的方式，比如广东省的起点为5万元。[5] 还有个别省份采取设立上限的方式，比如上海市的最高限度为5万元。[6] 以上部分省市的规定严重脱离了当地经济发展的实际情况，比如上海，精神损害赔偿的最高限额仅为5万元。海南、贵州、西藏等省、自治区至今没有出台符合本地实际情况的司法指导意见。

（二）医疗侵权精神损害赔偿司法适用的特点

1. 以过错责任原则为主，过错推定或无过错责任原则为辅。《侵权责任法》出台之前，医疗损害适用《民法通则》规定的过错归责原则、过错推定原则、

---

[1]《重庆市高级人民法院关于当前民事审判若干法律问题的指导意见》第17条规定，在人身损害赔偿案件的处理上，精神损害赔偿限于受害人因伤致残或死亡等情形。损害结果不是很严重的情形下，受害人请求精神损害赔偿原则上不予支持。精神损害赔偿费的具体数额，可以结合案件的具体情况加以确定，最高一般不超过10万元。

[2]《江西省高级人民法院关于审理医疗损害赔偿纠纷案件若干问题的指导意见（试行）》第11条规定，造成受害者死亡的，精神损害赔偿年限不超过6年；造成受害者残疾的，精神损害赔偿年限不超过3年；计算公式为精神损害赔偿金×医方责任程度。

[3]《安徽省高级人民法院审理人身损害赔偿案件若干问题的指导意见》第25条规定，"①公民身体权、健康权遭受轻微伤害，不支持赔偿权利人的精神抚慰金请求；②公民身体权、健康权遭受一般伤害没有构成伤残等级的，精神抚慰金的数额一般为1000元至5000元；③公民身体权、健康权遭受的伤害已经构成伤残等级，精神抚慰金的数额可以结合受害人的伤残等级确定，一般不低于5000元，但不能高于80 000元。④造成公民死亡的，精神抚慰金的数额一般不低于50 000元，但不得高于80 000元。案件有其他特殊侵权情节的，精神抚慰金的数额可以不按上述标准确定。"

[4] 李涛："医疗损害中精神损害赔偿的计算"，河北大学2012年硕士论文。

[5] 滕雅婷、姜柏生："关于医疗损害赔偿中精神损害赔偿的研究——试论日本民法与美国医疗损害赔偿制度的借鉴意义"，载《中国卫生事业管理》2009年第9期。

[6] 邹菲："医疗事故精神损害抚慰金浅析——患者死亡但不构成医疗事故的损害赔偿问题"，载《中共郑州市委党校学报》2010年第5期。

无过错责任原则和公平责任原则三元并立的归责原则体系。[1]《侵权责任法》根据医疗损害的特殊性，结合司法实践，确立了过错责任原则为主，过错推定或无过错责任原则为辅的规则原则体系，并且对医疗损害进行了类型化的区分，不同类型的侵权分别适用不同的归责原则：医疗技术损害和医疗伦理损害一般适用过错责任原则，只有在《侵权责任法》第 58 条规定的情况之下，才适用过错推定原则；而医疗产品侵权则适用无过错原则。

2. 以造成严重的精神损害为前提条件。世界各国普遍将微小的精神损害排除在赔偿之外。比如德国联邦最高法院认为，一个人不能够稍感不适就可以请求抚慰金，一个国家的法律制度也不应当用来培植极度敏感的含羞草式的人。[2] 我国《侵权责任法》第 22 条[3]、《最高人民法院关于确定民事侵权精神损害赔偿责任若干问题的解释》第 8 条[4]、《最高人民法院关于审理医疗损害责任纠纷案件适用法律若干问题的解释》第 17 条[5]都确立了"严重"的标准。实践中有两种客观表现：一是医疗行为直接导致患者或其家属人身损害或精神损害，比如死亡、残疾；二是虽未直接造成人身损害，但造成了严重的精神损害，或因精神损害引发了一定程度的人身损害，比如导致精神障碍等。

（三）医疗侵权精神损害赔偿制度设计

1. 建立医疗侵权精神损害赔偿案件单独的赔偿标准。统一的、合理的精神损害赔偿标准是计算抚慰金数额的关键，一方面可以限制法官的自由裁量权，保

---

〔1〕 杨芳、张昕、查曼："《侵权责任法》医疗损害责任归责原则体系评析"，载《南京医科大学学报（社会科学版）》2012 年第 3 期。

〔2〕 See Huber, Das neue Schadenseratzrecht, in: Dauner-lieb, Das neue Schuldrecht 2002, p. 46. 陈茂国、刘凤仙："论消费者精神损害赔偿规则的适用"，载《行政与法》2017 年第 11 期。

〔3〕《侵权责任法》第 22 条："侵害他人人身权益，造成他人严重精神损害的，被侵权人可以请求精神损害赔偿。"

〔4〕《最高人民法院关于确定民事侵权精神损害赔偿责任若干问题的解释》第 8 条规定："因侵权致人精神损害，但未造成严重后果，受害人请求赔偿精神损害的，一般不予支持，人民法院可以根据情形判令侵权人停止侵害、恢复名誉、消除影响、赔礼道歉。因侵权致人精神损害，造成严重后果的，人民法院除判令侵权人承担停止侵害、恢复名誉、消除影响、赔礼道歉等民事责任外，可以根据受害人一方的请求判令其赔偿相应的精神损害抚慰金。"

〔5〕《最高人民法院关于审理医疗损害责任纠纷案件适用法律若干问题的解释》第 17 条："医务人员违反侵权责任法第 55 条第 1 款规定义务，但未造成患者人身损害，患者请求医疗机构承担损害赔偿责任的，不予支持。"

证审判结果的公正；另一方面可以为当事人提供合理预期，因此有必要结合医疗侵权案件的特点建立其单独的标准。医疗侵权案件具有如下四个特点：其一，主体固定。医疗关系中，医患双方是亘古不变的当事人。医疗侵权中，侵权一方是医疗机构及其医务人员，特殊情况下包括药品、医疗器械的生产者、销售者及血站，受害一方是患者及其近亲属。其二，侵权的主观方面一般为过失。医疗机构及其医务人员的法定和约定义务是治病救人，每一位医务人员主观目的都是想帮助病人治疗疾病、恢复健康、减轻痛苦。但是在实施具体医疗行为的过程中，由于疏忽大意或者过于自信给患者造成了人身及精神损害。这与道路交通、消费、知识产权等领域的侵权有着本质区别。其三，造成损害后果原因的复杂性。医疗行为本身具有一定的潜在危险性、人身侵害性和试验性；患者本身的疾病状况及体质千差万别；医疗技术人员未能达到该有的注意义务等。多数案件是以上多个因素的叠加而造成患者损害的，而非仅仅因为医务人员的过错这一单一原因造成的。其四，医疗侵权精神损害赔偿的主要功能不是惩罚医疗机构而是抚慰患者一方的痛苦。患者受到损害，精神损害赔偿虽然不能替代肉体上的疼痛和情感上的痛苦，但是抚慰金可以帮助患者及其近亲属产生替代性的欢愉从而适当减弱甚至消除痛苦，具有补偿的性质。

根据医疗侵权案件的特点、精神损害赔偿制度的功能和目的，结合我国各地经济发展不平衡、法官业务能力良莠不齐的实际情况，适宜确立以适当限制、区别对待为主，法官自由裁量为辅的原则。

（1）坚持适当限制原则。医疗精神损害赔偿体现的是医患双方之间利益的博弈，法官应综合考虑各种因素对精神损害赔偿额进行合理限制。"任何诉讼都不应成为权利的主要来源，提起非财产损害赔偿诉讼的目的在于维护原告自身的合法权益，而不是获得额外的利益。"[1] 适当限制具体包含两个方面：一是对请求权基础的限制和适用范围的限制。杨立新教授提出对医疗损害责任的精神损害抚慰金进行适当限制，医疗机构具有重大过失的，规定抚慰金限额一般不超过适当的限制数额；医疗机构具有一般过失的，可以不承担抚慰金赔偿责任。[2] 对

---

〔1〕 车辉：《非财产损害赔偿问题研究》，法律出版社 2011 年版，第 210～211 页。

〔2〕 杨立新："《侵权责任法》改革医疗损害责任制度的成功与不足"，载《中国人民大学学报》2010 年第 4 期。

患者损害未达到严重程度的精神损害赔偿的请求，不予支持。因为医疗侵权案件的损害结果往往并非因为医务人员的过错这一原因导致，而是多种因素叠加共同作用的结果，比如患者原有疾病与损害后果的关系，如果不考虑医疗行为的特殊性、局限性和高风险性，将医疗精神损害责任的与其他侵权责任相等同是不合理的。二是对抚慰金数额的限制。通过设定最高额来限制法官的自由裁量权，防止赔付数额过高而导致医务人员采取防御性医疗措施。[1] 至于限制的具体程度需要结合当时、当地的经济发展水平，确定一个合理的数额。过高的赔付额可能使得医务人员因为担心诉讼困扰而不能安心执业，在实施医疗行为的过程中宁愿选择最为稳妥、最少责任的而非最适合病人的治疗方案。高额的赔偿额看似给个案中的受害者给予最大限度的保护，但最终买单的却有可能是全体患者。当然，如果赔偿额过低也达不到促进医务人员提高注意义务的目的，不利于患者权利的保护。在上限和下限之间实行分级限幅，分成不同档次的幅度范围，在此幅度之内，法官可以结合案情发挥自由裁量权。

（2）坚持区别对待的原则。区别对待是指在自由酌量原则的基础上，在各个不同的案件中，依据不同的案件类型对不同的参考因素加以区分，进行考量。[2] 类型化是将来立法的趋势，针对不同领域的侵权采取不同的赔偿原则和方法，有利于立法的精细化和确定化。有学者提出，应当从损害事实基础、责任基础、金钱评价三个重要因素出发，并结合损害类型、严重性程度、持续时间、因果关系贡献度、当地生活水准等因素进行综合权衡，在保障个案衡平的同时，兼顾法律安定性。[3] 医疗侵权与消费者领域、交通事故领域等其他类型的侵权

---

〔1〕 防御性医疗（Defensive Medicine）是伴随着医疗过错责任泛化而出现的一种异常诊疗现象。防御性医疗即医生主要是为了避免潜在诉讼责任风险而在医学治疗过程中采用的一些检查和治疗。当医生主动采取某些诊疗行为时，是积极防御性医疗，当医生回避某些诊疗行为时，是消极防御性医疗。参见肖柳珍："防御性医疗的经济分析——兼评《侵权责任法》第 63 条"，载《法学杂志》2012 年第 8 期。

〔2〕 杨立新等：《精神损害赔偿——以最高人民法院精神损害赔偿司法解释为中心》，人民法院出版社 2004 年版，第 169 页。

〔3〕 叶金强："精神损害赔偿制度的解释论框架"，载《法学家》2011 年第 5 期。

不同，法官最主要的考量因素包括损害后果、医疗过失的参与度[1]、医疗损害后果与患者原有疾病状况之间的关系以及医疗科学发展水平、医疗风险状况等因素。[2]同时，根据医疗侵权的不同类型，其考量因素也有所侧重：在医疗技术侵权行为中，比如漏诊、手术失误等，主要考虑医务人员主观过错，是否违反高度注意义务，是否存在未尽到当时医疗水平的技术过失。在医疗伦理侵权中，主要考量医务人员是否违背医疗良知和伦理要求，违反告知或保密义务，存在伦理过失。而医疗产品侵权则不考虑过错问题，主要针对药品、消毒药剂和医疗器械是否存在缺陷。

（3）酌定原则，也称"法官自由裁量原则""法官自由酌量原则"和"法官酌定原则"。所谓酌定原则，是指不制定统一的精神损害赔偿标准，由法官根据案件的具体情况进行自由裁量。[3] 精神损害很难进行客观而准确的量化，因此需要法官结合个案具体情况进行自由裁量。其一，对于损害事实的认定，需要法官结合案情进行判断。根据前述适当限制的原则，精神损害赔偿以造成"严重损害"为适用条件。通常患者死亡、造成残疾都在法律规定之列，但未造成残疾却给患者生活、学习、工作带来困难和痛苦是否属于严重损害，需要法官结合具体案情，根据经验和常识作出是否赔偿的决定，以缩小僵化的法条规定和复杂事实之间的差距，实现对受害者合法权益的保护，以及司法公正的价值追求。其二，具体的赔偿数额仍需法官结合案情进行计算，把握好"度"。如前，根据适当限制和区别原则，结合当前我国各地经济发展的实际情况，各地可以规定上、下限数额指导司法实践。在此幅度内，由法官结合侵权因素进行上下调整。

2. 统一医疗损害抚慰金的计算方法。精神损害赔偿数额的计算方法是司法实践中疑难问题，但也是无法逃避的问题，从技术层面将抽象的痛苦和伤害客观

---

〔1〕 即医疗行为与损害后果之间的因果关系程度或侵权责任程度。从法医临床学角度，直接因果关系且全部责任对应的参与度为100%；直接因果关系且主要责任对应的参与度为80%；临界因果关系即同等责任对应的参与度为50%；间接因果关系且次要责任对应的参与度为30%；间接因果关系且轻微责任对应的参与度为10%。参见刘鑫、张宝珠、陈特主编：《侵权责任法"医疗损害责任"条文深度解读与案例剖析》，人民军医出版社2010年版，第29页。

〔2〕 参见"京高法发〔2010〕第400号"《北京市高级人民法院关于审理医疗损害赔偿纠纷案件若干问题的指导意见（试行）》第36条："确定医疗损害赔偿数额，应当综合考虑医疗过错行为在损害结果中的责任程度、损害结果与患者原有疾病状况之间的关系以及医疗科学发展水平、医疗风险状况等因素。"

〔3〕 叶金强："精神损害赔偿制度的解释论框架"，载《法学家》2011年第5期。

化是世界各国发展的趋势。大陆法系国家和地区努力将精神损害赔偿数额标准化，寻找固定的赔偿基准，规定不同精神损害的数额，最后法官参照相应的原则计算出最终的赔偿数额。比如德国采用中间法、限额赔偿法加参照表格法；法国采取分类计算法加酌定赔偿法；比利时采用分类计算法。在英美法系国家和地区中，英国采取分类计算法加固定赔偿法，通过参照过往同类伤残损害的赔偿金额制定了一套司法"价目表"；[1] 美国因其联邦制的特点，计算方法更加多元，包括成本计算法、分档酌定计算法、医疗费比例赔偿法、生活质量减损计算法、日标准赔偿法。无论是从事前预防的角度还是从事后观察的角度来分析精神损害赔偿的数额，世界各国都在不断发展其评算方法，同时吸取其他国家各种方法的优势，综合使用。我国关今华教授对理论界和司法界提出的诸多方法此进行了梳理和归纳，包括酌定分析法、限定法（也称规定起点数和上限额法）、参照法、限定最高额法、内定赔偿数额标准法、数学模型计算法、中介物转换计算法、概算法、综合法以及其他。[2] 医疗侵权，发生在医疗机构和患者之间，赔偿主要针对患者或其近亲属所遭受的肉体痛苦、精神痛苦和精神障碍，损害的结构形态相对单纯。在坚持上述限制、区分不同损害为主，法官自由酌量为辅的原则之下，可以选择限额分档概算法[3] 来计算赔偿的数额：

（1）确定上下限。《全国民事案件审判质量工作座谈会纪要》（法［1999］231 号）指出：各地在判令侵权人赔偿精神损害赔偿金的数额和标准时，要从国家经济社会和文化发展形势以及当时当地的实际情况出发，赔偿数额不宜过高，但允许经济发展状况不同的地区因地制宜确定不同的赔偿参数，以求做到对侵权人的行为予以制裁。虽然用有形的办法来量化精神损害赔偿有难度，但至少可以避免无法可依的混乱局面。根据中国统计年鉴的资料显示，我国各地居民精神生活费用支出与其全部消费性支出的比例基本相等。最高额度、最低额度的设置可

---

〔1〕　参见英国司法研究委员自 1992 年起会出版《人身伤害之一般损害评估指南》为人身伤害中的精神损害赔偿数额定量提供了可资参考的意见，每 2 年更新一次。

〔2〕　关今华主编：《精神损害赔偿数额的确定与评算》，人民法院出版社 2002 年版，第 172~180 页。

〔3〕　限额分档概算法分别将限额、分档和概算这三个概念结合在一起，其实是三个方法的组合，只不过限额法可以被分档法吸收，综合全部因素法或酌定赔偿法是法官最终确定数额时自由裁量的手段。参见《精神损害赔偿数额之评算方法》课题组：《精神损害赔偿数额之评算方法》，法律出版社 2013 年版，第 233 页。

以参考各地的精神生活系数来确定。精神生活系数=某地区城镇居民家庭人均年用于消费支出/全国城镇居民家庭人均年用于消费支出。

（2）根据不同的情况，进行分档计算。对患者身体权和健康权的精神损害程度进行分类，每个等级相对应的精神损害赔偿规定相对明确的数额。第一档为侵犯生命权的情况，第二档为侵犯健康权的情况。具体又分为三类：第一类是导致患者残疾的，可以参照《职工工伤与职业病致残程度鉴定》（GB/T16180-2006）的规定，将患者遭受的伤害分为一至十级，每一级定一个基数，综合其他相关因素予以上下浮动。第二类是造成患者精神病的。这种情况可以参照《中国精神障碍分类与诊断标准第3版（CCMD—3）》的规定进行赔偿，间接受害者在直接受害者基础上减半，即获赔50%。第三类是侵犯健康权但未造成残疾的其他严重情况。比如患者在医疗美容行为中，容貌受到毁损等，其赔付数额可以规定为0.1万元~0.5万元。最后，法官以此为基数，综合其他相关因素上下浮动20%，确定最终赔偿数额。同时各省高院可以发布典型指导性案例，展示更为明确的的裁量基准。"一个好的裁判总是给出恰当的判决，使诉讼双方因损害行为的积怨最大限度得到化解，精神补偿、调整和抚慰的价值得以显现，在法律的刚性面孔之下，体现矫正正义的真正价值。"[1]

3. 设立专门的医疗纠纷法庭，实现法官专业化审判。精神损害赔偿的判定离不开法官的自由裁量，提升法官的专业化审判是必然趋势。首先，设立专门的医事法庭。不同类型的案件涉及不同的领域，具有其独特的纠纷特点、审判要求和审判规律。专业化的审判有利于科学配置司法资源，优化组合分工，顺应类型化审判的改革趋势。同时可以为本地司法实践提供类型化审判的数据和经验支持，为将来的立法或司法解释打下基础。其次，培养专家型法官。医疗纠纷案件涉及专业的医学知识，而实践中法官由于缺乏相关知识储备，往往过分依赖鉴定结论，当医患双方对鉴定结论不满时，法官无法独立做出判断，上诉率高。专业化审判有利于培养专家型的法官，提高案件审理的效率和质量。和其他任何人一样，一名法官也是由有限知识和能力组成的一个选择有机体。[2] 专业化的审判

---

〔1〕《精神损害赔偿数额之评算方法》课题组：《精神损害赔偿数额之评算方法》，法律出版社2013年版，第436页。

〔2〕［美］理查德·波斯纳：《法官如何思考》，苏力译，北京大学出版社2009年版，第110页。

有助于法官形成该领域专业的审判语言、审判思维和审判经验，促进法官审有所思、审有所精，能够解读病例、鉴定意见等医学证据材料并对其证明力作出客观评价而不至于完全依赖鉴定意见，能够对医疗行为与患者损害后果之间的因果关系等有独立的见解，能够正确理解和运用法律、司法解释，保证案件审判的公正和效率。同时可以通过遴选临床医疗专家作为陪审员，辅助法官提升审判的专业性。

四、结语

目前，制定全国统一的医疗侵权精神损害赔偿标准的条件尚不成熟，可以由各省市高院根据本地情况制定合理的损害赔偿标准和方法作为过渡。随着理论界法律学者的研究和司法界法官们专业化审判的经验累积，将来"可以考虑编制全国范围内或各高级法院辖区范围内抚慰金判决分类表格，定期进行更新，为法官判案提供参考，并强化作出过度偏离既往判决案件之裁判者的说理义务，来合理限制法官的自由裁量权"。[1] 最终形成专业化的医疗审判制度，提高审判质效，提高司法公信力。

---

〔1〕　关今华主编：《精神损害赔偿数额的确定与评算》，人民法院出版社 2002 年版，第160页。

案例 4

医疗纠纷第三方调解协议司法确认
—— 陈某与池州某医院医疗纠纷案

一、案例简介[1]

2014 年，原告陈某因患脑膜瘤到池州某医院治疗，未治愈。陈某认为被告在诊疗过程中有过错，其过错给原告带来了巨大痛苦和精神损害。后经有关机构鉴定，被告的诊疗行为有过错，其过错参与度为 45%～55%，原告构成二级伤残，生活大部分依赖护理。因被疾病困扰以及对此次纠纷鉴定责任认定有不同意见，原告及其家属情绪非常激动，医患矛盾尖锐。2016 年 6 月 7 日，原被告双方向池州市医患纠纷调解委员会申请调解，并达成一致意见。调解协议达成后，原告和被告对调解协议是否能得到完全履行存在很大顾虑，为了保障协议有效执行，双方共同向人民法院申请对达成的调解协议进行司法确认，赋予该协议法律强制执行力。贵池区法院受理双方的申请后，经审查核实，依法作出裁定，确认该协议合法有效，具有强制执行力。最终，该起医患纠纷得到圆满解决。

二、案例述评

以上是一起典型的通过医疗纠纷第三方调解解决医疗纠纷的案例。在医疗纠纷处理实践中，医疗纠纷第三方调解因具有专业性、弱对抗性与免费等特点，很好地弥补了协商、行政调解和诉讼等纠纷解决机制的不足，取得了一定的成效并广受关注。自 2018 年 10 月 1 日起施行的《医疗纠纷预防和处理条例》明确了第三方调解作为解决医疗纠纷的主渠道的法律地位。为了更充分地发挥医疗纠纷第

---

〔1〕 朱长明、王莉："贵池区法院巧用司法确认化解医疗纠纷"，载池州市贵池区人民法院网，http://gcq. cncourt. org/public/detail. php? id=2215，2019 年 7 月 16 日访问。

三方调解制度的优势，加强与诉讼制度的衔接与协调，完善调解协议司法审查确认制度是最为重要的内容。

三、法理探析

（一）医疗纠纷第三方调解协议的性质及法律效力

1. 调解协议的性质。人民调解协议本质上是双方当事人在互相让步的基础上所形成的解决彼此之间民事纠纷的合意。在民法上，此种合意即为民事和解契约。[1] 医疗纠纷调解协议是在第三方调解组织的主持下，本着平等、自愿的原则，为解决医患纠纷而达成的具有民事权利义务内容，并由医患双方当事人签字或盖章的书面协议，[2] 属于人民调解协议范畴。从形式上看，医疗纠纷调解协议，体现了三方共同努力的结果：专业的医疗纠纷调解委员会（以下简称医调委）在尊重事实和法律的基础上居中调解，促成医患双方进行协商、自愿达成协议。这似乎与基于双方合意而形成的普通的民事协议有所不同，但实际上，医调委的工作也仅限于促成医患双方达成合意，调解协议在实质上还是医患双方对自身权利的处分行为，凸显的仍然是医患双方的意思自治，并未超出民事合同的范畴。

2. 调解协议的法律效力。医疗纠纷第三方调解协议具有何种法律效力？《中华人民共和国人民调解法》（以下简称《人民调解法》）第 31 条第 1 款规定："经人民调解委员会调解达成的调解协议，具有法律约束力，当事人应当按照约定履行。"此处的"法律约束力"应当被理解为区别并高于、强于一般民事合同的法律效力，[3] 理由是医疗纠纷第三方调解协议不仅是医患双方在自愿的基础上达成的协议，经医调委认证后具有了一定的公共属性，所具有的约束力不能简单等同于一般的民事合同。但根据《人民调解法》的相关规定，即使医疗纠纷第三方调解协议的约束力有别于普通民事合同，也只有协议双方共同申请并获得司法确认后，才能直接向法院申请强制执行。简言之，调解协议只有确定力，而

---

〔1〕 占善刚："人民调解协议司法确认之定性分析"，载《法律科学（西北政法大学学报）》2012 年第 3 期。

〔2〕 艾尔肯："发达国家医疗纠纷第三方调解机制对我国的启示与借鉴"，载《时代法学》2015 年第 2 期。

〔3〕 王亚新："《民事诉讼法》修改与调解协议的司法审查"，载《清华法学》2011 年第 3 期。

无强制执行力。这在一定程度上削弱了第三方调解的公信力，没有强制执行力，调解有可能变成"白调"，调解协议有可能沦为"白条"。因此，法律有必要巩固医疗纠纷第三方调解的成果，赋予与其相匹配的法律效力。

经过司法审查确认之后，第三方调解协议就被赋予了强制执行力，但该协议本身是否应当被作为执行的依据，对此理论界主要有三种不同的观点[1]：其一，调解协议论，即经过司法确认的调解协议应当作为案件执行的依据。因为司法审查确认的目的就是赋予调解协议强制力。根据《人民调解法》第 33 条的规定，可以把调解协议理解为法院强制执行的依据。其二，确定裁定论，即法院确认调解协议的裁定书才是执行的依据。理由是：根据《中华人民共和国民事诉讼法》（以下简称《民事诉讼法》）第 236 条第 2 款的规定，调解协议是私文书，不属于"其他应当由法院执行的法律文书"，调解书只是司法裁定书的制作基础，因为其内容有可能不是全部而是部分被裁定书确认。当事人申请强制执行时，可以把该调解协议作为司法确认裁定书的附件一并提交，但本身并不构成法院的执行依据。其三，双重结合论，即司法确认裁定书和调解协议共同作为执行的依据。调解协议的性质是民事合同，司法确认书不具有具体的给付内容，二者皆不能单独作为司法执行的依据，必须将二者相结合，才能构成法律规定的"由法院执行的其他法律文书"。以上三种观点皆有其合理之处，结合医疗纠纷第三方调解协议的制度目的和实际效用，该协议经司法确认后即成为具有确定给付内容的文书，满足强制执行的条件，可以作为案件执行的依据。

（二）医疗纠纷第三方调解协议司法审查确认程序的性质

司法确认程序是指法院对非诉调解协议依申请进行司法审查后，赋予具有明确性给付内容的非诉调解协议以强制执行力的程序机制[2]。关于司法确认程序的性质，学界主要有四种不同的观点。[3] 其一，司法审查确认程序是一种简化的诉讼程序。理由主要是《关于建立健全诉讼与非诉讼相衔接的矛盾纠纷解决机制的若干意见》（以下简称《衔接若干意见》）第 23 条规定，法院审理司法确认案件适用《民事诉讼法》有关简易程序的规定。其二，法审查确认是区别于

---

〔1〕 张宝成："论调解协议司法确认案件的执行依据"，载《民事程序法研究》2016 年第 2 期。

〔2〕 刘加良："司法确认程序的显著优势与未来前景"，载《东方法学》2018 年第 5 期。

〔3〕 张宝成："论调解协议司法确认案件的执行依据"，载《民事程序法研究》2016 年第 2 期。

诉讼、非诉讼程序和特别程序之外独立的民事程序，应当单列。理由是：司法确认是采取"审查的方式对不存在争议的调解协议进行确认并赋予其强制执行力的程序"，与诉讼、非诉讼及特别程序的设计存在本质差异。其三，将司法审查纳入诉讼调解程序中。理由是司法确认的目的与传统非诉讼制度存在明显区别，考虑到民事诉讼法的章节体系，纳入诉讼调解更合适。其四，司法审查确认是非诉讼程序。理由是：调解双方根据自愿原则对协议内容已经达成一致，不存在私权争议，司法确认的首要目的是赋予调解协议强制执行力，定分止争，与非诉程序设计目的吻合。

司法审查确认程序究竟是何种性质，关键不是取决于该程序的表现形式而是主要看该程序对制度目的和价值的体现。司法确认制度实施初期，缺少经验，尚处于摸索阶段，因此《衔接若干意见》规定参照简易程序有其特定的背景。随着司法审查确认制度在实践中的不断完善和成熟，这一规定应当被摒弃或修改。司法确认制度不涉及当事人的实体权利和义务，与非诉程序没有本质差异，仅因为外观或形式上的差异就认定二者有本质区别，单列为一项独立程序，实质是本末倒置。主张将司法确认程序放入诉讼调解，从诉前调解的内涵来讲，难以自圆其说，第三方调解与诉前调解主体具有本质差异。2017 年的《民事诉讼法》将司法审查定性为非诉讼程序，列入特别程序一章之下，与诉讼法理论以及该制度的目的相符，是合理的。基于确认程序的非诉性质，针对医疗纠纷第三方调解协议的司法确认主要审查调解程序的合法性即可，并不需要对医患双方的实体权利、义务进行实质审查。在审查的过程中可以不开庭，指定一名法官进行书面审查即可，如果需要补充或核实，可以通知当事人向该法官陈述案情，或者由法官直接进驻医疗纠纷调解委员会进行现场确认。如果医患双方当事人发现调解协议中的事项存在错误，可以向法院起诉撤销该协议以维护自身合法权益。

（三）司法审查确认中存在的问题

医疗纠纷第三方调解协议的司法审查制度，融合了调解和诉讼的优势，既有利于引导患者选择第三方调解化解社会矛盾，强化医疗纠纷第三方调解的公信力，又可以充分发挥法院的监督作用，凸显司法的权威性。但该制度在实际运行中也存在一些问题，主要包括：其一，医疗纠纷第三方调解协议的质量有待提高。实践中医调委的调解人员水平参差不齐，部分调解员缺乏法律、医学或保险等相关知识储备，调解水平不够，导致医患双方无法达成协议或达成的协议存在瑕疵。其二，医疗纠纷第三方调解协议司法确认程序有待优化。过于繁琐的流程与高效解决医患纠纷制度的宗旨不相符合，打击申请人的积极性。其三，申请主体过于局限。2017 年《民事诉讼法》明确规定必须由双方当事人共同提出申请，从而排除了单方当事人申请的情况，提高了申请确认的门槛，为不诚信的当事人留下反悔的机会。其四，审查标准不明确。司法审查的性质是非诉讼程序，如果依照诉讼程序的标准，严格进行实体审查容易使得"审查"变相成为"审判"，与该程序性质不符，与该制度高效的价值定位不符。其五，司法确认是否具有既判力的消极效果有待明确。医疗纠纷第三方调解已然成为实践中解决医患纠纷的主渠道，但医调委的工作成果即调解协议却没有被赋予相匹配的法律效力，使得医疗纠纷调解的公信力大打折扣。其六，救济措施不完善。《衔接若干意见》《人民调解法》缺少对司法确认错误的救济。2017 年《民事诉讼法》中有所涉及，但并不完善，比如第 195 条仅仅规定了当调解协议不予确认情况下的救济方式，但没有规定司法确认错误的情况下，应当采取何种救济措施。

（四）完善医疗纠纷第三方调解协议司法审查的建议

1. 提高调解协议的质量。高质量的调解协议是确保司法审查顺利实现的前提。其一，坚持公平公正和科学规范的原则。医疗纠纷第三方调解机制通过为纠纷双方提供平等的诉求表达机会，及时对双方特别是患方予以有效的心理干预和专业指导，在客观中立的基础上开展矛盾调解，从而保障双方当事人的正当权益。[1] 医调委应在尊重事实和法律的基础上，严格遵守调解工作流程，明确医疗纠纷的成因，分析医患双方的对错及占比，以理服人，引导医患双方进行协商，确保调解程序合法、实体公正。其二，组织调解人员定期参加培训。通过培训，掌握多种调解方法，因地制宜，灵活运用。一般情况，用情。促进医患双方充分表达情感，获取医患双方信任。如果医疗机构确实存在过错，调解员应当敦促医方向患方致歉，视情况对患者及其家属进行精神损害的抚慰，促进医患关系的修复，使医患双方更容易达成共识。针对分歧较大的情况，讲理。引导双方"换位思考"，提出中立的意见，"背靠背"解释清楚双方的责任及赔偿的标准。

―――――――――――

〔1〕 王磊："社会治理视角下医疗纠纷第三方调解机制探究"，载《中国卫生政策研究》2018 年第 3 期。

如果依照鉴定结论和法律规定医院没有责任，调解委员应当劝说患者撤销索赔要求，不能因同情或维稳而偏袒患者一方。针对"医闹"，讲法。向患者一方强调医闹的严重后果，坚决杜绝"小闹小赔，大闹大赔"的风气。其三，完善调解人员奖惩机制。对医患双方进行满意度调查，将反馈的数据和问题作为考核评定级别的依据。一方面对调解成绩优秀的调解员进行奖励；另一方面对调解过程中存在过错的调解员，根据其过错的严重程度及造成的后果进行严肃处理。其四，完善专家库。医调委需要吸纳法学、医学、保险等领域的专业人员建成专家库，为调解提供专业意见。利用便捷的网络建立异地专家咨询机制，与高水平地区实现专家资源共享，满足医患双方需求。

2. 提升司法确认的效率。2016 年《最高人民法院关于人民法院进一步深化多元化纠纷解决机制改革的意见》指出要加强法院与调解组织的对接，支持专业性调解组织的建立与发展。其中第 14 条提出要在医疗卫生等领域搭建"一站式"纠纷解决平台。"一站式"纠纷解决平台可以简化纠纷解决流程，提高办事效率，有效帮助医患双方降低时间、金钱和精力成本。实践中有两种常见的做法：第一种是由法院派专人进驻医疗纠纷调解委员会。专人专管有利于法官积累经验，形成良好工作习惯，提高专业化程度。医患双方在医调委的主持下经调解成功后可就地申请司法确认，最快数小时即可完成，极大地缩短了审查确认的时间，例如，海南省即采取此种做法。第二种做法是由医调委派人进驻法院。在基层法院成立医疗纠纷调解委员会工作室，医患双方可以在法院完成"一站式"纠纷解决，给医患双方当事人带来极大的便利。

3. 允许单方当事人启动审查程序。2017 年《民事诉讼法》强调司法审查程序的启动必须由双方当事人共同申请，并且时间限制在协议生效起 30 日内，超出法定期限的，法院不予受理。有学者指出，立法对人民调解协议采用了由双方当事人申请确认，而非法定确认的选择性制度设计，旨在鼓励当事人自觉履行，强调合意和自愿对于调解的核心价值和意义，也有利于减少对司法资源的浪费。[1] 然而"制度的技术结构总是以制度的预设功能为前提、基础和目标的，不考虑功能的技术设计是盲目的，不能体现并实现预设功能的技术设计是失败

---

〔1〕 范愉："《中华人民共和国人民调解法》评析"，载《法学家》2011 年第 2 期。

的"。[1] 对于诚信当事人而言，单方申请还是共同申请区别并不大，一旦达成调解协议，当事人都会按协议履行义务。而不诚信的当事人，主观上并不想积极配合另外一方实现权利，在共同申请的前提下，只要一方当事人借故拖延超过 30 日，那么之前达成的调解协议就因超过申请期限而丧失申请司法确认的机会，只能重新诉诸诉讼程序，调解组织的努力则归于无效，最终造成资源的浪费，调解制度目的的落空。对人民调解制度中的自愿原则并不应体现在已经达成调解协议后申请司法确认的环节，该原则的主要体现应该是在人民调解程序的启动、对调解组织和人员的选择以及调解协议的达成等诸方面。[2] 医疗纠纷第三方调解协议本质上是医患双方在医调委的主持下，自愿达成的协议，协议的内容是医患双方处理彼此权利的结果，双方签署调解协议是意思自治的真实反映。要求双方共同申请无非是再一次确认双方当事人的合意，但双方既然已经达成协议就足以证明自愿的事实，再规定共同申请既不符合程序效益的原则也忽视了调解组织的见证职能，降低了调解协议的效力。因此，从实现制度目的、完善诉调衔接的角度出发，允许单方当事人启动审查程序将更有利于发挥医疗纠纷第三方调解制度的功能。2009 年《关于建立健全诉讼与非诉讼相衔接的矛盾纠纷解决机制的若干意见》第 22 条规定，调解协议司法审查程序的申请可以由一方当事人提出，另一方当事人同意即可，但 2017 年《民事诉讼法》没有吸收这一规定。允许单方申请启动司法审查确认程序并不排斥双方共同申请，关键是设置好保障程序。具体而言，医患双方经过医调委调解达成协议后，可由双方共同申请司法确认，或者一方当事人以书面或口头的方式向法院提出申请，另一方表示同意的也可以。法院经过审查后，如果确认协议有效则通知另一方当事人，若另一方当事人认为协议无效或可撤销可在法定期限内向法院提起诉讼，若超过该法定期限，可向法院申请再审。如果法院经过审查，裁定不予确认，则将裁定书送达双方当事人，此时双方当事人可以选择另行达成调解协议或者直接向法院起诉。

4. 明确审查标准。目前我国尚未从法律层面对调解协议的司法审查确认标准作出明确的规定，仅《最高人民法院关于人民调解协议司法确认程序的若干规

---

〔1〕 傅郁林：《民事司法制度的功能与结构》，北京大学出版社 2006 年版，第 200 页。
〔2〕 胡辉："人民调解协议的司法确认程序初探——以程序的启动为中心"，载《石河子大学学报（哲学社会科学版）》2011 年第 5 期。

定》第 7 条有所涉及，调解协议的内容如果违反相关法律法规、公序良俗等，应当裁定驳回；反之，没有前述情况，应当裁定调解协议有效。对调解协议内容进行合法性的审查属于实体审查，与之相对的是形式审查，即针对调解协议的程序性事项进行审查。那么究竟应当采取哪种标准更有利于实现该制度的目的呢？对医疗纠纷调解协议进行司法审查的目的是巩固调解成果，快捷、高效解决医患纠纷，司法审查的对象是医疗纠纷调解协议而非案件本身，过多审查实体问题就变成了审判，偏离了审查的本质。如果对调解活动进行全面、僵化、苛刻的审查会扼杀医调委的积极性，瓦解调解制度生存发展的根基，不利于实现医疗纠纷第三方调解的目的。笔者认为，结合调解制度的目的、司法审查程序的性质以及各地实践来看，宜采取形式审查的标准，辅以实体审查。具体而言，对调解协议的司法确认侧重于审查程序上是否违背了当事人的意愿，实体上是否违反了强制性规范，如果调解协议合法则产生法律效力，否则予以撤销。这样既可以使经过审查的调解协议具有强制执行力，又可以避免第三方调解中出现违反法律强制性规范或显失公平的情况。审查的方式应以书面为主，当面询问为辅。[1] 法官在审查材料的过程中，如果发现材料有不充分和不完备的地方，可以通知双方当事人到场进行补充陈述和提交补充材料。补充完善，程序合法即确认有效；若双方当事人拒不补充的，则视为撤回申请。

5. 肯定司法确认具有既判力的消极效果。调解协议经过司法审查后，对双方当事人的权利、义务进行确认，当事人事后若有异议，仍有权就原纠纷提起诉讼，那么之前法院的司法审查确认是否具有既判力？对此存在理论争议。既判力是判决一经确定就不允许当事人再行争执的确定力。[2] 包括积极和消极两种效果：积极的既判力效果是指确定判决所确认的事实，是后诉中法院作出裁判的基础，不可再行争执，即既决事项禁止重复争讼的效果；消极的既判力效果是指前诉确定判决已处理的争议，后诉不可再提出，即一事不再理的效果。[3] 大陆法系民事诉讼通说认为，司法审查确认不具有既判力的积极效果。理由有二：一是

---

〔1〕　王萍、张雪、廖亚娟："医疗纠纷中调解协议的司法确认"，载《中国医院管理》2013 年第 3 期。

〔2〕　林剑锋："既判力相对性原则在我国制度化的现状与障碍"，载《现代法学》2016 年第 1 期。

〔3〕　郑涛："论既判力之禁止重复起诉效果"，载《苏州大学学报（法学版）》2018 年第 3 期。

调解协议的内容在第三方支持之下，基于双方当事人合意而形成，并非一定基于客观事实，如果司法确认的协议内容成为将来裁判的基础，那么双方当事人就很可能在调解的过程中小心谨慎，严防死守，以避免在将来的诉讼中处于不利地位，最终可能无法协商一致，达成协议。二是如果必须以前诉内容为依据，那么法官在进行审查的时候因为顾及错案追究制，担心承担责任而进行彻底化的"审查"，最终成为变相的"审判"，有悖于司法审查制度的初衷和程序设计。因此争议的焦点在于是否认可既判力的消极效果。一种观点认为司法审查不具有既判力的消极效果。理由是司法审查确认是一种预防日后引起争议的非诉讼程序，不同于确认私权之争的诉讼程序，且其程序设置简单，迥异于严谨精致的民事诉讼程序，缺少充分的程序保障，承认既判力的消极效果缺少正当性。第二种观点认为应当认可既判力的消极效果。理由是司法确认作为诉调衔接制度的重要环节，其目的就是要赋予调解协议强制执行力，给予第三方调解相匹配的效力支持，有效定纷止争，安定实体法律关系。既判力并非与生俱来，而是通过法律赋予的，是否赋予，一是要看是否能公正地解决纠纷，二是能否有效率地解决纠纷。[1]如果经过调解和司法确认，实体法律关系仍旧得不到安定，将会造成司法资源的浪费。就医疗纠纷第三方调解司法确认而言，应当持相对开放的态度，肯定其具有既判力的消极效果。理由主要有三个：一是肯定既判力的消极效果有助于巩固和扩大医疗纠纷第三方调解制度的实践成果。医疗纠纷案件数量不断攀升，司法资源有限，需要多元化的纠纷解决机制，医疗纠纷第三方调解以其高效、简便等优势已经成为解决医患纠纷的主要渠道。认可既判力的消极效果有助于实现医疗纠纷第三方调解司法审查制度的目的，顺利完成诉讼与调解的衔接，高效化解医患矛盾。二是肯定既判力的消极效果是对医疗纠纷第三方调解制度和司法确认制度的尊重。医患双方本着自愿协商的原则，在医调委的主持下，对实体权利进行处分，最终达成调解协议。协议的基础是医患双方的自愿及合意，双方理应履行协议，体现出对调解制度基本的尊重，禁止实施前后矛盾的行为。当事人既然向法院申请司法确认，就表示认可司法确认后协议的强制效力，禁止再行争议，尊重司法的权威，否则司法确认制度就会形同虚设。三是肯定既判力的消极效果并

---

〔1〕 向国慧："调解协议司法确认程序的完善与发展——结合《民事诉讼法》修改的思考"，载《法律适用》2011 年第 7 期。

不会侵害医患双方当事人的实体处分权和程序选择权。考虑到医患双方在调解的过程中有可能出现妥协等情况，所以经司法确认后的调解协议不会成为今后法院判决内容的前提，仅对本案双方当事人有效，具有相对性。

6. 完善救济措施。制度的设计都不可回避的是对该制度实施过程中产生过错的补救。[1] 医疗纠纷第三方调解司法确认的救济程序设计应当立足于其性质。确认程序属于特别程序，同公示催告、督促等非诉程序一样，实行一审终审，不适用再审。在医疗纠纷第三方调解协议司法审查确认的过程中，如果医患双方当事人发现调解协议存在错误可以选择变更原调解协议或重新协商达成新的协议，或者起诉进行维权；如果发现司法审查确认程序存在瑕疵，只要有充足的证据，医患双方当事人都可以重新提出确认申请，由法院撤销原来的错误裁定，作出正确的确认裁定。

四、结语

法律制度不应该是一种空中楼阁，为制度建构提供智力支持的学术观点应该是一种"飞翔的现实"，在追求形而上完整性的同时也应该兼顾现实制度的需求。[2] 调解协议的疲软效力等问题已然成为该制度发挥更大效用的瓶颈，医疗纠纷第三方调解协议的司法审查确认作为突破该瓶颈的关键，其程序设计应当结合实际情况为医疗纠纷第三方调解提供良好的支持，将诉讼内和诉讼外的纠纷解决进行合理分配，实现诉调无缝衔接，构建医疗纠纷"一站式"解决平台，集约化、快速化地解决社会矛盾，更好地消解患者因医疗纠纷而产生的负面情绪，促进社会和谐。

---

〔1〕　朱素明："人民调解协议司法确认制度的发展及其完善"，载《学术探索》2012 年第 8 期。

〔2〕　石浩："人民调解协议司法确认制度研究"，复旦大学 2012 年硕士学位论文。

案例 5

输血感染赔偿责任分析

—— 艾滋病患者诉美国卡罗拉多州血库案

一、案例简介[1]

被告是一家在美国西部经营血液业务的非营利性血库。1983 年 4 月，被告接受了一位捐献者的血液，并将其加工成临床用血，送进卡罗拉多州的一家西南纪念医院。一个月后，原告遭枪击住进了该医院，并接受了外科手术。在手术过程中，原告被输注了来自被告血库的全血和新鲜冷冻血浆。后来，原告表现出艾滋病的症状，成为艾滋病病毒（Human Immunodeficiency Virus，HIV）携带者，并发展成为艾滋病相关综合征。后查证原告手术所用的血液来自 1983 年的一位捐献者，而该捐献者属于艾滋病的高危人群。原告因此将被告告上法庭。

原告认为，被告血库在采血时没有对捐献者的血液仔细检查，也没有对这类血进行替代实验，存在过失。初审法院首先认定被告采集、准备和加工血液的行为是一种"履行医疗服务"的行为，因此要认定被告存在过失，就应该适用血库的专业标准，而不是一般合理注意标准。尽管法院没有采纳原告提出的科蓝特医生的《专家意见》，但是最终陪审团作出了有利于被告的判定。

原告不服提起上诉。上诉法院认为本案应该采用一般合理注意的标准，而不是初审法院所采用的专业标准，结论是再审本案。原告继续上诉到卡罗拉多最高法院，奎恩大法官作出了判决。奎恩引用了卡罗拉多州的成文法，认为输液方面的科学知识、技巧和物质对人们的健康和福利至为重要，但是也不能够因此对从事这些科学的人和组织设立一种无过错责任，因为严格责任可能会抑制医学的判

---

[1] 王岳："从美国艾滋病患者诉卡罗拉多州血库案看血液之严格责任"，载《中国卫生人才》2011 年第 2 期。

断，限制科学知识、技巧和物质的有效性，公共政策决定对相关人员和组织适用过错责任原则，只追究他们过失和故意渎职责任。另外，人体血液和血液成分的采集、准备和加工是履行医疗服务的行为，而不是一种买卖。因此，血库只对他们的过失行为或者故意的渎职承担责任。依照这个准则，两级法院都存在着错误，上诉法院的错误在于采用了一般合理注意的标准，而初审法院错误地排除了科蓝特医生的《专家意见》。结果导致被告实际上设立了自己的法律责任标准，而这个标准又明显地存在缺陷，不利于防止艾滋病毒的感染。最后的结论是：发回重审。

二、案例述评

本案涉及输血感染，这是一个世界范围的难题。[1] 截至 2011 年底，我国有艾滋病病毒感染者和艾滋病病人 78 万人，其中经采供血、输血或使用血制品传播者占 6.6%[2]。与 HIV 其他感染途径不同，输入带 HIV 的血液感染 HIV 的可能性估计超过 90%[3]。同时，我国是病毒性肝炎的高发区，据《2012 年中国卫生统计年鉴》此类发病人数有 1 372 344 人，HBV 流行率达 60% 以上，HCV 阳性也在 3.2%[4]，HBV、HCV 主要是通过输血传播，而 HCV 的感染有 70% 是通过输血感染的[5]。输血感染问题引起各国高度重视，各国采从技术层面，特别是血液病毒检测上努力提高所供血液的安全性，例如美国、日本等均采用 NAT 技术，美国使用 NAT 之后输血感染率为：HIV 1/11 467 000、HCV1/1 149 000、

---

〔1〕 据统计，早在 1985 年，美国因输血感染艾滋病和感染血友病的病例分别累积到 226 例和 119 例。同年，在欧洲各国的统计中，因输血感染艾滋病的病例有 88 例，占所有 1573 例艾滋病病例的 6.8%。参见韩冬："建立输血感染保险机制转嫁输血风险"，载《西北医学教育》2007 年第 5 期。

〔2〕 冯开红、陶建华："论输血感染疾病的法律属性及其民事损害赔偿问题"，载《华东政法学院学报》2001 年第 3 期。

〔3〕 丁莉："关于血液是否应纳入产品范围的探讨——从输血感染事件中保护患者利益出发"，载《卫生经济研究》2011 年第 8 期。

〔4〕 梁慧星："输血感染案件的法律适用——民法学家梁慧星教授答读者问"，载《人民法院报》1998 年 9 月 29 日，第 3 版。

〔5〕 刘李林："浅谈血站在无过错输血感染中的法律责任及其补偿机制"，载《中国输血杂志》2011 年第 4 期。

HBV 1/357 000[1]。根据我国卫计委〔2013〕22 号文件，全国血站将大力开展使用 NAT 技术[2]，来降低输血感染率。但病毒自身的"窗口期"、检测试剂的"漏检率"以及人为失误的存在使输血无法达到零感染，这必然会产生输血感染赔偿的问题。2010 年我国《侵权责任法》对于输血感染问题作出了原则性的规定，将血液与药品、医疗器械等医疗产品并列，采用相同的归责原则[3]。然而，学界和实践中针对输血感染责任的性质、归责原则、责任承担等问题均存在争议。

三、法理探析

（一）英美法系国家的相关规定

美国《统一产品责任示范法》第 102 条第 C 款规定："产品指具有内在价值之任何物，得以其组成全体、一部或多部分交付，并以交易或贸易为目的生产者，唯人体组织或器官，含血液及其成分，不属之。"明确将血液排除于产品之列。20 世纪 80 年代以前美国输血感染赔偿的归责原则只采用过错责任原则，对因"窗口期"或"漏检"而产生的输血感染赔偿均未单独进行规定。比较典型的如 1954 年美国纽约的因技术限制而漏检黄疸病毒致输血感染的 *Perlmutter v. Beth David Hospital* 案和 1979 年美国华盛顿的因技术限制漏检肝炎病毒而输血感染肝炎的 *Fisher v. Sibley Memorial Hospital* 案。两个案件最终医方都不承担责任。理由为审判者强调医疗方对风险的不可预见、不可作为，以及这种风险的不可避免，同时认为由于血液提供行为的公益性（因为血液来源几乎都是无偿献血），对献血者不可能像对待有偿提供者一样进行追偿。[4] 随着 80 年代后美国、法国、德国相继曝出输血感染 HIV 病毒的大事件，各国均开始对输血感染赔偿制度进行改革。首先，部分国家开始将血液作为产品对待。比如，1985 年《欧共体

---

〔1〕 王怀福、梁艳清："浅析无过错责任输血感染责任的承担"，载《现代预防医学》2008 年第 4 期。

〔2〕 赵西巨：《医事法研究》，法律出版社 2008 年版，第 170~171 页。

〔3〕 《侵权责任法》第 59 条："因药品、消毒药剂、医疗器械的缺陷，或者输入不合格的血液造成患者损害的，患者可以向生产者或者血液提供机构请求赔偿，也可以向医疗机构请求赔偿。患者向医疗机构请求赔偿的，医疗机构赔偿后，有权向负有责任的生产者或者血液提供机构追偿。"

〔4〕 孙厚纯、袁勇贵："浅析无过错输血感染的处理现状及完善"，载《南京医科大学学报（社会科学版）》2007 年第 4 期。

产品责任指令》通过后，欧共体确立了无过错责任的产品责任制度，血液及相关产品也涵盖其中。法国法律规定输血中心（血站）要承担保证血液不受污染的义务。英国、德国都将血液纳入产品中。[1] 其次，对于无过错输血感染，许多国家规定也要进行赔偿。比如，意大利 1992 年专门通过法令规定因输血或血液衍生物治疗不幸感染 HBV、HCV、HIV 的受害者有权获得经济赔偿。美国食品和药品管理局（FDA）和美国血库协会（AABB）制定了许多输血安全管理制度和标准以施行危险预防。[2] 最后，大量输血感染事件的爆发促使许多国家建立国家专项赔偿基金。比如，加拿大于 1988 年建立每人一次性获得 12 万美元免税的赔偿金制度，法国于 1989 年向感染 AIDS 的血友病患者及其家属提供 5128 美元~29 052 美元的赔偿，德国由药物保险公司向每一位感染者提供 367 724 美元的赔偿，同时也有对其配偶的赔偿和丧葬费补偿。美国 1998 年通过《Ricky Ray 血友病救济基金法》规定，赔偿金额为一次性给付 125 000 美元。[3] 截至 1998 年，已有 18 个英美西方发达国家对输血感染赔偿全部确立了无过错政府补偿制度，[4] 有利地平衡了患者和医方的因无过错输血感染而产生的风险和责任。

（二）我国输血感染赔偿法律制度

1. 血液的法律性质。首先，本文所指血液，为广义的血液，既包括"人体内循环系统中的液体组织"，也包括脐带血在内。[5] 血液是否属于产品，无论是在我国学术界还是实务界，均存在着不同的观点。[6] 以杨立新教授为代表的学者持肯定说。基于人体组织脱离人体即成为物的原理，他指出，血液乃人体组织，人体组成部分与人体分离之后，就成为特殊的物，且血液的所有权属于血液提供机构，将其出卖于医院，医院又将其出卖给患者，完全具有产品的特征，应当视为产品。[7] 王岳等从"产品"的定义出发，认为血液在使用之前需要加工，存

〔1〕 王晨："西方国家血液安全的责任与赔偿"，载《法律与医学杂志》2001 年第 4 期。

〔2〕 程宗璋："西方国家血液安全的责任与赔偿"，载《临床误诊误治》2002 年第 1 期。

〔3〕 参见"他山之石：国际血液供应污染事件处理经验"，载亚洲促进会报告，http：//www. doc88.com/p-034714684272.html，2016 年 11 月 30 日访问。

〔4〕 王晨："西方国家血液安全的责任与赔偿"，载《法律与医学杂志》2001 年第 4 期。

〔5〕 侯国跃："输血感染损害责任的归责原则和求偿机制"，载《社会科学（上海）》2014 年第 2 期。

〔6〕 陈志华：《医疗损害责任深度释解与实务指南》，法律出版社 2010 年版，第 244 页。

〔7〕 杨立新："论医疗产品损害责任"，载《政法论丛》2009 年第 2 期。

在加工、制作的过程，血站按照一定的价格将血液交付医院，是一个等价交换的过程。[1] 因此，临床用血已具备了产品的"加工制作、用于销售"的特点，进而认为血液属于产品。[2] 以著名学者梁慧星教授为代表的持否定观点。梁教授认为"血液不是加工、制作的，迄今的科学技术和工业的发展，还不能制造血液。根据经济学基本知识，劳动可以创造产品、财富，但劳动不能创造血液。制造血液是活人身体的机能"。[3]

根据我国《中华人民共和国产品质量法》（以下简称《产品质量法》）中关于"产品"[4] 的定义，产品有两个构成要件：一是经过加工、制作，二是用于销售。血液没有经过加工、制作，根据梁慧星教授的观点，"加工"指的是工业加工且必须改变原材料的某些基本特性。因此将供血者身体抽取出来的血液进行分装、储存、保管、运输及加人工抗凝剂等，均不构成"加工"。[5] 医疗机构在某些紧急救援的情况下，直接将供血者的血输入受血者体内，没有经过加工的环节。同时，血液并没有经过等价交换，也不是用来销售获利的。实践中大多数血液的来源是无偿献血。患者在输血过程中支付的对价仅仅是针对血液的储存、检测、运输等费用而不包括血液本身，血站是公益机构不是血液的制造者，医疗机构也不是血液的销售者。综合前面两个方面，不能单纯为了强调对患者利益的保护而生硬地将血液理解为产品，进而适用产品责任的归责原则，这样会加重医疗机构的负担，医疗机构是非营利性机构，承担着救死扶伤的责任，提供血液是为了拯救患者的生命或健康，如果无论医院有无过错都要对输血感染的患者进行赔偿，则有可能导致医疗机构过度小心以至于错过了治疗的最佳时机，最终受害的是患者。

2. 血液合格与否的认定。不合格血液可以分为法律不合格血液和事实不合格血液。法律不合格血液是指对血液的采集、检测、使用等过程未遵照国家法定

---

[1] 王岳、邓虹主编：《外国医事法研究》，法律出版社 2011 年版，第 154 页。

[2] 青峰："部分国家输血感染损害的状况及问题解决"，载梁慧星主编：《民商法论丛》（第 21 卷），金桥文化出版（香港）有限公司 2001 年版，第 538 页。

[3] 梁慧星：《裁判的方法》，法律出版社 2003 年版，第 148~149 页。

[4] 《产品质量法》第 2 条第 2 款："本法所称产品是指经过加工、制作，用于销售的产品。"

[5] 梁慧星："中国的消费者政策和消费者立法"，载《法学》2000 年第 5 期。

标准[1]，导致患者人身损害的，可以认为该血液是法律不合格血液，这种情况属于过错输血。而事实不合格血液是指即便血站或医疗机构履行了国家法定义务，但由于血液的特殊性，存在"窗口期"的问题，即一些经过科学技术检测为合格的血液，由于科学技术发展水平所限，有些病毒无法在短时间内检测到，这样的"无过错输血"是事实不合格血液的最主要的表现形式。如人体感染艾滋病毒（HIV）后，一般需要 2 周~12 周，平均 42 天左右血液中才可检测到HIV 抗体，即使使用目前最先进的核酸检测技术，HIV 抗体的检测也需要 7 天左右，窗口期血液输入人体后要经过一段时间才能在人体中被检测到，在人体中被检测到病毒的血液也就是事实不合格血液。在无过错输血的过程中医疗机构已经尽到了充分、合理、谨慎的注意义务，但是客观上没有能够避免损害后果的出现，导致患者因输血而感染了疾病。目前我国在立法上并未明确血站对无过错采供血承担赔偿责任，也未明确医疗机构对无过错采供血承担赔偿责任。

3. 输血感染损害赔偿归责原则。

（1）过错责任原则。过错责任原则也叫过失责任原则，它是以行为人存在过错为承担民事责任的基本要件。按过错责任原则，行为人有过错就要承担民事责任，没有过错则不需要承担民事责任。过去，就我国医疗机构和血站的责任而言，常采用过错责任的立场。

（2）无过错责任原则。无过错责任原则，也叫无过失责任原则，学术上也把无过错责任称为"客观责任"或"危险责任"，英美法则称之为"严格责任"，它是指，依法律规定，尽管行为人对其所造成的损害不存在过错，但依然需承担民事责任的归责原则。执行这一原则，主要不是根据行为人的过错，而是基于损害的客观存在，根据行为人的活动及所管理的人或物的危险性质与所造成损害后果的因果关系，并由法律规定的特别加重责任。《侵权责任法》第 59 条[2]对"输入不合格血液"的规定即采用的是无过错责任原则。值得注意的是，该条规定并没有完全排除过错责任的适用，比如患者在医院因输血而感染疾病，提供该

---

〔1〕《全血及成分血质量要求》GB 18469-2012，即全血及成分血要求，规定了临床输注用全血和成分血的质量标准且适用于全国。

〔2〕《侵权责任法》第 59 条："因药品、消毒药剂、医疗器械的缺陷，或者输入不合格的血液造成患者损害的，患者可以向生产者或者血液提供机构请求赔偿，也可以向医疗机构请求赔偿。患者向医疗机构请求赔偿的，医疗机构赔偿后，有权向负有责任的生产者或者血液提供机构追偿。"

血液的是血站，则患者既可以选择只起诉医院或只起诉血站，也可以选择将二者作为共同被告。如果患者只起诉医院或只起诉血站，则法院只对患者与医院或血站一方之间的民事法律责任进行审判，而后根据各自过错医院可以对血站进行追偿，血站也可以向医院进行追偿。此时患者与医院或血站之间适用无过错责任，但医院与血站之间则适用过错责任原则或公平责任原则。早在《侵权责任法》颁布之前，就有法院适用无过错责任原则进行判决。1996 年 9 月王某因宫外孕，在南通市一家医院进行手术治疗，手术时输血 800 毫升，术前王某在医院检查肝功能未见异常。1997 年 1 月，王某被诊断患有丙肝，其病情经一审法院法医鉴定，结论为王某所患丙肝与输血后丙肝的临床特征相符。法院认定，王某染上丙肝的后果不应由受害人承担，本案适用无过错责任原则，由被告及第三人向原告承担补偿责任。不久后南通市中级人民法院就原告王某医疗损害赔偿作出终审判决：原告王某治疗丙肝所花的医疗费等共计 75 136.10 元，由中心血站补偿 45 081.66 元，某卫生局、某医院各补偿 15 027.22 元。[1]

（3）公平责任原则。公平责任原则又称"衡平原则"或"公平分担损失原则"，它是指当事人双方在对造成损害均无过错的情况下，当事人对受害人的损失给予适当补偿。公平责任的目的不在于对行为人的不法过错实施制裁，而在于当事人双方对造成的损害均无过错的情况下，由当事人适当分担损失。[2] 公平责任有严格的适用范围，即要求对损害事实的发生，当事人均没有过错的情形中适用，依据实际情况，将损害事实在当事人之间分配，所谓实际情况，主要是指经济负担能力和受害人所遭受的损失情况。[3] 我国《民法通则》第 132 条规定："当事人对造成损害都没有过错的，可以根据实际情况，由当事人分担民事责任"。《侵权责任法》总则第 24 条也规定："受害人和行为人对损害的发生都没有过错的，可以根据实际情况，由双方分担损失。"在《侵权责任法》中公平责任原则的适用有严格的要求，即在《侵权责任法》规定的基本原则下能处理案件的，应当适用基本原则，如果基本原则无法很好处理案件时，才能适用公平责任

---

〔1〕 参见"输血感染丙肝案例分析"，载找法网，http://china.findlaw.cn/bianhu/qitaanli/yiliaoshiguanli/40333.html，2017 年 3 月 20 日访问。

〔2〕 吴晓明主编：《〈中华人民共和国侵权责任法〉条文理解与适用》，人民法院出版社 2010 年版，第 47 页。

〔3〕 王利明、周友军、高圣平：《中国侵权责任法教程》，人民法院出版社 2010 年版，第 175 页。

原则。《侵权责任法》总则第 24 条是公平责任原则的原则性规定，但在分则部分没有公平责任原则的具体条款。[1] 实践中早有适用公平原则审判无过错输血的案例，如患者因宫外孕到医院治疗，输血 800 毫升，2 个月后患者被确诊为丙肝。法院查明，医院及红十字血站均无过错，依公平原则，法院判决患者、医院、红十字血站按 3 : 3 : 4 的比例分担患者的损失。[2] 在我国尚未建立政府医疗补偿金制度的实际情况下，采用公平责任原则不失为一个良好的过渡办法。

综上，归责原则是解决侵权责任的核心，归责原则的不确定性会导致相同的输血感染案件出现不同的处理结果，从而使司法的权威性受到质疑。

4. 输血感染责任的承担。根据《侵权责任法》，法律上不合格的血液直接适用第 59 条[3] 规定的无过错责任原则，由医疗机构或血站承担赔偿责任。根据我国法律的相关规定，临床用血只能由血站提供，这就说明血站是此类案件的法定责任体。与此同时，血站与医疗机构之间具有一定的合作关系即临床用血是由中心血站向医疗机构提供的。医疗机构使用血站提供的不合格临床用血，将其输入受血者体内，致使受血者因输血而感染其他疾病，身体健康、生命安全遭受威胁。血站、医疗机构产生了同一内容的侵权责任即受血者的身体遭受损害，需各方赔偿责任，但因为最终责任人（血站）履行责任而使得侵权责任形态归于消灭。

（1）责任主体是血站和医疗机构。医疗机构根据治疗手段的需要直接使用临床用血，应用于受血者的身上，造成了受血者损害。如果医疗机构不能指明不合格血液的来源，那么医疗机构就应该承担无过错责任。作为血站，保证临床用血的安全性是其一项义务。如果血站提供了不合格血液作为临床用的血液，让受血者感染了其他传染性疾病，应当承担侵权责任。

（2）受血者可以选择是向医疗机构提出赔偿，还是向血站提出索赔。根据产品责任中的"最近规则"，受血者有权在侵权责任主体中做出选择，选择对自

---

〔1〕　马家忠等："血液的法律属性及其侵权责任归责原则刍议——兼论《侵论责任法》中'不合格血液'问题"，载《医学与哲学（人文社会医学版）》2013 年第 1 期。

〔2〕　袁华："输血感染侵权归责及其依据论"，华东政法大学 2011 年硕士论文。

〔3〕　《侵权责任法》第 59 条："因药品、消毒药剂、医疗器械的缺陷，或者输入不合格的血液造成患者损害的，患者可以向生产者或者血液提供机构请求赔偿，也可以向医疗机构请求赔偿。患者向医疗机构请求赔偿的，医疗机构赔偿后，有权向负有责任的生产者或者血液提供机构追偿。"

己最有利的方式来行使请求权。受血者在起诉时不需要判定谁是最终责任人，这样受血者的程序负担就会比较小。

(3) 最终由血站承担责任。根据产品责任中的"最终规则"，如果受血者选择了向医疗机构提出赔偿，在医疗机构支付了赔偿金额之后，该医疗机构有权向不合格血液的生产者即血站追偿，之所以赋予医疗机构追偿权，是基于直接侵害人即血站的行为，而其他责任人即医疗机构承担责任是基于政策考量，这是为了保护受血者的一种措施。在诉讼中如果受血者同时起诉了医疗机构、血站，那么可以将这两个责任主体一并作为共同被告。

实务中，法官可以根据实际情况来确定责任的承担，如果血站确实提供了不合格的临床用的血液，那么最终还是直接由血站来承担责任。这样的规定旨在保护患者的利益，只要因不合格血液致损，医疗机构和血站就要承担不真正的连带责任。但该法条将血液限定为"不合格血液"，使得在适用该法条前血液合格与否的证明成为必然，即血站或医疗机构在采血、加工、使用等方面的过错证明成为必然。因此该法条名义上对输血侵权采取无过错责任原则，实质上仍然是过错责任原则。同时，事实不合格血液即无过错输血并不包含在《侵权责任法》第59条规定的"不合格血液"内，患者若因被输注了这些"窗口期"或"漏检"血液而感染疾病的，医疗机构或血站举证证明自己严格按规定操作，只是由于科学技术水平所限，则无须承担侵权法律责任，那么这类患者仍然维权无门，因此法律有必要进一步明确无过错输血的规则原则及赔偿机制。

(三) 输血感染侵权归责原则的完善建议

目前，我国对输血感染引起的侵权赔偿问题规定过于笼统，如果患者仅以输入"不合格血液"为由提起侵权损害赔偿请求，很可能根本得不到救济，因此有必要对输血感染损害制度进行完善，从而更好地保障患者的合法权益。

1. 分类确立归责原则。

(1) 针对过错输血适用过错推定责任原则。过错推定是在适应现代社会规则客观化的需要下产生的，适用范围正在扩大，在功能上兼容了传统的过错责任和无过错责任的特点，事实上是介于二者之间的中间责任。[1] 实践中，患者缺

---

[1] 王利明：《侵权行为法归责原则研究》，中国政法大学出版社2003年版，第94页。

乏专业的医学知识，很难认定医疗机构的行为是否具有过错，从技术上来说患者的血液与所输血液混在一起，难以证明是所输血液带有病毒。患者在举证上处于弱势地位，很难证明医疗机构的过错与患者输血感染的后果之间存在因果关系，因此应由医疗机构和血站证明自己的过错和输血感染的后果之间不存在因果关系，有利于保障患者的求偿权。

（2）对于无过错输血适用公平责任原则。无过错输血感染发生的主要原因是医学技术的局限性，这是无法避免的客观事实，这种情况下让任何一方单独承担损害后果都会违背法律基本的公平理念。实践中，许多法院按照《民法通则》第 132 条[1]以及最高人民法院《关于贯彻执行〈中华人民共和国民法通则〉若干问题的意见（试行）》第 157 条[2]的规定合理解决损害后果合理分担的问题，在加害者没有过错的情况下对受害者进行合理补偿，有助于缓解当前社会的"血荒"现象，有利于缓和紧张的医患关系。

2. 建立专项公益基金。参考西方国家的做法建立无过错输血感染政府补偿制度。可以由政府主导，社会公众参与，建立专项公益基金，对此类不幸的患者进行社会救助。这样如果因"窗口期"和"漏检"血液，或者不能证明血液是不合格的，致使患者无法追究医疗机构侵权责任的情况下就可以向公益基金申请救助，使患者能够得到及时的帮助。如福建省出台的《关于加快建立预防和处置医患纠纷"五位一体"长效机制意见》中，提出要建立社会医疗救助机制，坚持政府主导、社会参与，综合运用民政救济、红十字会、慈善机构及民间个人捐助等方式，做好社会医疗救助和相关基本医疗保障制度的衔接，对特殊困难患者实施医疗救助。无论医疗水平如何发展，输血都不可能做到百分之百安全，建立专项公益基金对无过错输血中的患者进行援助是必然之选，也是缓解当下紧张的医患关系的有效措施。

3. 设立输血感染医疗保险。将输血感染纳入社会保险制度的范畴。根据保险目的，可将保险分为两类：一类是商业保险，另一类是社会保险。商业保险靠

---

[1]《民法通则》第 132 条："当事人对造成损害都没有过错的，可以根据实际情况，由当事人分担民事责任。"

[2] 最高人民法院《关于贯彻执行〈中华人民共和国民法通则〉若干问题的意见（试行）》第 157 条："当事人对造成损害均无过错，但一方是在为对方的利益或者共同的利益进行活动的过程中受到损害的，可以责令对方或者受益人给予一定的经济补偿。"

自愿，而社会保险则以法律的强制力为依托。可以参照《中华人民共和国传染病防治法》的相关规定由地方政府拨专项经费用于购买输血感染保险。在医疗过程当中，如果发生输血感染损害，患者可以先行申请保险公司理赔，这样患者的合法权益可以相对快速地得到保护。通过保险机制，用社会成本合理分担输血损害风险，也可以相应减轻医疗机构和血站沉重的赔偿负担，减少医疗机构的顾虑，缓解紧张的医患关系。

四、结语

如前所述，血液的法律属性不是医疗产品，不宜与一般医疗产品和医疗器械并列放在《侵权责任法》第 59 条，而应该另行规定。同时，应该加强因无过错输血而导致感染的专项公益基金和医疗保险制度的建设，以保证受害者能够获得合理的补偿。

案例 6

医疗伦理侵权中的权利与义务

——以闫某娟、张某成与苏州明基医院有限公司医疗损害责任纠纷案为例

一、案例简介

2017 年 3 月 28 日，原告闫某娟、张某成与被告苏州明基医院有限公司（以下简称明基医院）因医疗损害责任纠纷，在江苏省苏州市虎丘区人民法院提起诉讼，法院依法立案受理，并于同年 11 月以简易程序公开开庭进行了审理。

原告闫某娟与张某成系夫妻关系。原告闫某娟于孕期第 13 周开始在被告明基医院处建卡进行产前检查。2016 年 4 月 2 日，闫某娟在被告处产检时，血液检测的报告单显示闫某娟风疹病毒抗体 IgG 为 307IU/ml，风疹病毒抗体 IgM 为 69.5AU/ml，被告遂建议闫某娟两周后复查。2016 年 4 月 16 日，闫某娟在被告处进行复查时，血液检测结果显示闫某娟风疹病毒抗体 IgG 为 141IU/ml，单纯疱疹病毒 I+II 型抗体 IgM 为 0.83，但被告未对闫某娟风疹病毒抗体 IgM 的指标进行检查。后原告闫某娟在被告处一直进行产前检查直至生产。2016 年 6 月 15 日开始，闫某娟在产检时多次被发现有"胎儿侧脑室略增宽"的情况，被告的医务人员告知闫某娟至苏州母子中心做进一步的检查，但闫某娟未遵医嘱。

2016 年 9 月 21 日，闫某娟在被告处剖宫产下一女闫某某。闫某某出生后即因"新生儿轻度窒息、新生儿肺炎、新生儿血小板减少性紫癜、低出生体重儿"在被告处住院治疗。同年 9 月 24 日，闫某某因"发现皮肤存在出血点"转至苏州大学附属儿童医院进行治疗，入院后进行动脉导管结扎术，并于同年 10 月 21 日出院，其出院诊断情况为："①先天性风疹病毒感染综合征；②新生儿窒息；③动脉导管结扎术后；④足月小于胎龄；⑤低出生体重儿。"同年 12 月 29 日，闫某某因"少吃、少哭、咳嗽、呕吐白沫 8 天、口唇发绀 3 天"再次至苏州大学附属儿童医院就诊，被临床诊断为"重症肺炎，呼吸衰竭，心功能不全，肺动脉

高压，PDA 结扎术后，先天性风疹病毒感染综合征"后即住院治疗，2017 年 1 月 4 日闫某某因抢救无效死亡。

2017 年 1 月 5 日，闫某娟与苏州大学附属儿童医院，共同委托苏州大学司法鉴定中心，对闫某某的死亡原因进行鉴定，苏州大学司法鉴定中心于 2017 年 3 月 9 日出具苏大司鉴中心［2017］病鉴字第 2 号《法医病理学鉴定意见书》，鉴定意见为：闫某某符合因患先天性风疹病毒感染综合征所致中枢神经系统、循环系统、呼吸系统功能障碍等特征，最终因全身多器官功能衰竭而死亡。

二、案例述评

本案是一宗比较典型的医疗损害责任纠纷案件。原被告双方就医疗损害责任的相关问题争议较大，尤其是，被告医务人员在闫某娟的产前检查过程中是否存在侵权行为及过错、被告与闫某某的出生及死亡结果之间是否存在因果关系等问题，是本案核心的争议焦点。

本案中，原告闫某娟、张某成认为：原告闫某娟孕闫某某后，于 2016 年 4 月 2 日起在被告医院建立孕产期保健卡，定期孕检。4 月 2 日闫某娟接受首次孕检就被查出风疹病毒感染，后经复查相应指标仍见阳性，然而被告无视相关规定，未告知原告病毒对胎儿致畸的重大影响，更未对原告作出终止妊娠的医学建议，使原告失去优生优育选择权。2016 年 9 月 21 日闫某娟产下闫某某，3 日后闫某某即被确诊为先天性风疹病毒感染综合征，闫某某于 2017 年 1 月 4 日不治而亡。后经苏州大学司法鉴定中心尸检，闫某某死于先天性风疹病毒感染综合征所致的全身多器官功能衰竭。被告敷衍塞责未能及时阻止畸胎儿出生，导致闫某某小小生命未及绽放便已凋谢，也给原告造成了巨大的精神创伤和重大经济损失，被告应当承担医疗过错赔偿责任。因而，提出以下诉讼请求：①判令被告赔偿原告各项损失共计 944 275.84 元，其中闫某娟、闫某某医疗费 51 772.84 元（包括闫某娟产检费 5162.16 元、生产费用 6654.8 元，闫某某于明基医院支出医疗费 3615.28 元、于附属儿童医院支出医疗费 36 340.6 元）、闫某娟住院伙食补助费 400 元、护理费 400 元、营养费 200 元，闫某某住院伙食补助费 3600 元、护理费 3600 元、营养费 1800 元、死亡赔偿金 803 040 元、丧葬费 33 600 元、交通费 500 元、产后恢复费用 30 151 元、病历复印费 212 元以及尸检费 15 000 元；

②判令被告赔偿原告精神损害抚慰金 50 000 元；③本案诉讼费用由被告承担。

被告明基医院则辩称，闫某某的死亡是先天性风疹病毒导致，并不是被告医疗行为导致，根据医疗损害鉴定书结论，本案焦点是被告侵犯了原告的优生优育选择权，因此，原告诉请求中有关闫某某死亡的赔偿项目及金额，包括闫某娟本人的医疗费、住院伙食补助费、闫某某死亡赔偿金、丧葬费、闫某娟产后恢复费、尸检费等于法无据，精神损害抚慰金也不能按照死亡标准计算，被告方愿意承担闫某某治疗过程中在普通医疗费基础上增加部分的医疗费用，但社保统筹支出部分的医疗费用不承担，其他费用均不应由被告承担。

由原被告相关陈述可以发现，本案最大的争议焦点主要有四项：第一项，被告医务人员在闫某娟的产前检查过程中是否存在侵权行为及过错；第二项，如被告存在侵权行为，其侵权行为与闫某某的出生及死亡结果之间是否存在因果关系；第三项，被告的侵权行为侵犯的是原告的何种权益以及原告因被告的侵权行为造成的损失范围、数额；第四项，被告应承担侵权赔偿责任的比例。

三、法理探析

本案中，按照我国现行法律、法规等规定，被告医务人员在闫某娟的产前检查过程中是否存在侵权行为及过错，如果被告行为构成民法规定的侵权行为，其侵权行为是否与闫某某的出生及死亡结果之间存在因果关系，被告的侵权行为的法律属性应如何定性，其侵权行为侵犯了原告的何种利益，以及被告应承担何种的赔偿等问题，都是本案需要在法理上逐一明晰的问题。

（一）关于被告医务人员在闫某娟的产前检查过程中是否存在侵权行为及过错问题

按照我国现行《中华人民共和国人口与计划生育法》（以下简称《人口与计划生育法》）和《中华人民共和国母婴保健法》（以下简称《母婴保健法》）规定，国家采取综合措施，控制人口数量，提高人口素质；国家建立孕产期保健制度，防止或者减少出生缺陷，提高出生婴儿健康水平；医疗保健机构应当为育龄妇女和孕产妇提供孕产期保健服务，包括对孕妇进行产前定期检查的医疗保健服务，也包括为胎儿生长发育进行监护，提供咨询和医学指导的胎儿保健服务；在产前检查过程中，医师发现或者怀疑胎儿异常的，应当对孕妇进行产前诊断；

经产前诊断，胎儿有严重缺陷等情形的，医师应当向夫妻双方说明情况，并提出终止妊娠的医学意见。以上规定的目的在于防止或者减少出生缺陷，提高出生婴儿健康水平，从而提高人口素质。

根据以上规定，闫某娟在被告处建卡进行定期产前检查后，被告负有依法为其提供保健服务，包括告知检查结果及相关风险等信息的义务，闫某娟则享有接受相应保健服务，包括获得有关信息的权利。如果被告医务人员在闫某娟产前检查过程中，发现或者怀疑其所孕胎儿异常的，应当对闫某娟进行产前诊断，如果经产前诊断，胎儿存在严重缺陷等情形，医务人员应当向原告夫妻说明情况，并作出终止妊娠的医学意见。

而在本案中，通过苏州市医学会出具的《医疗损害鉴定书》可以看出，闫某娟产前检查进行首次血液检查时，被告的医务人员即发现闫某娟的风疹病毒抗体 IgG 和 IgM 指标异常，被告在两周后对闫某娟进行复查时，根据闫某娟的风疹病毒抗体 IgG 和单纯疱疹病毒 I+II 型抗体 IgM 指标，在漏检风疹病毒抗体 IgM 指标的情形下，即排除闫某娟存在风疹病毒急性感染的情形，被告的医务人员存在医疗过错行为。

根据我国现行《侵权责任法》的相关规定，患者在诊疗活动中受到损害，医疗机构及其医务人员有过错的，由医疗机构承担赔偿责任。因此，医疗机构承担侵权责任主要有三个构成要件，即医务人员存在过错、患者受到损害、两者之间存在因果关系。

本案中，被告方作为专业医疗机构，其医务人员对风疹病毒易发生垂直感染，孕妇妊娠早期初次感染风疹病毒后，病毒可通过胎盘屏障进入胎儿，造成流产、死胎或导致胎儿发生先天性风疹综合征从而引起胎儿畸形的常识，应当是知晓的，但因被告医务人员的过错排除闫某娟风疹病毒急性感染后，未能详细告知原告存在胎儿感染及出生缺陷的可能性，导致原告在诊疗过程中的知情权受到影响，进一步丧失了依法终止妊娠避免缺陷儿出生的决定权，造成了闫某某的缺陷出生，并最终造成原告的权利受到损害，因此，可以认定被告的医务人员在闫某娟产前检查过程中存在过错，并且给其造成了损害结果，过错与损害结果之间存在因果关系，已构成侵权。

（二）关于被告侵权行为与闫某某的出生及死亡结果之间是否存在因果关系问题

按照我国现行《中华人民共和国宪法》（以下简称《宪法》）、《中华人民共和国民法总则》（以下简称《民法总则》）、《侵权责任法》、《执业医师法》、《医疗事故处理条例》等法律、法规的规定，患者可以享有平等医疗权、生命健康权、身体权、隐私权、知情同意权、自主决定权和建议投诉权等七大类[1]权利。其中，知情同意权和自主决定权是患者的两项重要的权利。患者的知情同意权是指患者有权知晓自己的疾病和健康状况，以及与疾病相关的信息和医疗措施，并在理解这些医学信息对自身疾病治疗和维持健康状态的积极和消极作用基础上，对医务人员所采取的防治治疗措施进行取舍的权利[2]。自主决定权则是患者在寻求医疗服务过程中，患者或其监护人经过自主思考，就自己疾病和健康问题所作出的合乎理性的决定，并根据决定采取负责的行动[3]。

本案中，由于被告医务人员的过错，排除了闫某娟风疹病毒急性感染，未能够详细告知原告存在胎儿感染及出生缺陷的可能性，致使原告丧失了通过检查发现胎儿缺陷以及据此对是否终止妊娠作出选择的机会，侵犯了原告知情同意权和自主决定权，由此导致闫某某出生存在先天性缺陷，因此，缺陷儿闫某某的出生与被告的侵犯行为之间存在因果关系。

而对于闫某某之死亡问题，闫某某的先天性身体缺陷并非医疗机构的过错造成，闫某某胎儿期时即在其母宫内感染风疹病毒，闫某某感染的原因是闫某娟自身发生风疹病毒感染所致，与被告医务人员在本案中的诊疗行为无关；且闫某某的死因为其患先天性风疹病毒感染综合征所致中枢神经系统、循环系统、呼吸系统功能障碍等，最终因全身多器官功能衰竭而死亡，是风疹病毒感染、疾病发展的转归；同时，被告医务人员在闫某某出生后的诊断及处理、治疗与抢救均不存在过错。故闫某某的死亡结果与医方过错行为没有因果关系。

因此，被告侵权行为与闫某某的出生及死亡结果之间是否存在因果关系问题

---

〔1〕　苏玉菊主编：《卫生法学：原理·图解·案例》，中国民主法制出版社 2014 年版，第 152~158 页。

〔2〕　苏玉菊主编：《卫生法学：原理·图解·案例》，中国民主法制出版社 2014 年版，第 154 页。

〔3〕　苏玉菊主编：《卫生法学：原理·图解·案例》，中国民主法制出版社 2014 年版，第 158 页。

是两个完全不同的法律事实，需要对其分别判定。本案中，按照我国《民法总则》《侵权责任法》的有关规定，被告的侵权行为与闫某某的出生之间存在因果关系，但与闫某某的死亡并不存在法律上的因果关系。

（三）关于被告的侵权行为侵犯的是原告的何种权益以及原告因被告的侵权行为造成的损失范围问题

1. 被告的侵权行为侵犯了原告的生育选择权。我国《民法总则》第110条第1款规定，自然人享有生命权、身体权、健康权、姓名权、肖像权、名誉权、荣誉权、隐私权、婚姻自主权等权利；第126条规定，民事主体享有法律规定的其他民事权利和利益。因此，自然人享有的民事权利除《民法总则》第110条中明确规定的权利外，还包括法律中明确规定的自然人享有的其他民事权利和利益。根据《人口与计划生育法》和《母婴保健法》相关规定，原告在产前检查过程中享有被医疗机构告知检查结果及相关风险等信息的权利，并享有根据其获得的信息作出是否决定终止妊娠避免缺陷儿出生的权利，因此，被告的侵权行为侵犯的是原告的生育选择权。

2. 关于原告因被告的侵权行为造成的损失范围问题。根据《中华人民共和国婚姻法》（以下简称《婚姻法》）相关规定，父母对子女有抚养教育的义务，不论子女健康还是残疾。但是，与抚养一个健康子女相比，抚养一个缺陷子女意味着父母必须承担额外的抚养费用，故原告的损失应当限于其因被侵犯生育选择权而导致缺陷儿闫某某不当出生所产生的损失。

而因被侵犯生育选择权导致缺陷儿闫某某不当出生所产生的损失，根据《侵权责任法》及《最高人民法院关于审理人身损害赔偿案件适用法律若干问题的解释》的相关规定，原告的损失应当包括闫某娟的医疗费（包括闫某娟产检及生产费用，但应限于侵权行为产生之后发生的费用）、住院伙食补助费、护理费、营养费，闫某某的医疗费、住院伙食补助费、护理费、营养费以及原告的交通费、鉴定费、精神损害抚慰金等。

而对于本案中是否需要对原告赔付死亡赔偿金及丧葬费问题，根据《侵权责任法》的相关规定，由于死亡赔偿金和丧葬费的性质为侵权行为给他人造成死亡情况下侵权人给予被侵权人的赔偿。而在本案中，被告的侵权行为与闫某某的死亡结果之间没有直接因果关系，因此被告不需要对闫某某的死亡结果承担赔偿责任。

（四）关于被告应承担侵权赔偿责任的比例问题

被告医务人员在闫某娟产检过程中发现胎儿有侧脑室略增宽的情况时，即建议闫某娟至苏州母子中心做进一步检查，但闫某娟未遵医嘱检查，错过了进一步明确其风疹病毒感染的机会，因此，从过错分配角度而言，闫某娟自身亦存在过错，对闫某某的出生结果亦应承担部分责任。在原因力大小方面，被告承担主要责任，原告承担次要责任。在本案中，主审法院结合本案的具体情况，酌定对原告的损失结果，由被告承担80%的赔偿责任，由原告承担20%的赔偿责任。对于这种责任承担比例数额的确定，在实务过程中，一般主要依靠案件主审法官的自由裁量权而定，但这种自由裁量权并非是主审法官随性臆断没有任何限制的，其中，最高法院出台的司法解释和相关指导性判例就是对其限制的一种具体表现。

关于本案中是否支持原告主张的精神损害抚慰金问题。在本案中，主审法官根据案件的具体情况，支持了原告提出的精神损害抚慰金的主张。主审法官认为，孩子是父母爱情的结晶，也是希望的寄托。有一个健康的宝宝，是每一对父母最大的心愿。十月怀胎，一朝分娩，对父母来说，是幸福而又漫长的等待，殷殷之心，拳拳可见。即使闫某某的出生即伴随着先天缺陷，作为父母的原告依然对其悉心救治，遗憾的是，闫某某小小生命未及绽放便已凋谢。原告因此必然遭受极大的精神痛苦。最后，主审法官以闫某某因先天缺陷而过早夭折，对其父母造成巨大的精神痛苦为由，判令被告支付原告5万元精神抚慰金，这一做法也符合民事诉讼中的公平原则。

四、结语

本案是一宗比较典型的医疗损害责任纠纷案件。案件中关于被告医务人员在闫某娟的产前检查过程中是否存在侵权行为，该行为与闫某某的出生及死亡结果之间是否存在因果关系，被告的侵权行为侵犯的是原告的何种权益和原告因被告的侵权行为造成的损失范围，以及被告应承担侵权赔偿责任的比例等问题，是本案最大的争议焦点。

本案中，按照我国现行《民法总则》《侵权责任法》等法律法规的相关规定，患者在产前检查过程中享有被医疗机构告知检查结果及相关风险等信息的权利，并享有根据其获得的信息作出是否决定终止妊娠避免缺陷儿出生的权利。被告作为专业医疗机构，其医务人员在闫某娟的产检过程中存在过错，侵犯了原告的生育选择权，因此应当承担相应的侵权责任。

而本案中关于被告对原告的侵权行为与闫某某的死亡结果之因果关系判定，应依据不同法律事实，分别加以判定。被告的侵权行为与缺陷儿闫某某的不当出生之间存在因果关系，而闫某某的死亡结果是其自身疾病原因所致，故被告的侵权行为与闫某某的死亡结果之间不存在因果关系，因此，本案中，存在两个独立的因果关系之法律事实，原告的损失赔偿范围应仅限于原告因缺陷儿闫某某的不当出生而产生的各项损失，考虑到原告夫妇自身未遵医嘱亦存在一定的过错，因此可以适当减轻被告的赔偿责任。

本案法院认定被告侵犯原告的生育选择权，在法律属性上，属于我国现行法律规定的患者"自主决定权"的一种具体表现形态。"自主决定权"是患者权利中一种最基本的权利，是保障其生存与健康的基本条件，是医疗活动中权利制衡、防止医务人员滥用权利的重要限制因素，也是医学人道主义的重要内容之一。在卫生法律关系当中，许多医疗法律纠纷往往是因医疗机构及其医务人员侵犯患者的自主决定权而发生。医疗机构及其医务人员在医疗活动中，充分保障患者的自主决定权，是依法执业的基本准则，同时，也是减少医患纠纷、融洽医患关系的有效方法和手段。

案例 7

不当出生诉讼的法理阐释
——王某颖、董某程与甲医院案评析

一、案例简介[1]

2012 年 3 月 30 日，王某颖停经 40 余天，查尿 HCG（＋），诊断为"早孕"。孕 8 周开始在甲医院建卡定期产前检查，其中分别于妊娠 14 周、20 周、28 周、33 周、36 周、38 周进行 B 超检查共计 6 次。2012 年 12 月 25 日王某颖因"第一胎，停经 38+3 周"入复兴医院待产，诊断为：G2P0G38+3W，LOA，巨大儿，临界骨盆，妊娠期糖尿病。2012 年 12 月 26 日原告在甲医院经剖宫产手术，产下一子，取名董某某。董某某出生后双下肢及足部皮肤青紫、水肿，双下肢肌力 0 级，于出生当日被转入乙医院住院治疗。原告与甲医院共同委托鉴定机构进行了鉴定，鉴定机构认为，在孕 20 周 B 超检查时，超声揭示孕妇腹壁厚，图像欠清晰的情况下，甲医院对检查结果的可靠性未进一步向孕妇或家属告知，并未及时安排复查或转外院复查，存在告知不够的瑕疵。鉴定意见为：①甲医院对王某颖产前检查存在过失（过错），与新生儿缺陷出生存在轻微程度因果关系，参与度理论系数为 10%，参与度系数为 1%～20%；②董某某目前构成二级伤残；③董某某目前需要完全护理依赖，护理时限至本次鉴定日前一日，护理人员原则上为一人。今后是否需要护理依赖或依赖程度，需要结合临床治疗效果评定，目前无法预评。

2015 年 1 月，王某颖、董某程夫妇二人将甲医院起诉至北京市西城区人民法院，以被告没有认真阅读超声影像导致漏诊，且未及时告知，侵犯了原告的知情权及选择权为由，请求法院判决：①甲医院赔偿下列各项费用的 30%，即医疗费

---

[1]（2015）二中民终字第 11917 号民事判决书。

185 660 元、住院押金 17 000 元、住院伙食补助费 5450 元、营养费 18 250 元、护理费 83 000 元、残疾赔偿金 878 200 元（期限 20 年，按北京市 2014 年人均可支配收入标准计算）、抚养费 560 180 元（期限 20 年，按北京市 2014 年城镇居民消费性支出标准计算）；②甲医院赔偿精神损害抚慰金 300 000 元；③甲医院承担本案鉴定费 1200 元及诉讼费。

被告认为，原告陈述的董某某诊治情况基本属实，但常规超声检查并不能完全发现胎儿畸形，系目前医学科学局限，鉴定意见书对此亦予以认定。被告不认可鉴定意见载明的告知方面的瑕疵，因为董某某现损害后果系原发疾病造成，与是否告知及告知是否充分无关。被告认为，原告主张的抚养费非法定赔偿项目，因无论董某某是否残疾，父母均需要抚养；另外，残疾赔偿金已经包括对人身损害的补偿和赔偿。本案诉前双方委托鉴定，鉴定费 15 000 元，双方达成一致意见，各自承担一半，已经履行。综上，被告不同意王某颖、董某程的诉讼请求。

一审法院对鉴定意见予以采纳，酌定甲医院对王某颖的相关损害后果承担 20% 的赔偿责任，并对医疗费、住院伙食补助费及营养费、护理费、精神损害抚慰金作出了认定，但对残疾赔偿金及抚养费不予认可，理由在于被告的医疗过失行为虽然对王某颖知情权及选择权产生影响，但与董某某本身疾病无直接因果关系。而抚养子女是父母的法定职责，原告关于抚养费的主张，没有法律依据。

判决后，王某颖、董某程向北京市二中院提出上诉。二审法院审理认为，虽然生命的价值不应因身体健康状况而有任何差别，父母对子女的关爱以及从中享受的天伦之乐也不会因子女的健康状况而有任何不同，但是不可否认，与抚养一个健康的子女相比，抚养一个残疾的子女意味着父母必须承担额外的抚养费用和精神压力。父母普遍的愿望是生育一个健康而非残疾的孩子，在我国文化背景下，父母如果发现胎儿具有严重残疾，一般会选择终止妊娠。因此，如果由于医疗机构的过错使父母的生育选择权被剥夺，导致有严重残疾的子女出生，则应当认为，医疗机构的过错与父母为抚养该残疾子女而承担的特别抚养费和额外精神压力之间存在因果关系。但因特殊教育费用、残疾生活辅助具费用在原审中尚未发生，王某颖亦并未就此提出具体的诉讼请求，且护理费用已得到原审判决支持，故二审法院最终判决驳回上诉，维持原判。

二、案例述评

"不当出生"（wrongful birth）也被译为"错误出生"，是美国法上的一个独立的侵权类型，是指医师违反产前诊断义务，对胎儿存在先天性缺陷和遗传性疾病等方面的高度危险未予检测，或者未向胎儿父母作详尽告知，致使胎儿父母在不充分了解的情况下生出残障儿童。[1]"不当出生"与"不当生命"往往在一个诉讼中同时出现，但二者概念不同。所谓"不当生命"（wrongful life）或"错误生命"，指的是由缺陷子女在出生后，就提供医疗服务的人员和其所在机构，就自己的财产和精神损失所提起的损害赔偿诉讼。[2] 美国法院关于不当出生诉讼的判决，经历了从不承认到承认，以及对赔偿范围不断扩大的过程。[3]

在我国，司法实践对于"不当出生"诉讼尚未形成统一的认识，各地法院的判决差异较大。这一方面体现出审判实践在处理此类案件时缺乏统一的认定标准，另一方面也反映出学术研究的相对滞后，未能为法院的审判提供必要的理论支持。本案入选《人民法院案例选》总第 116 辑，二审判决书作为优秀的判决书在网上展示。该份判决说理较为充分，对医师产前检查义务及其过失的分析，以及对产前检查过失与损害后果之间的因果关系的分析都是恰当的，对今后法院判决此类案件提供了一个很好的范例。

1. 关于本案被告甲医院的诊疗行为是否存在过错的问题，法院采信了鉴定机构作出的鉴定意见，即认为被告存在告知瑕疵。虽然被告不认可鉴定意见书所载明的鉴定结论、坚持认为其医疗行为不存在过错，但却未就其异议向法院提供充分有效证据予以证明；而且鉴定机构是双方共同委托的，没有证据证明本次鉴定存在程序违法等情形，现亦无相反证据和理由足以推翻鉴定意见。《民事诉讼法》第 64 条第 1 款规定，当事人对自己提出的主张，有责任提供证据。《最高人民法院关于适用〈中华人民共和国民事诉讼法〉的解释》规定，当事人对自己提出的诉讼请求所依据的事实或者反驳对方诉讼请求所依据的事实，应当提供证据加以证明，但法律另有规定的除外。在作出判决前，当事人未能提供证据或者

---

〔1〕　周云涛、赵红玉："论错误出生损害赔偿请求权的法律适用"，载《法律适用》2010 年第 9 期。

〔2〕　张学军："错误的生命之诉的法律适用"，载《法学研究》2005 年第 4 期。

〔3〕　金福海、邵冰雪："错误出生损害赔偿问题探讨"，载《法学论坛》2006 年第 6 期。

证据不足以证明其事实主张的，由负有举证证明责任的当事人承担不利的后果。因此，法院认定被告存在医疗过失是符合法律规定的。

2. 两审法院均驳回了原告关于残疾赔偿金的诉讼请求。根据《侵权责任法》相关规定，残疾赔偿金的性质为在侵害他人造成残疾情况下侵权人给予被侵权人的赔偿，但本案中原告之子的残疾系先天的，与被告的诊疗行为没有因果关系。并且，即使二者有因果关系，赔偿权利人也应为孩子，而非原告。因此，两审法院对残疾赔偿金均不予认可，是符合法律规定的。

3. 关于抚养费的认定，一审法院和二审法院有所不同。一审法院认为，原告关于抚养费的主张，没有法律依据，故不予采纳。《婚姻法》规定，父母对子女有抚养教育的义务，父母不履行抚养义务时，未成年的或不能独立生活的子女，有要求父母付给抚养费的权利。可见，抚养子女是父母的法定义务，不论子女是否残疾，父母都负有不可推卸的抚养义务。原告要求被告承担抚养费的主张，似乎的确没有法律依据。但二审法院却强调，与抚养一个健康的子女相比，抚养一个残疾的子女意味着父母必须承担额外的抚养费用（即"特别抚养费"）和精神压力。二审法院进一步指出，为治疗先天性疾病支出的医疗费、住院伙食补助费，以及因子女残疾支出的额外的护理费、营养费、特殊教育费用、残疾生活辅助具费用均属于特别抚养费的范围。可见，二审法院所支持的特别抚养费与《婚姻法》所规定的父母为抚养未成年子女或不能独立生活的成年子女而支出的必要费用并非一回事，特别抚养费构成了不当出生原告的实际损失。不能因为父母有抚养子女的义务，就否定其要求赔偿特别抚养费支出损失的主张。显然，二审法院的说理更加充分，也更有利于保护受害人的权益。

4. 判断医疗机构的过失在患者所受损失中的占比也是伦理问题、社会问题，应当极为审慎。医疗活动由于直接涉及患者的人身权利，且具有很强的专业性，要求医务人员尽到高度的注意义务，是保障患者合法权益的必要手段。同时，由于医疗活动的极其复杂性和较高的风险性，不能过分加重医务人员的注意义务和医疗机构的赔偿责任，以免使医务人员承受过大的压力，甚至影响医疗事业的发展。本案中，由于甲医院未尽到详尽告知义务的过错使原告夫妇失去了通过进一步检查发现胎儿缺陷以及据此对是否终止妊娠做出选择的机会，鉴定意见认为，该过错与患有先天性疾病子女的出生有轻微程度的因果关系，其过错参与度理论系数值为 10%，参与度系数值为 1%～20%。在鉴定意见的基础上，两审法院将被告承担赔偿责任的比例酌定为 20%，是较为合理的。

三、法理探析

（一）产前检查与诊断过程中医师的过失及其判断

不当出生诉讼，不论以违约责任还是以侵权责任为诉由，均要首先判断医师是否违反诊疗义务。因为侵权责任上的过失虽然是一个主观概念，但对于医疗损害责任而言，医疗过失的认定通常不是以其主观标准，而是以客观标准进行。[1]《母婴保健法》第 17 条区分了医师的产前检查义务和产前诊断义务，该条规定："经产前检查，医师发现或者怀疑胎儿异常的，应当对孕妇进行产前诊断。"国家卫健委于 2019 年修订《产前诊断技术管理办法》，对产前诊断行为予以规范。为贯彻落实该管理办法，原卫生部还制订了《遗传咨询技术规范》《超声产前诊断技术规范》《胎儿染色体核型分析技术规范》等配套文件。这些都是判断医师产前检查以及产前诊断是否存在过错的法律依据。我国《母婴保健法》第 18 条明文规定："经产前诊断，有下列情形之一的，医师应当向夫妻双方说明情况，并提出终止妊娠的医学意见：①胎儿患严重遗传性疾病的；②胎儿有严重缺陷的；③因患严重疾病，继续妊娠可能危及孕妇生命安全或者严重危害孕妇健康的。"另据《产前诊断技术管理办法》第 24 条之规定，"在发现胎儿异常的情况下，经治医师必须将继续妊娠和终止妊娠可能出现的结果以及进一步处理意见，以书面形式明确告知孕妇，由孕妇夫妻双方自行选择处理方案，并签署知情同意书。若孕妇缺乏认知能力，由其近亲属代为选择。涉及伦理问题的，应当交医学伦理委员会讨论"。

对于不当出生案中被告的过失究竟应如何认定，在实务中殊为重要，但在理论研究中却未受到应有重视。许多论者都或多或少略过这一问题，径直讨论结果如何，实难获得对此问题的深入思考，亦未能对审判实务之误区予以纠正。在产前检查与诊断过程中，因医疗技术本身所固有的局限性以及胎儿在母体内的环境条件所限，许多情况下检查结果并不能完全确定，这就导致对医师是否尽到"合

---

〔1〕　杨立新：《医疗损害责任研究》，法律出版社 2009 年版，第 100 页。

理注意义务"的判断出现疑难。目前，审判实务中对于被告的过失认定比较机械，一般以法律、法规以及诊疗规范明确规定的范围为限，而未能就案件事实的特殊性给出充分讨论。判定被告是否存在过失，是法官在个案中综合运用合理注意义务标准后的结果。前文提及的产前检查与诊断法律规范是认定合理注意义务的重要依据，但并不等同于过失本身，也不应认为该规定已经穷尽了所有的合理注意义务。[1]

在实践中，法院往往以被告的行为客观上没有违反医疗卫生管理法律法规和规章及诊疗护理规范为由，认定其医疗行为不具有过错。这种过失认定方法降低了审判人员对被告具体过失的审查义务，减轻了工作负担，有利于快速结案。但是，这种过失认定方法违背了《侵权责任法》的规范与精神。对于医疗机构违反法律、法规和诊疗规范的行为，按照该法第58条的规定，属于推定过错情形。但该法第57条同时规定："医务人员在诊疗活动中未尽到与当时的医疗水平相应的诊疗义务，造成患者损害的，医疗机构应当承担赔偿责任。"也就是说，法律、法规以及诊疗规范是医师注意义务的直接来源，但并非唯一来源。从《侵权责任法》第54条所确立的过错责任原则，以及第57条所确定的医师注意义务来看，判定被告是否具有过失，除审查医师是否履行诊疗规范以外，还应在个案中予以具体考量，尤其应该对医师课以专家的高度注意义务。

有些医师在履行告知义务时，完全以格式化的《胎儿超声检查知情同意书》为准，把孕妇或家属签署知情同意书作为已尽告知义务的依据，这也是不恰当的。这种做法仅认识到对超声检查技术的局限性和结果的不确定性的事先告知义务，而忽略了医师应对检查结果所可能指向的问题予以解释说明，以及根据检查结果提出医学意见的法定义务。对检查结果的解释说明，应为医师职业之本职工作，即便因技术条件限制，无法准确判断胎儿究竟是否有先天残障，亦应将此等风险以原告能够理解的方式予以说明，方可认为已尽告知义务。

（二）原告所受侵害的民事权益应如何界定

对于原告受侵犯的民事权益到底是指什么，学术界和实务界认识不一。有学者认为："在不当出生案中原告的人身权并未受到损害，只是导致了残疾儿童的

[1] 丁春艳："'错误出生案件'之损害赔偿责任研究"，载《中外法学》2007年第6期。

出生。如果承认不当出生赔偿损害请求权是侵权法上的请求权，那么无异于把残疾儿童的出生视为损害，这是对残疾儿童人格尊严的毁损。"[1] 针对此种观点，学者们普遍持反对观点。例如，聂欣指出，"在不当出生案中，损害事实不是指的残疾儿童的出生，而是由于医生的过失致使父母得以决定是否生育一个身体有缺陷孩子的权利受到否定，从而给其带来物质和精神方面的损失"[2]。焦艳玲认为，"原告是因被告的过失决定生下孩子的，如果被告早先尽到了注意义务，原告将确定不会选择生下孩子"[3]。丁春艳认为，"若没有医疗机构或医务人员的过失行为，父母已经决定终止妊娠，也不会有残疾婴儿降临人世"[4]。这些观点可以总结为所谓"生育选择权"或者"优生优育权"受侵害论，不论在学术界还是实务界都存在这样的认识。[5] 根据这一观点，如果医生及时告知胎儿可能有先天缺陷的话，父母将采取措施避免怀孕或者实施堕胎，孩子就不会出生，损害也就不会发生。诚然，指出不当出生案中的损害事实并非残障儿童的出生，无疑是正确的，但将损害理解为父母的生育选择权或者决定权遭到侵害，则犯了逻辑上的错误。因为这种观点混淆了作出终止妊娠决定的权利与获取生育决策信息的权利的区别，把决策依据等同于决策本身。

　　1. 对"优生优育权"之否定。所谓"优生优育权"的概念，在法律上没有依据，在法理上也得不到支持。有学者认为，父母是否享有优生优育权，系重大社会公共政策与残障胎儿生命维护之间的博弈，而人类社会主流的价值取向在这一对矛盾冲突中已经做出了取舍，即全民人口素质的提高优于个体残障胎儿的生命维护。因此，从法政策的角度认为优生优育选择权具有其存在的社会基础。[6] 暂且不论该论点强行将胎儿生命权掩盖在所谓的"公共政策"之下，并代表人类社会认定缺陷胎儿是无价值的"劣质品"的逻辑究竟是否妥当，单就这种博弈观的内容来看，也只能论证优生优育行为具有社会可接受性，而无法以此论证

〔1〕　付子堂等：《医疗纠纷案件审理之实证分析》，人民法院出版社 2006 年版，第 237 页。

〔2〕　聂欣："不当出生之请求权基础分析"，载《中国卫生法制》2010 年第 2 期。

〔3〕　焦艳玲："'不当出生'案件的法律思考"，载《医学与哲学（人文社会医学版）》2007 年第 2 期。

〔4〕　丁春艳："'错误出生案件'之损害赔偿责任研究"，载《中外法学》2007 年第 6 期。

〔5〕　韩祥波："探寻'错误出生案'的请求权基础"，载《求索》2013 年第 11 期。

〔6〕　张红："错误出生的损害赔偿责任"，载《法学家》2011 年第 6 期。

优生优育是一种法律上的权利。"优生优育"是人类的卫生保健意识和提高人口素质的卫生政策，这一点并无疑问。需要注意的是，优生优育并不存在于法律上的权利义务关系之中。

从法理学的角度看，凡权利必有义务。如果把优生优育看成一种法律权利，那么必须确定其义务主体和义务内容。而这恰恰是主张优生优育权的学者所回避的，目前国内还没有任何研究指出优生优育权的义务主体以及义务内容如何确定。如果按照前引观点，认为优生优育权的义务主体是产前检查与诊断医师，那么就意味着医师负有保障接受产前检查和诊断的孕妇生育健康子女的义务。很明显，这种观点无论在法律上还是法理上均找不到依据。

有人将《母婴保健法》第18条作为优生优育权的请求权基础进行分析，笔者并不赞同。该条文规定的是产前检查医师的法律义务，不论从立法用语还是从立法目的来看，均无法从中推导出所谓"优生优育权"。而与医师产前检查说明义务相对应的权利，是依法获得产前检查结论以及医学意见的权利。医学是人类对疾病与健康规律的探索与试错过程中反复总结出来的经验科学，直到今天仍然充满未知。每对父母都希望自己的子女是健康且无天生缺陷的，这是人类共同的愿望。法律能够做的，就是在尊重医学科学内在风险的前提下，规范产前检查以及产前诊断行为，要求医师严格遵守法律、法规以及诊疗规范，履行告知义务。并且，医生也根本不可能担保孕妇能否生下健康的孩子。因此，根据《母婴保健法》第18条，胎儿父母享有的是获得医学意见的权利，而非"优生优育权"或者"生育选择权"。在此基础上，如果我们进一步检视优生优育权的内容，就更能发现该权利的荒谬。沿着优生优育权的逻辑继续推演，还会陷入究竟什么是"优"、什么是"劣"的争论之中。而这种对生命质量的"优""劣"之论直接违反了平等的法律原则，有损残障儿童的人格尊严。可见，这些论者所论述的"优生优育权"的概念，表面上看似乎很有道理，但仔细推敲起来，是站不住脚的。

学者们之所以会提出优生优育权的观点，很大程度上是因为对现代产前检查与诊断技术的误解，即认为现代医学技术能够准确判断胎儿的健康状态，确保出生的婴儿没有先天缺陷。但是，严格来讲，胎儿是否具有缺陷不能仅凭产前诊断结论直接认定。医学诊断依赖各项医学检查及其结果，然而尽管医学检查在技术上日新月异，却仍无法做到完全准确。以产前检查中最常见的影像学检查为例，每种影像学诊断都有其局限性，"影像学的诊断报告往往并不十分准确，临床医生不能对其盲目相信"。[1] 在赵某雯诉上海交通大学医学院附属新华医院案中，被告医院对孕妇实施了包括基因检测、彩色多普勒超声常规检查（大筛查）等多项检查，法院指出："原告出生后患有某某疾病，被告在产前检查中未能查出，这在现有医疗条件下难以完全避免。"进而驳回了原告的诉讼请求。正因如此，《产前诊断技术管理办法》第23条规定："对于产前诊断技术及诊断结果，经治医师应本着科学、负责的态度，向孕妇或家属告知技术的安全性、有效性和风险性，使孕妇或家属理解技术可能存在的风险和结果的不确定性。"由此可见，产前诊断的结论只能作为一种医学提示对待，此时医师的义务在于对诊断结果及其局限性予以解释、说明，并提供医学意见。无论是进一步复诊，还是采取治疗措施或者终止妊娠，决定权都在当事人自己手上。可见，所谓的"优生优育权"，在实质内容上指的是获取医学信息的权利，而不可能是生下健康子女的权利。

2. 原告所受侵害的权益为知情权。笔者认为，在不当出生诉讼中，原告的所受侵害的权益不是什么"优生优育权"或者"生育选择权"，而是知情权。产前检查和诊断过失行为直接侵害的法益并非当事人终止妊娠的自由决定权，而是当事人获得据以作出终止妊娠决定的医学信息的权利，这属于典型的"知情权"。有学者早已指出，在不当出生诉讼中，"医师并没有侵害原告的生育选择权，原告仍然有选择生育或不生育的自由，只是医师提供的信息影响到原告的生育选择，这是医师没有完全履行自己契约上的注意义务的结果"。[2] 这里的注意义务就是医师向孕妇或其近亲属解释、说明诊断结果，并提供医学建议的法定义务，其对应的权利即知情权。

在产前检查与诊断中，孕妇的知情权所对应的义务是医师的告知义务。医师的告知义务不仅仅来自原告与医师合同的约定，同时也是一项法定义务。《医疗事故处理条例》第11条规定："在医疗活动中，医疗机构及其医务人员应当将患者的病情、医疗措施、医疗风险等如实告知患者，及时解答其咨询；但是，应当避免对患者产生不利后果。"《侵权责任法》第2条虽然没有明确列举知情权作

---

〔1〕 文历阳主编：《医学导论》，人民卫生出版社2008年版，第146页。
〔2〕 李大平："不当出生损害赔偿诉析"，载《医学与哲学》2005年第6期。

为民事权益，但《侵权责任法》第55条规定，"医务人员在诊疗活动中应当向患者说明病情和医疗措施"。再如前引《母婴保健法》第18条之规定，都是我国当前关于医师告知义务以及患者知情权的法律依据。

3. 知情权的侵害存在技术与伦理双重原因。根据国内关于医疗损害责任的研究，医疗损害责任的基本类型分为医疗技术损害责任、医疗伦理损害责任和医疗产品损害责任。一般情况下，医疗技术损害责任是指医疗机构及医务人员违反医疗技术上的高度注意义务，造成患者人身损害的医疗损害责任。而医疗伦理损害责任是指医疗机构及医务人员违背告知或者保密义务以及其他医疗伦理要求，造成患者人身损害以及其他合法权益损害的医疗损害责任。在胎儿父母向医院主张因诊断过失所生侵权责任的情形下孕检过失行为究竟属于何种类型，学术界并未有充分讨论，杨立新教授将其归为医疗技术损害责任。[1] 但这一定性只能解释部分产前检查与诊断过失行为，即确因医师对胎儿的检查行为存在疏忽或懈怠的情况。但是，如果医师的检查行为本身并无过失，只是未对检查结果做必要之告知与说明，或未针对检查结果提出合理的医学意见，导致胎儿父母知情权得不到充分实现，则应属于医疗伦理损害责任。也就是说，产前检查与诊断过程中的技术过失与伦理过失都将导致当事人的知情权得不到充分实现。因此，在不当出生诉讼中，原告知情权的侵害存在着技术与伦理双重原因，不当出生损害责任具有医疗技术损害与医疗伦理损害的双重属性。只有准确把握不当出生损害责任的技术与伦理双重属性，才能合理解释不当出生损害责任的构成，正确指导司法实践中的法律适用。

（三）损害赔偿的范围如何确定

侵权法上之损害，不能单纯以损害事实来理解，而必须从加害行为、民事权益与损害事实的相互关系入手，并予以整体把握。其中，民事权益是核心，加害行为之有无以及损害事实之认定，均以民事权益是否受有侵害为前提。前文已指出，在不当出生诉讼中，子女父母所受侵犯之民事权益为知情权。但是，知情权遭受侵犯后，其损害赔偿的范围如何确定，却是一项难题。并非所有的客观损失都能成为侵权责任构成要件中的"损害"，"任何人身或财产上的不利益，只有

---

〔1〕 杨立新:《医疗损害责任研究》，法律出版社2009年版，第125页。

在法律上被认为具有补救的可能性和必要性时,才产生民事责任"。[1]"只有那些具有可赔偿性的损害,才属于损害赔偿法意义上的损害,即法律上的损害。"[2]因此,在讨论知情权所受损害的赔偿范围时,必须围绕损害的法律性与可赔偿性进行论证。

对于不当出生诉讼中损害赔偿的范围,主要争论在于是否包括精神损害。有学者指出,不当出生的赔偿范围应限于对增加的特别费用的赔偿,而不应包括精神损害,因为子女的出生不能视为父母的痛苦,否则有损残障孩子的人格尊严。[3]另有学者认为,不当出生使父母因缺陷儿童多支付了大量的医疗、人力照顾以及特殊教育的费用,同时受到身心痛苦,如果不给予一定的救济是很不公平的。[4]但对于究竟如何解决精神损害赔偿在伦理上存在的有损残障儿童人格尊严的问题,目前仍缺乏合理的解释。为化解伦理冲突,有些学者试图将不当出生的赔偿转化为价值冲突与协调问题予以讨论[5],但这并不具有说服力。残障儿童在生理上与身体完整之人存在功能差异,需要进行特殊照护,并采取措施治疗疾病、康复机能。而且子女在身体机能上的差异也会给父母带来沉重的心理负担,造成严重的精神损害。因此这不是一个价值问题,而是事实问题。真正值得研究的是,在不当出生诉讼中,原告所遭受的精神痛苦究竟是不是法律上的损失,是否具有可赔偿性。

笔者认为,出生缺陷乃是人类的自然生命现象,为全社会不可避免之生育风险。残障儿童的父母虽因此确实受有痛苦,但此种痛苦是对天道无常、命运多舛的无奈之诉,与医师的诊疗行为并无直接因果关系。这种意义上的精神痛苦的确不是不当出生诉讼的损害赔偿范围。然而,随着医学影像学的进步以及遗传学对基因、染色体检测等方法的发现,产前检查、基因治疗等服务开始推出。不当出

---

[1] 王利明:《侵权责任法研究》(上卷),中国人民大学出版社 2010 年版,第 354 页。

[2] 程啸:《侵权责任法》,法律出版社 2011 年版,第 170 页。

[3] 田野:"'不当出生'诉讼初探——透过生命价值的迷雾看赔偿正义",载《广西大学学报(哲学社会科学版)》2007 年第 4 期。

[4] 李大平:"不当出生损害赔偿诉析",载《医学与哲学》2005 年第 6 期。

[5] 例如,有学者认为,对于损害赔偿可能会损害人格尊严的担忧确有一定道理,但也不足以构成阻碍原告获得损害赔偿的充足理由,这涉及"不当出生"诉讼中生命价值与赔偿正义的冲突与协调,是价值判断层面的问题。见丁春艳:"'错误出生案件'之损害赔偿责任研究",载《中外法学》2007 年第 6 期。

生的风险由完全不可控变为相对可控。根据医师提供的医学意见，胎儿父母将决定是否承担生育风险。可见，接受产前检查服务的本质是对生育风险的应对策略，也是当事人规避损失的一种安排。如果在产前检查与诊断过程中，医师尽到注意义务并及时为孕妇提供合理的医学建议，那么孕妇便可能作出终止妊娠的决定从而规避生育风险。医师在产前检查与诊断中的过失虽不是导致不当出生的直接原因，但与孕妇知情权所受侵害之间却有着直接的因果关系。因此，从知情权受到侵害所导致的减损机会丧失，进而造成当事人精神痛苦的角度来说，精神损害赔偿应当纳入不当出生诉讼的损害赔偿范围。

四、结语

综观当下学术界对不当出生之诉的讨论，深陷于原告是否具有堕胎权、生命残障与生命不存在哪个更优、对残障儿童的歧视等抽象话题之中，对于其中的法律问题却仍然"说不清、道不明"。问题的关键在于如何以法学的思维和话语去论说医学的事实，以此方能获得科学的认识方法。从本文的分析来看，产前检查与诊断的过程，体现的是胎儿父母与医师就生育风险的规避所进行的一种合作。在不当出生诉讼中，不存在所谓的"堕胎选择权"或者"优生优育权"，缺陷子女之出生无论如何不得视为损害之发生。但医师因过失未能查出胎儿缺陷或者未尽到告知义务的，侵害了孕妇的知情权，由此导致的财产损害和精神损害，理应获得赔偿。

值得思考的是，采用侵权责任的方式解决不当出生的风险，实为下策。采用追究医疗机构法律责任的思路来解决不当出生问题，具有整体上的局限性。更加适宜的方法，是推广保险机制的运用，以分散因孕检的不确定性所带来的多重风险。对于父母而言，在接受产前检查的同时参保孕险，将能够减轻未来家庭经济上可能的负担。对于医疗机构而言，应充分认识到告知与说明对于父母的重要意义，不能简单以医疗技术的局限性和一纸知情同意书为由，免除自己的责任。

案例 8

非法行医的认定与法律责任
——刘某梅、徐某玉非法行医案

一、案例简介

　　被告人刘某梅于 2008 年通过国家医师资格考试，取得医师资格证书。2010年 11 月 22 日被告人刘某梅在拉萨市卫生局进行注册，取得医师执业证书，注册专业为妇产科。2011 年 12 月，被告人刘某梅通过公开招考以公务员的身份被分配到拉萨市达孜县邦堆乡政府工作。2013 年 2 月，被告人刘某梅在达孜县邦堆乡政府任职（公务员）期间，在某某花园七区附近经营诊疗科目为妇科以及内科的"如康诊所"，并担任法定代表人和主要负责人，期间聘用不具备医师执业资格的被告人徐某玉在该诊所内从事管理以及诊疗活动。2013 年 6 月 10 日 15 时许，患者李某（被害人）一人骑电动车来到"如康诊所"就医，由被告人徐某玉坐诊看病，诊断为感冒，并对患者李某予以输液治疗。第一组静脉滴注左氧氟沙星注射液 0.2g；第二组静脉滴注 5% 葡萄糖注射液 250ml、阿昔洛韦 0.25g。在输第二组药时发现患者手脚无力，被告人徐某玉诊断为缺钾，接着给患者李某静脉滴注了第三组 5% 葡萄糖注射液 250ml、ATP 注射液 40mg、维生素 C 注射液2.0g \ 维生素 B6 注射液 0.2g、10% 氯化钾 7ml。后经患者李某的要求给患者李某静脉滴注了第四组复方氨基酸 250ml，第四组药还没输完，患者李某提出要上洗手间并终止输液，于是就没有继续给患者输液，经患者李某与家属电话联系后，家属叫了几个老乡帮忙接李某，被告人徐某玉最后给患者李某开了一盒口服氯化钾缓释片，患者李某从"如康诊所"离开时间为 21 时许。患者李某回到家中因其身体不适，于 2013 年 6 月 11 日 0 时 30 分许被其家属送往武警西藏总队医院急诊室治疗，2013 年 6 月 11 日 5 时 10 分，武警西藏总队医院给患者李某下病危通知书，2013 年 6 月 11 日 8 时 20 分患者李某在武警西藏总队医院因抢救无效死亡。经四川省华西法医学鉴定中心鉴定,李某的死亡原因符合心脏病变和低钾血症所致心力衰竭死亡。二被告人及刑事附带民事原告人均对四川省华西法医学鉴定中心得出的医疗过错以及因果关系和参与度的鉴定意见不服,后委托上海鉴定机构重新鉴定。经司法鉴定科学技术研究所司法鉴定中心鉴定,得出"如康诊所"对李某的诊治过程中存在延误诊疗的医疗行为过错,该过错与李某死亡之间存在间接的因果关系,建议参与度为30%左右的鉴定意见。另查明,2013年6月18日拉萨市卫生局对被告人刘某梅给予行政处罚,罚款5000元(已缴纳),对被告人徐某玉给予行政处罚,罚款8000元(未缴纳)。

刑事附带民事部分查明,被害人李某死亡产生的丧葬费为14 814元、医药费为3000元、扶养费共计119 119.5元(死者李某的母亲胡某秀扶养费为55 143元、死者李某的父亲李某孝扶养费为39 825.5元、死者李某的儿子徐某鑫抚养费24 151元)、附带民事原告来藏处理后事产生的交通费9000元、住宿费400元、误工费1800元,以上共计148 133.5元人民币。2014年9月5日刑事附带民事原告人申请先予执行,当日一审法院裁定二被告人向刑事附带民事原告人先予支付扶养费、抚养费共计40 000元。[1]

二、案例述评

本案是一起涉及非法行医的典型案例。笔者对该案例进行述评如下:

一审法院判决认为,被告人徐某玉未取得医师执业资格证,为患者李某进行诊疗,且在无测量血钾设备的情况下,未及时告知患者或者将其血样外送上级医院检测,也未将患者尽早转诊至上级医院就诊,延误诊疗,对患者死亡有一定的过错,其构成非法行医罪。而被告人刘某梅作为"如康诊所"的法定代表人和唯一具有医师执业资格证的人,在明知被告人徐某玉无医师执业资格证的情况下,仍允许其在自己经营的"如康诊所"独自诊治,造成患者死亡,被告人刘某梅作为"如康诊所"的直接负责人构成非法行医罪的帮助犯,其行为构成非法行医罪。鉴于患者李某病情复杂,病程进展快,给医疗机构的救治带来一定困难,而二被告人确实存在不具备医师执业资格和延误治疗的医疗行为过错,该过

---

〔1〕 (2015)拉刑一终字第1号刑事裁定书、(2014)城刑二初字第13号刑事附带民事判决书。

错与李某死亡之间只存在 30% 左右的参与度，不具有直接因果关系，不能认定为致人死亡的结果加重犯，为此本院对公诉机关的 10 年~12 年的量刑建议不予采纳。根据《最高人民法院关于审理非法行医刑事案件具体应用法律若干问题的解释》第 2 条第 1 款第 5 项之规定，二被告人的行为应属情节严重。在犯罪过程中，二被告人所起作用相当，故不分主、从犯。公诉机关指控的犯罪事实清楚，证据确实充分，本院予以支持。被告人徐某玉辩解案发当天自己和刘某梅一起给李某接诊的辩解意见与查明的事实不符，本院不予采纳。被告人刘某梅辩解李某的死亡与"如康诊所"无关的辩解与查明的事实不符，本院不予采纳。证人卢某林的证言发生反复变化，但依据在庭审中查明的事实及经质证的证据，证人卢某林关于案发当天被告人刘某梅不在场的证词可以与全案的证据相互衔接，相互佐证，故本院采纳被告人刘某梅在事故发生当天不在场的证词。依照《中华人民共和国行政处罚法》第 28 条第 2 款"违法行为构成犯罪，人民法院判处罚金时，行政机关已经给予当事人罚款的，应当折抵相应罚金"。故应将本案的行政罚款折抵刑事罚金。被告人徐某玉、刘某梅的辩护人提出的二被告人的行为不构成非法行医罪的辩解，与查明事实不符，本院不予采纳。同时对于被害人因二被告人的非法行医行为所遭受的经济损失，即有事实和法律依据的损失，二被告人应依法负赔偿责任。在本案中被告人徐某玉作为直接侵权人应对李某死亡的后果承担民事赔偿责任，被告人刘某梅应对李某死亡的后果承担连带赔偿责任。刑事附带民事赔偿数额共计为 148 133.5 元人民币。根据司法鉴定科学技术研究所司法鉴定中心鉴定参与度 30% 左右的鉴定意见以及综合全案情况，二被告人应承担 35% 的民事赔偿责任，赔偿数额应为 51 847 元。为了维护社会管理秩序，严厉打击非法行医犯罪活动，根据《中华人民共和国刑法》（以下简称《刑法》）第 336 条第 1 款"未取得医生执业资格的人非法行医，情节严重的，处 3 年以下有期徒刑、拘役或者管制，并处或者单处罚金"、第 25 条第 1 款、第 52 条，《民法通则》第 119 条，《侵权责任法》第 9 条第 1 款，《最高人民法院关于审理人身损害赔偿案件适用法律若干问题的解释》第 17 条第 3 款、第 19 条、第 20 条、第 22 条、第 27 条、第 28 条、第 30 条、第 35 条，《中华人民共和国行政处罚法》第 28 条，《民事诉讼法》第 64 条第 1 款之规定，判决被告人徐某玉犯非法行医罪，判处有期徒刑 3 年，并处罚金 6000 元人民币。判决被告人刘某梅犯非法行医罪，判处有期徒刑 3 年，并处罚金 6000 元人民币；被告人徐某玉自本判决书生效之日起 30 日内，一次性向附带民事诉讼原告人胡某秀、李某孝、徐某华、徐某鑫赔偿各项经济损失共计为 51 847 元；被告人刘某梅对上述给付义务承担连带责任；驳回附带民事诉讼原告人其他诉讼请求。

徐某玉、刘某梅等人均提起上诉。徐某玉上诉称，其行为不构成非法行医罪。刘某梅上诉称，本案犯罪事实不清、认定事实错误、证据不充分、适用法律错误、据以定罪量刑的鉴定意见应予排除。李某孝、胡某秀、徐某华、徐某鑫上诉称，对司法鉴定意见有异议，且不能将该鉴定意见作为审判依据；附带民事赔偿应支持其死亡赔偿金的诉请。二审法院经审理认为，关于上诉人徐某玉提出的其不构成非法行医罪、上诉人刘某梅提出的原审判决犯罪事实不清、认定事实及法律适用错误的上诉理由与审理查明的事实不符，不予采纳。关于上诉人暨附带民事诉讼原告人李某孝、胡某秀、徐某华、徐某鑫提出的不能将司法鉴定中的参与度作为判决的依据及应支持死亡赔偿金的诉请的上诉理由，本院不予支持。原审法院认定事实清楚，证据确实、充分，定罪准确，量刑适当，审理程序合法。依照《中华人民共和国刑事诉讼法》（以下简称《刑事诉讼法》）第 225 条第 1 款第 1 项之规定，裁定如下：驳回上诉，维持原判。

笔者认为，根据我国法律规定，未取得医师执业资格证而对患者进行诊疗属于非法行医，由此造成严重后果的可能会成立非法行医罪。在本案中，由于徐某玉未取得医师执业资格证，因此其是非法行医行为的适格主体。其为患者李某进行诊疗，且在没有测量血钾设备的情况下，未及时告知患者或者将其血样外送上级医院进行检测，也未将患者尽早转诊至上级医院就诊，从而使得诊疗延误，最终患者李某因心脏病变和低钾血症致心力衰竭死亡。徐某玉对于导致患者死亡这一严重后果具有一定的过错，其构成了非法行医罪。

而刘某梅作为"如康诊所"的法定代表人和唯一具有医师执业资格证的人，在明知徐某玉无医师执业资格证，仍允许其在自己经营的"如康诊所"独自诊治，造成患者死亡，刘某梅作为"如康诊所"的直接负责人，为徐某玉非法行医提供了便利条件，成立非法行医罪的帮助犯，其行为构成非法行医罪。鉴于患者李某病情复杂，病程进展快，给医疗机构的救治带来一定困难，二人虽然存在不具备医师执业资格和延误治疗的医疗行为过错，但经鉴定该过错对造成李某死亡只有 30% 左右的参与度，二人的行为与被害人李某的死亡之间不具有直接因果关系。根据《最高人民法院关于审理非法行医刑事案件具体应用法律若干问题的解释》第 2 条第 1 款第 5 项之规定，二人的行为应属情节严重。在犯罪过程中，二人所起作用相当，故不区分主从犯。因而一审法院和二审法院判决徐某玉和刘某梅均构成非法行医罪是正确的。该案既涉及民事责任与行政责任的承担，同时也涉及刑事责任的追究。具体而言，民事责任的承担表现为：在本案中被告人徐某玉作为直接侵权人应对李某死亡的后果承担民事赔偿责任，被告人刘某梅应对李某死亡的后果承担连带赔偿责任，刑事附带民事赔偿数额计算共计为 148 133.5 元人民币；行政责任则体现为 2013 年 6 月 18 日拉萨市卫生局对被告人刘某梅给予行政处罚，罚款 5000 元（已缴纳），对被告人徐某玉给予行政处罚，罚款 8000 元（未缴纳）；刑事责任则是对被告人徐某玉和被告人刘某梅均判处构成非法行医罪，分别判处有期徒刑 3 年，并处罚金 6000 元人民币。

综合本案而言，被告人徐某玉和刘某梅均构成了非法行医罪，并受到了法律的惩罚。本案对未取得医师执业资格证却对患者进行诊疗的人敲醒了警钟，对非法行医者具有重要的警示意义。

三、法理探析

通过以上案件，我们明确了行为人行为的基本性质，但是对于非法行医的具体认定及其法律责任还需要进行全面的法理分析，因为明确非法行医的具体认定及其法律责任，将会在实践中对于规范非法行医行为起到十分重要的作用。

（一）非法行医的定义

非法行医是指不合法地从事医疗活动，具体是指违反《执业医师法》[1] 以及《医疗机构管理条例》[2] 等有关卫生法律法规的行为。也有观点将非法行医定义为未取得医师职业资格和执业证书的人，非法从事医疗活动情节严重的行

---

[1]《执业医师法》第 14 条规定，医师经注册后，可以在医疗、预防、保健机构中按照注册的执业地点、执业类别、执业范围执业，从事相应的医疗、预防、保健业务。未经医师注册取得执业证书，不得从事医师执业活动。

[2]《医疗机构管理条例》第 24 条规定，任何单位或者个人，未取得《医疗机构执业许可证》，不得开展诊疗活动。

为。[1] 简言之,非法行医就是违反医疗法律法规之许可从事的一种医疗违法行为。在医疗卫生法律法规意义下,除无证行医外,医疗机构及个人均可成为非法行医的组织者和实施者。而且,非法行医既可能发生在无业人员、个体诊所中,也可能发生于公立医院及其他医疗机构中。[2] 对"未取得医生执业资格的人"非法行医,除要追究其民事责任、行政法律责任外,还要视情节依法追究其刑事法律责任。通常而言,未取得医生执业资格的人非法行医,情节严重的,则会构成非法行医罪。我国《刑法》第336条第1款规定,未取得医生执业资格的人非法行医,情节严重的,处3年以下有期徒刑、拘役或者管制,并处或者单处罚金;严重损害就诊人身体健康的,处3年以上10年以下有期徒刑,并处罚金;造成就诊人死亡的,处10年以上有期徒刑,并处罚金。非法行医,不仅扰乱了业已建立的良好的医疗卫生工作管理秩序,而且往往由于非法行医者不具备执业的资格与条件,导致医疗服务质量差,最终造成患者人身损害甚至死亡的重大后果,严重侵犯了就诊人的身体健康和生命安全。总之,我国设立非法行医罪既是为了保护人民群众的生命和身体健康权利,也是为了保障国家的医疗卫生管理体系与制度。[3]

(二)非法行医主体资格的认定

"非法行医罪"是我国1997年修改后的《刑法》新增的罪名,刑法典对该罪主体的描述是"未取得医生执业资格的人"。该罪名的设立有其社会背景,目的是打击受经济利益驱使的各种游医、冒牌医生等,这些无证假冒的"医生"会对患者的身体健康甚至生命安全造成极大的危害。可以说,非法行医罪自设立以来,对防范和打击我国医疗实务中的非法行医行为起到了积极的作用。然而,理论界也在对该罪主体的理解上产生了严重分歧。可以说,自非法行医罪诞生以来,关于其犯罪主体界定标准的争议就未停止过。[4] 犯罪主体对犯罪构成具有决定作用,因此,在司法实践中,对非法行医罪主体的认定广受争议且极为困难。在此情况下,有必要明确我国非法行医罪的主体范围。

---

[1] 王康编著:《医疗纠纷案例精析》,上海交通大学出版社2017年版,第301页。

[2] 严寒编著:《医疗损害赔偿典型、疑难案件裁判规则与依据》,法律出版社2014年版,第284页。

[3] 周京英:"论非法行医罪",载《宁夏大学学报(人文社会科学版)》2008年第2期。

[4] 王瑞:"论非法行医罪的主体界定标准及适用(上)",载《中国卫生法制》2018年第1期。

　　根据 2008 年 4 月 29 日《最高人民法院关于审理非法行医刑事案件具体应用法律若干问题的解释》（法释〔2008〕5 号）第 1 条以及 2016 年 12 月 16 日《最高人民法院关于修改〈关于审理非法行医刑事案件具体应用法律若干问题的解释〉》的规定：具有下列情形之一的，应认定为《刑法》第 336 条第 1 款规定的"未取得医生执业资格的人非法行医"：①未取得或者以非法手段取得医师资格从事医疗活动的；②被依法吊销医师执业证书期间从事医疗活动的；③未取得乡村医生执业证书，从事乡村医疗活动的；④家庭接生员实施家庭接生以外的医疗行为的。[1]

　　第一种情形是"未取得或者以非法手段取得医师资格从事医疗活动的"。通过医师资格考试，取得了执业医师资格或者执业助理医师资格，即视为取得医师资格。对取得医师资格但尚未进行医师注册并取得执业证书的人从事诊疗活动，可以进行行政处罚，不宜一律按照非法行医罪处理。有观点认为，非法行医罪的犯罪主体应当界定为"未取得执业（助理）医师资格的人"，亦即只要具有执业（助理）医师资格，就不能成为非法行医罪的主体。[2] 当然，也有学者持不同观点，认为取得执业医师资格但未取得执业证书的人也能成为非法行医罪的主体。[3] 笔者赞同前一种观点，即取得医师资格但尚未进行医师注册并取得执业证书的人从事诊疗活动，属于非法行医但并不构成非法行医罪。对于以非法手段取得医师资格的人，等同于未取得医生执业资格，主要指以伪造、欺骗、行贿等手段取得资格证书的行为。

　　第二种情形是针对受到吊销医师执业证书处罚的人。依据《执业医师法》的有关规定，被吊销医师执业证书的人，等同于未取得医师执业资格，非法行医的，可以构成非法行医罪的主体。值得一提的是，这种情况与一般的有医师资格没有进行执业注册的情况有着本质的区别。《执业医师法》第 37 条规定了吊销执业证书的 12 种情形。被吊销医师执业证书满 2 年以后，可以向县级以上人民政府卫生行政部门申请注册。

---

　　〔1〕 2016 年司法解释对 2008 年司法解释第 1 条进行了修正，删掉了第 1 条第 2 项"个人未取得《医疗机构执业许可证》开办医疗机构的"。

　　〔2〕 王瑞："论非法行医罪的主体界定标准及适用（上）"，载《中国卫生法制》2018 年第 1 期。

　　〔3〕 张明楷：《刑法学》，法律出版社 2016 年版，第 1125 页。

第三种情形是依据乡村医生从业管理条例的规定，对尚未取得执业医师资格，经注册在村医疗机构从事预防、保健和一般医疗服务的乡村医生作出的规定。目前，我国乡村医生的学历和业务水平参差不齐，如果强制其获取执业医师资格，恐怕不大现实，考虑到农村群众的医疗卫生状况，有必要对乡村医生单独规定，即虽未取得执业医师资格，但根据有关规定，经县级卫生行政管理部门注册后，在乡村医疗机构从事一般医疗服务的，不能按照非法行医进行处理。

第四种情形是针对母婴保健法规定的家庭接生人员的规定。依照法律规定，取得家庭接生员资格的人，除从事家庭接生外未取得从事其他行医行为的资格，这些人员如果从事接生以外的医疗活动，情节严重的，可按非法行医罪追究责任。根据这一情形，我们可以反观我国《刑法》第 336 条所规定的"未取得医生职业资格"应当指的是未取得特定类型的医生执业资格。换言之，医生超出自身的执业类别和范围对病人进行治疗的，也属于非法行医。譬如，牙科医生为患者做阑尾炎手术致其死亡的，可以认定为非法行医罪。[1] 原因在于，国家之所以对非法行医予以规制，其初衷就是为了打击那些没有医学知识而对患者盲目进行治疗的江湖游医。如果医生超出执业类别和范围从事了非自身擅长的本职专业的医疗行为，则与江湖游医在缺乏医学知识的情况下，不负责任地对患者进行诊治没有区别，既严重威胁了人民的健康安全，也严重侵害了医疗卫生管理秩序，因此应当作为非法行医罪的主体。[2]

（三）非法行医罪与医疗事故罪的区分

由于非法行医罪与医疗事故罪都可能对医疗领域造成严重影响，因此有必要对二者进行明确区分。根据《刑法》第 335 条的规定，医疗事故罪，是指医务人员由于严重不负责任，造成就诊人死亡或者严重损害就诊人身体健康的行为。非法行医罪不同于医疗事故罪，二者都属于危害公共卫生方面的犯罪，在客观上都可能造成就诊人死亡或严重损害就诊人身体健康的后果，它们的区别主要在于：①客观方面不同。前者在客观方面表现为，违反国家有关医疗管理的法律、法规的规定，非法行医，情节严重的行为。后者在客观方面表现为，医务人员在合法的诊疗护理过程中，违反规章制度，严重不负责任，造成就诊人死亡或者严重损

---

〔1〕 张明楷：《刑法学》，法律出版社 2016 年版，第 1126 页。

〔2〕 李筱永、赵晓佩主编：《医事法案例精选》，中国政法大学出版社 2014 年版，第 177 页。

害就诊人身体健康的行为。②主体不同。前者的主体是不具有医生执业资格的人，而后者的主体是已经取得医生执业资格的医务人员。③主观方面不同。前者对行为人造成就诊人死亡或严重损害就诊人身体健康后果，所持的心理态度既可以是过失，也可以是间接故意，但对于违反医疗管理制度的行为，则是直接故意，行为人必须明知自己未取得医生执业资格而非法行医。后者对造成严重不良后果所持的心理态度只能是过失（包括疏忽大意的过失和过于自信的过失）。

（四）非法行医的法律责任

非法行医行为属于违法行为，情节严重时还会构成犯罪行为。因而，非法行医的行为人也会面临着民事责任、行政责任乃至刑事责任的追究。以下，笔者对非法行医的法律责任展开分析。

1. 非法行医的民事责任。合法行医因医疗意外、难以避免的并发症而免责，适用《医疗事故处理条例》，而非法行医则不得以医疗意外、难以避免的并发症免责，适用《民法总则》《民法通则》与《最高人民法院关于审理人身损害赔偿案件适用法律若干问题的解释》承担相应的民事责任。需要注意的是，对于非法行医的民事责任，由于非法行医致人损害不属于医疗损害纠纷，也不构成医疗事故，因此不能按照《医疗事故处理办法》中的民事责任予以处理，也不能适用侵权责任法上关于医疗损害责任的特别规定。[1]

2. 非法行医的行政责任。关于行政法意义上的非法行医，目前尚缺乏明确的行政法律界定，理论界对此亦存在观点分歧。第一种观点认为，只要医疗机构未取得医疗机构执业许可证的，从医人员不具有医师执业证书的，均可构成非法行医。第二种观点认为，即使医疗机构持有医疗机构执业许可证，从医人员拥有医师执业证书，如果医疗机构超出登记范围，增加诊疗科目或擅自变更执业地址等，从医人员超出执业地点、类别或范围等行医的，也可构成非法行医。由于行政法律法规对非法行医未作明确界定，从严格依法行政的角度，行政执法及司法实践对非法行医的认定宜从严把握。[2] 因此，行政法意义上的非法行医可以理解为：未通过合法途径取得医疗机构执业许可证的单位或者未取得执业医师资格的个人开展了"诊疗活动"，以及医疗机构和医务人员在诊疗活动中违反卫生行

---

〔1〕　王康编著：《医疗纠纷案例精析》，上海交通大学出版社 2017 年版，第 302 页。

〔2〕　陆玉珍："行政法意义上的非法行医如何认定"，载《中国审判》2010 年第 3 期。

政法律法规规范的行为。主体既可以是单位，又可以是个人。构成要件为："未经合法途径取得医疗机构执业许可证"并开展了"诊疗活动"。至于进行诊疗行为的人，是取得医生执业资格的还是"未取得医生执业资格的"，都不影响对其违法性质的认定。根据《医疗机构管理条例》，非法行医主要应包括：①未取得医疗机构执业许可证擅自执业的；②逾期不校验医疗机构执业许可证仍从事诊疗活动的，或者拒不校验的；③出卖、转让、出借医疗机构执业许可证的；④诊疗活动超出登记范围的；⑤使用非卫生技术人员从事医疗卫生技术工作的；⑥出具虚假证明文件的。在《执业医师法》中规定的非法行医情形包括：未经批准擅自开办医疗机构行医和未经批准擅自非法行医。

对于非法行医的行政责任而言，主要是给予行政处罚。根据《医疗机构管理条例》第44条的规定，未取得医疗机构执业许可证擅自执业的，由县级以上人民政府卫生行政部门责令其停止执业活动，没收非法所得和药品、器械，并可以根据情节处以1万元以下的罚款。根据《执业医师法》第39条的规定，未经批准擅自开办医疗机构行医或者非医师行医的，由县级以上人民政府卫生行政部门予以取缔，没收其违法所得及其药品、器械，并处10万元以下的罚款；对医师吊销其执业证书；给患者造成损害的，依法承担赔偿责任；构成犯罪的，依法追究刑事责任。对于"未取得医生执业资格的人"在医疗机构中以职务行为实施"行医"行为的，除要追究行为人的刑事法律责任外，还要追究该医疗机构"使用非卫生技术人员从事医疗卫生技术工作"的行政法律责任。

3. 非法行医的刑事责任。如前已述，根据我国《刑法》第336条的规定，"非法行医罪"是指未取得医生执业资格的人擅自从事医疗活动，情节严重的行为。刑法意义上的非法行医，是情节严重的非法行医行为，行为主体只能是未取得医生职业资格的个人，单位不构成该罪。非法行医罪的构成要件包括：侵犯的客体是国家医疗管理制度、秩序以及公众的生命健康安全；实施了"行医"的行为，即非法从事诊断、治疗和医务护理工作；主观上要求为故意，一般以牟利为目的；成立本罪要求"情节严重"[1] 或者"严重损害就诊人身体健康"或者"造成就诊人死亡"。关于如何正确区分非法行医行为的罪与非罪，首先，要看行为人是否属于非法行医，具体标准是行为人是否取得医生执业资格。其次，要看情节是否严重，或者是否造成就诊人死亡或者严重损害就诊人身体健康的后果。此外，成立非法行医罪，要求非法行医与严重损害就诊人身体健康或者造成就诊人死亡之间具有刑法上的因果关系。[2] 立足于非法行医罪的刑法规定本身，准确界定行为与结果之间的因果关系，是追究行为刑事责任的重要依据。界定非法行医与危害结果之间是否存在因果关系的标准，应该看非法行医行为与患者伤亡的危害结果之间是否存在有前者就有后者的条件关系。[3] 而且需要特别注意的是，实践中有些未取得执业医师资格的人医术可能确实较为高超，也可能治愈了不少疑难杂症，但是只要导致个别病患死亡，那么就不能对此免除其非法行医罪的刑事责任，因为不能以其曾经治愈过不少疑难杂症而肯定其非法行医行为。

四、结语

医疗行为具有极强的专业性与技术性，医生是攸关人民生命健康的特殊职业，因此国家对医疗行业的管理极为严格。显然，不仅应当要求行医者具有良好的思想道德品质，还要求其具备一定的技术资格，以保证医疗的质量，从而保障人民的生命健康安全。而且，国家还对行医活动制定了一系列管理工作规范及制度，以促进我国医疗卫生事业的健康发展。而现实中频频发生的非法行医行为严重扰乱了我国的正常医疗管理制度和秩序，也对公民的身体健康与生命安全造成了重大威胁，因此必须对非法行医行为加以精准认定，依法打击并追究其相应的法律责任。唯有如此，才能切实维护医疗市场秩序、保障人民群众就医安全。[4]

---

〔1〕　根据 2008 年 4 月 29 日《最高人民法院关于审理非法行医刑事案件具体应用法律若干问题的解释》（法释〔2008〕5 号）第 2 条规定，具有下列情形之一的，应认定为刑法第 336 条第 1 款规定的"情节严重"：①造成就诊人轻度残疾、器官组织损伤导致一般功能障碍的；②造成甲类传染病传播、流行或者有传播、流行危险的；③使用假药、劣药或不符合国家规定标准的卫生材料、医疗器械，足以严重危害人体健康的；④非法行医被卫生行政部门行政处罚两次以后，再次非法行医的；⑤其他情节严重的情形。

〔2〕　韩玉胜主编：《医患纠纷法律解读》，法律出版社 2015 年版，第 205 页。

〔3〕　杨赟："破解非法行医犯罪法律认定三难点"，载《检察日报》2018 年 5 月 7 日，第 3 版。

〔4〕　李蕾蕾、吴晓东、王文东："非法行医罪司法解释修改后非法行医案件移送的探讨"，载《中国卫生法制》2018 年第 5 期。

案例 9

知情同意权侵权责任的认定

—— 刘某田与中国人民解放军空军特色医学中心医疗损害责任纠纷案

一、案例简介

刘某田于他院发现右侧肾上腺肿物，于 2014 年 5 月 28 日赴中国人民解放军某总医院（现更名为某医学中心）门诊检查，并于当日收入院治疗。入院诊断：右肾上腺瘤，高血压病，糖尿病。2014 年 6 月 11 日，刘某田进行后腹腔镜下右肾上腺腺瘤切除术治疗。2014 年 6 月 23 日，刘某田出院。后刘某田曾在北京协和医院等处进行复查，显示血总皮质醇水平等结果低于正常范围。诉讼过程中，海淀区人民法院根据刘某田的申请，委托北京博大司法鉴定所就某医学中心对刘某田的诊疗行为有无过错等事项进行了鉴定。2018 年 12 月 14 日，北京博大司法鉴定所出具 "京博司鉴所 ［2018］临鉴字第 0929 号" 司法鉴定意见书，分析认为：医方对刘某田收入院进一步诊治无过错，不违反诊疗常规；病人右肾上腺腺瘤<4cm，医方术前讨论 "考虑肾上腺腺瘤为无功能腺瘤可能性大，不能完全排除功能性腺瘤的可能"，此情况应认为病人的情况具有相对手术适应征（既可手术治疗也可暂等待观察），医方在手术知情同意告知时，应对此二种不同的治疗方案向患者及其家属详细告知，患方知情理解后选择，此情况在手术告知书中记载不够明确，应认为医方告知义务履行不完全，存在缺陷。综上，医方诊疗过程中上述的缺陷与不足已构成医疗过错，其过错与刘某田的损害后果之间存在一定因果关系。最终鉴定意见为：医方对刘某田的治疗过程中存在一定过错，其过错与刘某田损害后果之间存在一定因果关系，其责任程度为轻微责任；刘某田人体损伤致残程度八级伤残，人体致残率为 30%。据此，海淀区人民法院酌情确定某

医学中心对刘某田的损害后果承担 5% 的赔偿责任。[1]

二、案例评析

医疗行为具有侵袭性和高风险性，医疗机构的告知并获得患者或监护人同意是医疗行为具备合法性的前提。同时，医疗行为也具有极高的专业性，患者对于自身病情和治疗风险的认知，对于是否治疗以及治疗方式的选择，很大程度上都依赖于医疗机构对上述内容的判断及充分告知。因此，医疗机构不但应当告知有无不同治疗方案，还应该告知是否有治疗的需要，以保证患者可以在充分知情的前提下权衡医疗行为的利弊。从被告提交的证据来看，并无充分证据显示刘某田系在充分了解病情，并被告知存在"可待观察"选择的情况下，对实施切除手术予以同意，故可以认定医疗机构告知义务履行不完全，侵害刘某田的知情同意权。

三、法理探析

（一）何谓知情同意权

一般认为，知情同意权这一概念起源于"二战"之后举行的纽伦堡国际军事审判。第二次世界大战期间，德国纳粹分子利用科学实验和优生的名义，进行了大量惨无人道的人体试验，残害了 600 万犹太人、战俘及其他无辜生命。参与其中的，除了纳粹党官员外，还有许多医学教授和高级专家。德国战败后，二十余名医学方面的纳粹战犯受到审批。纽伦堡法庭还制定了人体实验的基本原则，即《纽伦堡法典》并于 1946 年公布于世。该法典第 1 条规定，实施人体试验受试者的自愿同意乃属绝对必要。但是，《纽伦堡法典》规定的内容过于简单，仅涉及患者的同意问题，尚未涉及医师的告知义务，也没有规定患者的自主决定权。

1949 年，世界医师总会在伦敦颁布《医学伦理国际纲领》，强调医师应当尊重完全行为能力患者拒绝或接受治疗的权利，但没有涉及医师的告知义务。1964 年，世界医学联合会通过了《赫尔辛基宣言》，第一次正式规定了知情同意权，并详细规定了医师的告知义务与患者的自主决定权。自此以后，知情同意权进入

---

〔1〕　北京市海淀区人民法院（2016）京 0108 民初 35976 号民事判决书。

到临床医学实践中，并被视为患者的基本权利。我国目前多部法律法规都涉及知情同意权的规定，但内容不尽一致。《侵权责任法》第 55 条规定："医务人员在诊疗活动中应当向患者说明病情和医疗措施。需要实施手术、特殊检查、特殊治疗的，医务人员应当及时向患者说明医疗风险、替代医疗方案等情况，并取得其书面同意；不宜向患者说明的，应当向患者的近亲属说明，并取得其书面同意。医务人员未尽到前款义务，造成患者损害的，医疗机构应当承担赔偿责任。"该条第 1 款虽然没有使用"知情同意权"的字样，但学界一般都承认其正式确立了患者的知情同意权。从内容上来看，知情同意权包括知情权和同意权两个方面，"知情"是同意的基础，"同意"是"知情"的延续，两者相辅相成，是一个不可分割的整体。值得注意的是，《侵权责任法》第 2 条第 2 款规定了该法保护的客体范围，"本法所称民事权益，包括生命权、健康权、姓名权、名誉权、荣誉权、肖像权、隐私权、婚姻自主权、监护权、所有权、用益物权、担保物权、著作权、专利权、商标专用权、发现权、股权、继承权等人身、财产权益"。从字面含义来看，该条虽然没有明确将知情同意权列举出来，似乎知情同意权不是一项法定的民事权利，但句末的"等"字在解释上可以将其包含在内。此外，最高人民法院 2011 年发布的修正后的《民事案件案由规定》中，在"医疗损害责任纠纷"项下增加了"侵害患者知情同意权责任纠纷"，亦表明司法实务部门也承认患者享有知情同意权。

（二）患者何以有知情同意权

1. 医疗行为本质上是侵害行为。无需具备专业的医学知识，仅从生活经验来看，医疗行为往往是一种侵袭性和致害性的人类活动。小者如注射、拔牙、割双眼皮，大者如心脏手术、器官移植、截断肢体，都会给患者身体造成一定损害。即使医师专业水准高明，医疗行为完全符合医疗规范，在不具有过失的情况下，也往往会发生一定的副作用甚至后遗症，这本身也是一种客观存在的损害后果。这些损害的发生是由医疗行为本身的侵害性特点决定的，是不以人的意志为转移的。然而，自然人包括患者在内，均享有身体权和健康权，有权维护身体的完整和机能的正常发挥。因此，医师若未取得患者同意，实施侵入性检查、治疗，则属于侵害患者身体权、健康权的违法行为。质言之，医师未经患者同意，实施的医疗行为具有违法性，构成民法上的侵权责任。关于此点，德国联邦最高法院认为，如果医疗行为没有过错，符合当时的医疗水平，病人也因此治愈，医师的医疗行为仍属于侵害行为。[1]

既然如此，医疗行为若获得其正当性，阻却其非法性，医师必须尊重患者的意愿，事先取得患者的同意。对此，日本学者认为，患者具有接受关于疾病和治疗的充分说明，自主地决定自己的生命和身体的权利。为了使患者的同意成为侵害行为的阻却违法事由，前提条件是必须要有医师的说明。[2] 王泽鉴教授认为，侵害病人身体的医疗行为得因同意阻却违法，此项同意须以医师的说明为必要，故医师未尽说明义务时，对其同意原则上不生效力，不阻却违法。纵其治疗行为并无过失，医师仍应就手术全部或一部失败所生损害负赔偿责任。[3] 至此，我们可以得出一个结论：医师未取得患者同意实施医疗行为，即使没有过失，也不改变其侵害行为的本质属性。

2. 患者的选择法益值得法律保护。医疗行为会造成人身损害，已如上述。但是，医疗行为会造成何种人身损害，患者往往一无所知。医师作为经过专门训练的专家，具有医疗资讯优势，完全知晓和掌握医疗行为的固有风险。患者通常需要依赖医师的说明，借以了解医疗行为的必要性、风险以及后果。面对同一医疗行为，不同的患者基于生活方式、宗教信仰或者其他正当理由，可能作出不同的选择，或者选择接受治疗，或者选择放弃治疗，或者要求更改治疗方案等，不一而足。患者选择一种治疗方案，意味着选择承受某种人身损害。医师若未经患者同意，擅自实施医疗行为，不仅可能导致患者经济利益上的损失，而且会造成患者丧失对未来的选择，甚至改变其人生轨迹，对个人和家庭生活带来重大影响。从这一角度而言，患者的选择利益，是一种值得法律保护的法益，体现在权利手段上，就是法律赋予患者知情同意权。它要求医师在治疗之前应告知患者病情、治疗方法及潜在风险等信息。只有患者在充分了解医疗资讯的基础上表示同意之后，医师才能开展其医疗计划。反之，医师未告知患者医疗资讯，进而未取得患者知情同意，由此发生的损害后果即应由医师负责。从侵权责任构成要件角

---

[1]　参见［德］马克西米利安·福克斯：《侵权行为法》，齐晓琨译，法律出版社 2006 年版，第 13 页。

[2]　参见［日］田山辉明：《日本侵权行为法》，顾祝轩、丁相顺译，北京大学出版社 2011 年版，第 74 页。

[3]　参见王泽鉴：《侵权行为》，北京大学出版社 2009 年版，第 232 页。

度而言，医师履行知情同意义务是阻却其医疗行为违法性的要件。医师若违反此项义务，造成患者损害将构成侵权责任。

（三）医师未取得患者同意且造成其身体损害的侵权责任

1. 医疗行为存在过失情形的侵权责任。如前所述，知情同意权是身体权、健康权等人格权之外独立的民事权利，旨在保障患者选择治疗方案的自由。若医师未履行告知同意的法定义务，即是剥夺了患者选择治疗方案的自由，本身即可构成侵权责任。在此需要注意，医师未取得患者同意，实施医疗行为导致损害，与医疗行为本身存在过失属于两种不同性质的侵权行为。前者属于不作为侵权，后者属于作为侵权。医师未取得患者知情同意本身，并不能直接导致医疗行为本身具有过失，只有医疗行为本身违反医疗规范，才能评价为存在医疗过失。医师基于自己的专业判断，在符合医疗规范的情况下，实施放射线治疗、化学治疗或施行手术切除，即使未取得患者同意且造成身体损害，也不能评价为过失行为。

若医师未告知患者治疗方案即施行医疗行为，且该医疗行为存在过失时，此情形类似于刑法学理论上的吸收犯，可以借鉴该理论，处理侵害知情同意权与侵害身体权或健康权的侵权责任。申言之，侵害知情同意权与侵害身体权或健康权之间，存在吸收关系，侵害患者知情同意权的侵权责任，被高度的侵害患者身体权或健康权的侵权责任吸收。在侵权责任认定上，认定侵害患者身体权或健康权即可，侵害患者知情同意权作为加重情节，体现在侵权责任的承担上，增加患者精神损害赔偿数额。这是因为，在一般侵害他人身体权场合，侵害人均未得到受害人的同意，但并不因此而认定侵害自主决定权。在医疗损害领域，认定专断医疗行为侵害患者身体权，并没有不妥之处。

2. 医疗行为无过失情形的侵权责任。若医师未经患者同意，实施的医疗行为本身也无过失，医师是否仍应负侵权责任？例如，医师告知患者，由于子宫颈病变导致子宫可能感染，建议同时切除子宫。患者表示仅切除子宫颈，不愿切除子宫。医师手术中判断子宫感染而予以切除，事后经化验该子宫并未发生病变。又如，患者的右乳房发现恶性肿瘤，医师在得到患者同意后实施乳房切除术。右乳切除后，医师又对其左乳进行切片检查，发现左乳罹患乳腺癌，在没有得到患者同意的情况下，又将其左乳房切除。对此问题，理论与实务存在以下两种见解：一是豁免说。有的学者认为，医方虽然没有履行告知义务，但并没有影响患者的正常治疗，或者已经为患者治好了疾病，且没有给患者造成精神上的压力或伤害的，也即医方虽然实施了侵犯患者知情权的行为，但没有给患者造成任何实质上的损害后果的，应当认定医方不承担赔偿责任。但应当指出其未履行告知义务的错误，促使其改正。[1] 在李某花等与中国医学科学院北京某某医院医疗损害责任纠纷一案中，王某荣因"三叉神经痛"入某某医院住院治疗。某某医院向王某荣进行手术风险告知后，施行三叉神经微血管减压术。术中证实系三叉神经瘤，遂改行肿瘤切除术。二审法院参考鉴定结论的意见，认为某某医院术中更改手术方式，行肿瘤切除术符合医疗规范，王某荣颅内胆脂瘤手术后发生的脑出血，属于目前还难以避免、难以预防的医疗意外，与某某医院的手术操作关系不大。故王某荣植物状态并非由于某某医院肿瘤切除术本身造成，李某花等基于侵权法律关系要求某某医院承担主要赔偿责任，缺乏侵权责任成立的要件之一即因果关系要件。关于李某花等提到的由于某某医院违反告知义务，影响了其后续治疗选择权的问题。二审法院认为，由于颅内出血、血肿形成也是肿瘤切除术的风险之一，考虑到发现本病例肿瘤，切除是诊疗原则的意见，以及患者的医从性，因此某某医院术中改行术式，未实质上影响王某荣家属对后续治疗行为的选择权。[2] 第二种观点是侵害知情同意权说。司法实务中，有的法官认为，违反告知义务侵害的是患者自主权和自我决定权，而非健康利益。医学上对患者有益的治疗或者是没有造成实质损害后果的情形，也不能免除医方未充分履行告知义务而承担损害赔偿责任，特别是精神损害赔偿责任。[3] 在陈某甲与中国人民解放军某某军区某某总医院医疗损害责任纠纷一案中，原告因胸闷、气喘、突发晕厥等症状，前往被告处治疗，并行永久性心脏起搏器置入术，及起搏器电极脱位复位术。后双方就上述医疗行为产生争议，南京医学会鉴定后认为，医方医疗行为不存在过错，原告永久性房颤系自身心房病变发展演变的结果，与心脏起搏器植入无因果关系，但在医患沟通中存在缺陷，表现在原告的病情系单腔、双腔起搏器均可以选择的情况下，对于两种起搏器特点、利弊等未进行充分告知；同时术

---

〔1〕 参见刘峥、张传军："论医疗纠纷案件中患者知情权的法律保护"，载《人民司法》2005 年第 7 期。

〔2〕 北京市第二中级人民法院（2015）二中民终字第 03282 号民事判决书。

〔3〕 参见夏正芳等："违反医疗告知义务的损害赔偿责任"，载《法律适用》2008 年第 8 期。

中处置上亦与原告沟通不足，故被告在上述相应医疗措施上未充分履行说明、告知和解释的义务，侵害了原告的知情同意权即自我决定权，造成了原告人格利益的损害，应当承担精神损害赔偿责任。法院据此判决酌定被告赔偿原告精神损害抚慰金 4000 元。[1] 在盐城市某某人民医院与张甲、张乙等医疗损害赔偿纠纷一案中，根据盐城市医学会、江苏省医学会的鉴定，以及医疗事故技术鉴定结论，被告某某人民医院对患者张某信的治疗为达"根治性肾切除术"的目的，术中分离脾脏后因持续出血，行脾脏切除是可以且必要的，某某人民医院的医疗行为无违反医疗常规，患者张某信的死亡及脾脏切除，与某某人民医院的医疗行为之间无因果关系。但被告某某人民医院在术中切除脾脏没有履行书面告知手续，术后也没有让患者或其近亲属补签字，某某人民医院的行为侵犯了许某凤等 6 人的知情同意权，理应承担相应的民事责任。一审法院参考某某人民医院的过错程度、患者的病情，该数额酌定为 35 000 元。二审法院维持原判。[2] 上述两案中，医疗行为本身经鉴定没有过失，但在履行告知同意义务上存在欠缺，因而认定侵害患者的知情同意权。

我们认为，医疗行为本身没有过失，并不意味着医师不负侵权责任。因为医疗行为本身具有侵害性，无论医疗行为成功与否，均会给患者造成一定的损害。医疗行为符合医疗规范，为患者治愈疾病，固然会获得患者的感激。但另一方面，该医疗行为可能带来一定的负面效果，如并发症、后遗症等。这些损害后果与医疗行为如影随形，往往伴随医疗行为同时出现。本质上而言，上述损害是医疗行为本身固有风险的实现，在现有的医疗技术水平下，是任何高明的医师均无法避免和克服的。就医师而言，实施某种医疗方案，造成某种损害后果；实施不同的医疗方案，造成不同的损害后果。就患者而言，选择某一医疗方案，意味着承担某种损害后果；选择不同的医疗方案，意味着承担不同的损害后果。法律赋予患者知情同意权，其目的即在于分配医疗行为的固有风险，应由医师或者患者承担。若医师取得患者知情同意之后，则医疗行为的固有风险由患者承担。反之，若医师未经患者告知同意，则医疗行为发生的固有风险，应由医师承担。换言之，告知同意是医疗风险分配的准则，是判断医师应否为固有风险负责的界

---

〔1〕 南京市玄武区人民法院 （2014）玄民初字第 1179 号民事判决书。
〔2〕 盐城市中级人民法院 （2014）盐民终字第 0831 号民事判决书。

限。从因果关系角度而言，若医师经过了患者同意，患者可能不选择该治疗方案，与之伴随的损害后果即可避免。正是由于医师未经患者同意，其专断的医疗行为才造成患者损害，理应由其承担损害赔偿责任。

至于该医疗行为侵害患者的何种权利，有的学者认为，未经同意而采取积极的医疗行为，所侵害的是患者的自我决定权。[1] 司法实务一般认定为侵害患者的知情同意权。我们认为，医疗行为造成患者身体损害的，应认定为侵害患者的身体权，而非自主决定权。首先，在比较法上，在美国 *Devi v. West Midlands RHA* 一案中，外科医生实施妇科手术过程中，发现患者子宫破裂，由于患者腹部已经打开，医师为了患者的利益，为其实施了绝育手术。[2] *Bartley v. Studd* 一案中，患者同意切除子宫，医师出于合理的临床理由，切除了患者的双侧输卵管。[3] 这两起案例，法院认为医师的行为构成故意加害（battery）之侵权行为，而不认定为侵害患者的自主决定权。最后，若认定侵害患者的自主决定权，只能获得精神损害赔偿的救济，发生的损害后果将不能获得赔偿，只能由患者承受，显然不利于保护患者的利益。再次，医师未获取患者同意即实施医疗行为，本身具有可非难性，而且对于医疗行为带来的损害又不予赔偿，有违民法的公平原则。准此以言，医师未经患者同意切除子宫场合，损害了患者身体的完整性，认定为侵害了患者的身体权即可，不必认定侵害患者自主决定权。医师未经患者同意，擅自切除其左乳的案例，侵害了患者身体的完整性，可认定为侵害了患者的身体权。由于全部切除患者乳房组织，对于患者来说，无论从生理机能还是外观上来看，乳房的全部缺失都给患者造成严重的精神损害，有权主张精神损害赔偿。若患者发生物质利益损失，如安装假乳房的费用，医师也应予以赔偿。若医疗行为造成患者健康损害，则认定为侵害患者健康权。若医疗行为造成患者死亡，则评价为侵害身体权或健康权的加重情节，加重医师的精神损害赔偿数额，但不再认定为侵害患者的生命权。

（四）医师未取得患者同意且未造成其身体损害的侵权责任

医疗行为具有侵袭性特点，医疗行为实施完毕，往往造成患者人身损害。但

---

[1]　参见杨立新、刘召成："论作为抽象人格权的自我决定权"，载《学海》2010 年第 5 期。

[2]　(1980) C. L. Y. 687.

[3]　(1995) 2 (8) Medical Law Monitor1.

也并不尽然，有的场合，医疗行为不但不会给患者造成身体损害，反而有助于患者恢复健康。若医师违反告知同意义务，擅自实施医疗行为但未造成患者身体损害，医师是否需要承担侵权责任？对此问题，学者认识不一。王利明教授认为，医务人员未尽到对患者的告知和取得患者同意的义务，必须要造成患者损害的后果。只有在给患者造成实际损害时，医疗机构才需要承担责任。[1] 即欠缺身体损害，不构成侵权责任。与王利明教授的观点不同，杨立新教授认为，如果违反告知义务造成患者人身损害，能够确定违反告知义务的医疗行为与损害后果具有因果关系的，应当承担人身损害赔偿责任。反之，如果违反告知义务，没有造成患者人身损害，仅仅是造成了对知情同意权等精神性民事权利损害的，则应当承担的赔偿责任是精神损害赔偿责任，但这种赔偿通常是象征性赔偿。[2] 司法实践中，各地法院的见解也不一致。《北京市高级人民法院关于审理医疗损害赔偿纠纷案件若干问题的指导意见（试行）》（2010年）第39条规定："未尽告知义务，损害患者生命权、健康权、身体权等人身及财产权利的，医疗机构应当承担侵权责任。未尽告知义务，仅损害患者知情同意权而未损害患者人身、财产权利的，医疗机构不承担赔偿责任。"与之不同，《湖北省高级人民法院关于审理医疗损害责任纠纷案件若干问题的意见》（2013年）第28条第2款规定："医疗机构违反《侵权责任法》第55条第2款所规定的告知义务，未给患者的身体组织造成损害，但损害患者知情同意权，造成严重精神痛苦，患者要求精神损害赔偿的，人民法院应根据《最高人民法院关于确定民事侵权精神损害赔偿责任若干问题的解释》的相关规定确定医疗机构承担相应的精神损害赔偿责任。"《最高人民法院关于审理医疗损害责任纠纷案件适用法律若干问题的解释》（法释〔2017〕20号）第17条规定："医务人员违反侵权责任法第55条第1款规定义务，但未造成患者人身损害，患者请求医疗机构承担损害赔偿责任的，不予支持。"该条规定将人身损害与侵害患者知情同意权紧密联系，认为前者是构成侵害知情同意权的前提条件。若医师未取得患者同意且未造成其身体损害，将免于承担损害赔偿责任。我们认为，这一立场未免以偏概全，不利于保护患者的自由选择权益。这方面的典型案例，莫过于耶和华见证人信徒拒绝输血案。耶和华见

---

〔1〕 参见王利明：《侵权责任法研究》（下），中国人民大学出版社2011年版，第404页。
〔2〕 参见杨立新：《侵权责任法》，法律出版社2011年版，第295页。

证人是一个 19 世纪末在美国兴起的基督教非传统教派，他们的教义里有一条是：根据《圣经》上关于血的神圣和禁忌的描述，输血是不被允许的，无论是血液还是血制品都不可以。在日本，某耶和华见证人的忠实信徒，罹患肝脏肿瘤入院治疗。患者就诊时明确表示，因输血违背自己的宗教信仰，拒绝伴有输血的医疗行为。医师施行肝脏肿瘤切除手术时，为其输入了血液，手术成功。该患者后来得知自己在医疗过程中被输血后，精神极度痛苦，遂对医院及医生提起损害赔偿之诉。日本最高法院认为，接受输血违背自己的宗教信仰，患者明确表示拒绝输血场合，必须尊重作为人格权之一种的意思决定权。在手术前，怠于说明需要输血的医疗机构，剥夺了患者的自己决定权，侵害了患者的人格权，应该承担患者遭受的精神痛苦的精神损害赔偿责任。[1] 在加拿大，面对一件类似的案例，法院认为，患者基于自我决定权拒绝输血，即使可能发生不利后果，医师无视耶和华见证人信徒拒绝输血卡上的记载，而为患者输血，不仅侵犯了患者对自己身体的控制权，而且也未尊重其宗教信仰价值，应承担侵害身体的损害赔偿责任。[2] 由此可见，医师违反告知义务施行医疗行为，即使未造成患者身体损害，也可能造成患者精神痛苦，从而构成侵害知情同意权的侵权责任。

四、结语

通常情况下，医疗行为的实施伴随着法益的侵害，因而本质上属于侵害行为。

若要阻却医疗行为的违法性，免于承担侵权责任，医务人员必须向患者履行告知同意义务。反之，若医务人员未取得患者同意即施行医疗行为，造成患者身体损害时，无论该医疗行为是否具有过失，均成立侵害他人身体权的侵权责任。与此同时，侵害患者知情同意权作为加重情节，可以考虑增加患者的精神损害赔偿数额。若医务人员未取得患者同意且未造成其身体损害，构成侵害患者知情同意权，应负精神损害赔偿责任。

---

〔1〕　参见 [日] 最判平成 12.2.29 民集 54 卷 2 号 582 页。

〔2〕　*Malette v. Shulman* (1990) 67D. L. R. (4TH) 321 (ont. C. A).

第二篇　公共卫生及卫生管理案例

案例 10

药品标签警示缺陷所致损害赔偿责任

——对 *Wyeth v. Diana Levine* 案[1]的分析

一、案例简介

2000 年 4 月 7 日，美国佛蒙特州女吉他手戴安娜·莱维纳（Diana Levine）在华盛顿州的卫生中心（Washington County Community Health）治疗偏头痛和恶心。医生给她首次肌肉注射了杜冷丁（Demerol，用于治疗偏头痛）和非那根（Phenergan，用于治疗恶心），但是效果不理想。于是，Levine 女士在当天晚些时候在这家卫生中心接受了第二次治疗。这次为 Levine 女士治疗的是一名医生助理，该医生助理为 Levine 女士静脉推注了非那根。由于操作上的失误致使部分非那根注射液流入 Levine 女士的动脉血管内，导致动脉坏疽，最终导致 Levine 女士的手臂被切除。

非那根是惠氏（Wyeth）公司生产的一种用来治疗恶心的抗组织胺药物。非那根可采用肌肉注射和静脉注射两种方式，其中静脉注射又可分为静脉推注（IV-push）和（IV-drip）两种方式。非那根具有腐蚀性，如果药物被注射或渗透到动脉血管中将导致严重的坏疽，最终会导致截肢。

Levine 女士在起诉了诊所和医生助理后，又将惠氏公司诉至法院。Levine 女士认为，尽管惠氏公司在非那根的标签上作了"如果疏忽将非那根注射到动脉血

---

〔1〕 *Wyeth v. Diana Levine* No. 06-1249（2008），555 U. S. 806；129 S. Ct. 337；172 L. Ed. 2d 14；2008 U. S. LEXIS 6656；77 U. S. L. W. 3196.

管内，将导致坏疽并截肢"的警示，但却未在药品标签中对其已知的直接静脉推注非那根存在的巨大风险作出具体而充分的警示，也未建议临床医生采取静脉滴注方式取代风险较高的静脉推注方式，导致了其损害的发生。另外，她还诉称，静脉注射非那根不具有合理的安全性，因为可以预见的坏疽与截肢的风险远远高于这种治疗方法所带来的益处。她提供的证据证明在她之前至少存在 20 例因注射非那根失误而导致的坏疽或截肢的医疗事故，且惠氏公司就此向联邦食品和药品管理局（FDA）作了报告，并对非那根的标签作出了一些修改。这表明惠氏公司对非那根静脉推注的危险性有充分的了解。但是，惠氏公司却未能在非那根标签上对其静脉推注的危险性作警示。由此，可以认定惠氏公司对非那根的使用方法警示存在缺陷。因此，她主张根据普通法上的过失理论和严格责任理论，惠氏公司应当对其承担侵权损害赔偿责任。

Levine 女士起诉后，惠氏公司提交动议认为联邦法律优先于（preempt）州法律的规定。惠氏公司认为，根据联邦食品和药品管理局的规定，药品标签的变更应当经联邦食品和药品管理局的许可，未经许可不得变更标签的内容。华盛顿郡高等法院经审理认为，如果非那根药品标签包含了充分的警示，要求采用静脉滴注而不是静脉推注的方式，那么 Levine 女士的损害就不会发生。惠氏公司尽管在非那根药品标签上就其动脉汗射和周围组织渗透的危险性给予了警示，但是这种警示并不包含对静脉推注所存在的风险的充分警示。华盛顿郡高等法院认为从国会立法的意图来看，国会不会禁止患者依照州法律规定要求制药企业就其未能对使用方法进行充分警示承担赔偿责任，惠氏公司主张联邦法律具有优先性的观点不能成立。因此，判决惠氏公司赔偿 Levine 女士所遭受的精神损害、医疗费用损失以及丧失从事原来职业能力的损失。佛蒙特州最高法院维持了华盛顿郡高等法院的判决。惠氏公司不服向联邦最高法院提起上诉。

联邦最高法院受理了惠氏公司的上诉请求，大法官史蒂文斯（Stevens）代表多数对本案出具了判决意见：直接注射非那根进入患者的静脉引起了具有灾难性损害后果的巨大风险。佛蒙特州最高法院的陪审员认为惠氏公司未能提供足够的风险警示，应当赔偿 Levine 女士因截肢而产生的损害。最终，联邦最高法院维持了佛蒙特州最高法院的判决。

二、案例述评

本案的关键问题是：联邦食品和药品管理局的规定是否足以对抗 Levine 女士对惠氏公司的侵权赔偿请求？最高法院认为"不可以"，具体理由如下：

1. 关于非那根药品标签的警示是否充分的问题。尽管惠氏公司在非那根的标签上对"疏忽的动脉注射"可造成坏疽以及截肢的危险做了警示，但是 Levine 女士认为非那根标签因未能提示医生用静脉滴注的方式代替风险高的静脉推注方式而存在警示缺陷。另外，她还主张，静脉注射非那根不具有合理的安全性，因为可以预见的坏疽与截肢的风险远远高于这种治疗方法所带来的益处。因此，根据普通法上的过失理论和严格责任理论，惠氏公司应当对其承担侵权损害赔偿责任。联邦最高法院认为惠氏公司在非那根标签上对动脉血管内注射以及血管周围组织渗透作了警示，并建议采用静脉滴注方式使用非那根；但是却未能对静脉推注的风险作特别警示。因此，联邦最高法院认可佛蒙特州高等法院的判决意见：陪审团的裁决与联邦食品和药品管理局对非那根标签的要求并不冲突，因为惠氏公司对静脉推注作警示并未超越联邦食品和药品管理局的批准，因为联邦标签要求只是为州立法设立了一个"地板"（下限，即最低要求）而不是设立了一个"天花板"（上限，即最高要求）。最终，联邦最高法院认为惠氏公司的非那根标签存在未对静脉推注的危险性作警示的缺陷。

2. 惠氏公司关于医务人员的过失行为构成其免责的主张是否成立的问题。本案的证据显示：医生助理给 Levine 女士注射的非那根剂量超过了标签上所允许的剂量，并因疏忽将非那根注射到 Levine 女士的动脉血管中，且在 Levine 女士感觉到疼痛时仍然继续注射。这些表明医生在注射非那根药物时存在过失。因此，惠氏公司认为医生助理的过失行为是造成 Levine 女士损害的直接原因，构成阻碍惠氏公司承担责任的理由。但是联邦最高法院认可了陪审团的裁决：陪审团拒绝认可惠氏公司主张医务人员的过失构成其承担责任的一个阻却因素，因为，Levine 女士的损害是可以预见的，惠氏公司要负过失与严格责任；审判记录表明，非那根标签警示不充分是 Levine 女士受到损害的最直接的原因，对此，惠氏公司并不否认。最终，联邦最高法院支持了初审法院的认定：如果非那根标签对静脉推注的危险性作充分警示的话，那么 Levine 女士的损害就不会发生。因此，惠氏公司的主张不成立。

3. 惠氏公司关于不能同时遵守州和联邦法律的主张是否成立的问题。惠氏公司主张其按照联邦食品和药品管理局的规定进行药品标签的申请，未经联邦食品和药品管理局的批准，惠氏公司不能变更药品标签的内容。因此，惠氏公司认为它不能同时按照州法律的规定对非那根的静脉推注提供充分的警示而又不违反联邦食品和药品管理局的要求。联邦最高法院认为尽管制药企业一般来说只有在联邦食品和药品管理局同意补充申请后才能更换标签，但是联邦食品和药品管理局规定的"有效改变（Changes Being Effected，CBE）"规则允许某些标签的预先许可，即当这些标签的变更是为了增加或者加强促进药品安全时，制药企业可以预先获得许可变更药品标签。根据 CBE 规则，惠氏可以单方面加强对静脉推注的警示。联邦最高法院认为没有证据显示联邦食品和药品管理局会拒绝这种标签的变更。惠氏公司未能证明当其按照州法律的要求给予药品标签充分警示时会被联邦食品和药品管理局所禁止。佛蒙特州最高法院认为联邦食品和药品管理局没有确定地表示要维持非那根静脉推注的方式，或者意图禁止惠氏公司加强对静脉推注的警示。联邦最高法院对此表示认同。惠氏公司因未能证明其不能同时遵守联邦和州关于药品标签的法律规定的存在，联邦最高法院认为惠氏公司关于"联邦食品和药品管理局禁止惠氏公司对非那根静脉推注危险性作警示"的主张不能成立。

4. 关于国会对药品及药品标签规制的立法意图探究。惠氏公司主张，要求其遵守州法律的义务——提供有关静脉推注的更强的警示——将阻碍联邦对药品标签管理的目标和意图的实现。惠氏公司认为 Levine 女士主张优先适用州法律妨碍了"国会委托专家机构对药品标签作出决定的意图"。联邦最高法院回顾了国会在管理药品标签方面立法的历史来确定国会的意图，尤其是国会于 1962 年通过的《联邦食品、药品和化妆品法》的修正案扩大了联邦食品和药品管理局在"保护公共健康"和"确保药品安全性、有效性与可靠性"方面的权力，并采取谨慎措施避免联邦法律对州法律的过分入侵；修正案还规定了保留条款，保留条款规定：除州法律的规定直接并积极地与联邦食品和药品管理局的规定相冲突外，不得使州法律条款无效。据此，联邦最高法院认为惠氏公司的这一观点是对国会意图的错误理解，并且过分夸大了联邦食品和药品管理局优先于州法律的权力。

综上，联邦最高法院维持了佛蒙特州最高法院的判决。

三、法理探析

（一）药品标签的警示标准

本案中，惠氏公司因未对非那根静脉推注的危险性作充分警示而被判令对 Levine 女士承担损害赔偿责任。那么如何判断药品标签的警示是否充分呢？在回答这一问题之前，让我们先来分析产品警示缺陷的特征。在此基础上，我们再来分析一个产品的警示是否符合警示缺陷的特征，如果符合就说明该警示不充分。警示缺陷主要包括以下两个特征：

1. 由产品警示缺陷所带来的危险必须是不合理的、可预见的危险。[1] 那什么是合理的危险？什么是不合理的危险？如果根据一件产品的固有性质，作为具有一般常识的人都能推知其具有某种危险，就可以认为该种危险是合理的危险，否则就是不合理的危险。例如，使用菜刀切菜时可能会切伤手，就是合理危险。而静脉推注非那根，鉴于医药行业的高度专业性，一般患者并不知晓其可能带来的巨大伤害危险，此种危险对患者来说即为不合理危险。为避免此种不合理危险的产生，生产者应当对该药品的危险性及正确使用方法作出充分的警示与说明。此外，产品带来的危险还必须具有可预见性。当产品制造者与销售者不能预见由产品产生的危险时，当然谈不上对此种危险作警示的义务。

2. 警示或说明不足是导致不合理危险产生的主要原因。设定产品警示义务的最终目的是降低最终消费者使用产品的危险性，具体来说，主要基于以下两个方面的考虑：一是产品本身具有合理危险。一种产品存在某种潜在的危险有时是难以避免的，只要这种危险在人们的可控范围之内就是合理的、可接受的危险。因此生产者与销售者有义务提醒消费者注意该种商品存在的潜在危险，以唤起消费者的警惕，从而避免相关的人身、财产损失。当然消费者也可能在利益权衡之后放弃该种产品的使用。最为明显的例子就是药品说明书中对不良反应与禁忌的提示，比如"维 C 银翘片"的说明书在"不良反应"中标明"可见困倦、嗜睡、

---

[1] 参见朱福娟："论产品警示缺陷"，载《宁夏大学学报（人文社会科学版）》2017 年第 6 期。

口渴……长期大量用药会导致肝肾功能异常",在"禁忌"中标明"严重肝肾功能不全者禁用"。消费者可以据此结合自身身体情况决定是否购买、服用此种药物,并对服用期限进行控制。二是使用产品的方法不当将可能导致危险的产生。有些产品因使用方法不当将可能造成相应的危险,如果有正确的使用方法的指示,则会大大降低这种危险的发生概率。比如本案中的惠氏公司如果对非那根静脉推注的风险作充分警示,并对其正确使用方法作必要指示,就会大大降低非那根对患者所带来的损害。所谓充分警示,应当以使用者获取足够信息从而将危险发生率控制在最低限度内为目标。

本案中,Levine 女士提供的证据表明,在其发生损害之前至少发生过 20 起类似的医疗事故,且惠氏公司就此向联邦食品和药品管理局作了报告,并对非那根的标签作出了一些修改。这表明惠氏公司对非那根静脉推注的危险性有充分的了解,但是,惠氏公司却未在非那根标签上对其静脉推注的危险性作充分警示。由此,可以认定惠氏公司对非那根的使用方法警示不充分。

《产品质量法》第 27 条规定:"产品或者其包装上的标识必须真实,并符合下列要求:……⑤使用不当,容易造成产品本身损坏或者可能危及人身、财产安全的产品,应当有警示标志或者中文警示说明……"《中华人民共和国消费者权益保护法》(以下简称《消费者权益保护法》)第 8 条第 1 款规定:"消费者享有知悉其购买、使用的商品或者接受的服务的真实情况的权利。"第 2 款规定:"消费者有权根据商品或者服务的不同情况,要求经营者提供商品的价格、产地、生产者、用途、性能、规格、等级、主要成份、生产日期、有效期限、检验合格证明、使用方法说明书、售后服务,或者服务的内容、规格、费用等有关情况。"第 18 条第 1 款规定:"经营者应当保证其提供的商品或者服务符合保障人身、财产安全的要求。对可能危及人身、财产安全的商品和服务,应当向消费者作出真实的说明和明确的警示,并说明和标明正确使用商品或者接受服务的方法以及防止危害发生的方法。"《中华人民共和国药品管理法》(以下简称《药品管理法》)第 49 条规定:"药品包装应当按照规定印有或者贴有标签并附有说明书。标签或者说明书应当注明药品的通用名称、成份、规格、上市许可持有人及其地址、生产企业及其地址、批准文号、产品批号、生产日期、有效期、适应症或者功能主治、用法、用量、禁忌、不良反应和注意事项。标签、说明书中的文字应当清晰，生产日期、有效期等事项应当显著标注，容易辨识。麻醉药品、精神药品、医疗用毒性药品、放射性药品、外用药品和非处方药的标签、说明书，应当印有规定的标志。"可见，获得产品警示说明是消费者的一项法定权利，给予警示说明是产品制造者和销售者的一项法定义务，未履行或未正确履行这项义务就构成警示缺陷。

（二）医疗产品损害责任的内涵

1. 医疗产品损害责任的归责原则及构成要件。医疗产品主要包括：药品、消毒药剂、医疗器械、血液及血液制品。医疗产品损害责任属于产品责任，适用严格责任、无过错责任。所谓严格责任、无过错责任，是指不以过失为要件来追究民事责任的一种责任形态。决定责任的基本要件是损害结果与行为违法及二者存在因果关系，而不考虑行为人的过错。只要受害人能够证明医疗产品存在缺陷，无论侵权人有无过错，都构成侵权责任。这种归责原则使得受害人不必证明医疗产品生产者或者销售者的过错，减轻了受害人的诉讼负担，有利于最大限度地保护受害人的权利。根据无过错责任原则的规定性，医疗产品损害责任应当具备如下要件：①医疗产品存在缺陷，包括制造缺陷、设计缺陷、警示缺陷、跟踪观察缺陷；②造成患者人身损害，须将医疗产品应用于患者，并由于医疗产品存在缺陷而造成患者的人身损害；③医疗产品缺陷与人身损害后果之间存在因果关系，因果关系由受害人证明。[1]

英美国家的产品责任经历了合同责任、过失责任、保证责任、严格责任四个阶段。在《侵权法重述第三版：产品责任》中，美国将产品缺陷分为制造缺陷、设计缺陷、警示缺陷。该法第 1 条规定，凡从事产品销售或者分销业经营活动，销售或者分销缺陷产品，应对该缺陷所造成的人身或财产损害承担责任；一份产品在销售或者分销的时候，包含制造缺陷，产品设计存在缺陷，或者因为缺乏使用说明或警示而存在缺陷，该产品构成缺陷产品……（c）当产品之可预见的损害风险，能够通过销售者或其他分销者，或者他们在商业批发销售链中的前手提供合理的使用说明或者警示而加以减少或者避免，而没有提供这样的使用说明或者警示，使得产品不具有合理的安全性能，该产品则存在缺乏使用说明或警示的

---

[1] 杨立新：《〈中华人民共和国侵权责任法〉精解》，知识产权出版社 2010 年版，第 239 页。

缺陷。[1]

本案中，联邦最高法院认为：惠氏公司的非那根标签警示不充分，存在警示缺陷；Levine 女士的损害是可以预见的；因而药品警示缺陷与 Levine 女士的损害之间具有因果关系。最终，联邦最高法院依据严格责任原则要求惠氏公司承担损害赔偿责任。

2. 医疗产品损害责任的竞合。患者受到有缺陷的医疗产品的侵害，基于医疗服务合同的存在，取得两个损害赔偿请求权：一是产品责任请求权，二是医疗合同违约责任请求权。此时，就发生了医疗产品损害责任的竞合。[2] 根据《中华人民共和国合同法》（以下简称《合同法》）第 122 条的规定，因当事人一方的违约行为，侵害对方人身、财产权益的，受损害方有权选择依照《合同法》要求其承担违约责任或者依照其他法律要求其承担侵权责任。在发生法律责任竞合时，权益受到侵害的一方可以选择对自己有利的方式进行诉讼。违约之诉与侵权之诉的主要区别如下：①如果是违约之诉，则不能主张精神损害赔偿。如果是侵权之诉，可以主张精神损害赔偿，这也是一般情况下，患者会选择侵权之诉的重要原因。②时效不同。违约之诉的诉讼时效为 2 年（特殊时效为 4 年，参见《合同法》第 129 条），侵权之诉中的人身损害诉讼时效为 3 年（参见《民法总则》第 188 条）。但是依据我国《产品质量法》第 45 条第 1 款的规定，"因产品存在缺陷造成损害要求赔偿的诉讼时效期间为 2 年，自当事人知道或者应当知道其权益受到损害时起计算"。③管辖法院不同。违约之诉的一审管辖法院可以是违约方住所地法院，可以是合同履行地法院，而侵权之诉只能是侵权发生地法院。④诉讼对象不同。例如，在医疗产品损害责任中，如果以违约起诉，则只能起诉医疗服务合同的相对方——医疗机构。如果以侵权起诉，依据《侵权责任法》第 59 条的规定，则既可以向医疗机构行使请求权，也可以向生产者和销售

---

〔1〕　美国法律研究院通过并颁布：《侵权法重述第三版：产品责任》，肖永平、龚乐凡、汪雪飞译，法律出版社 2006 年版，第 15~16 页。

〔2〕　所谓法律责任的竞合，是指由于某种法律事实的出现，导致两种或两种以上相互冲突的法律责任的产生的现象。法律责任竞合是法律上竞合的一种，既可发生在同一法律部门内部，如出卖人交付的物品有瑕疵，致使买受人的合法权益遭受侵害，买受人向出卖人既可主张侵权责任，又可主张违约责任，即发生民法上侵权责任和违约责任的竞合，此时不能同时追究这两种责任，只能追究其一。法律责任竞合也可发生在不同的法律部门之间，如民事责任、行政责任和刑事责任等之间的竞合。此时，一般来说，应按重者处之。如果相对较轻的法律责任已经被追究，再追究较重的法律责任时应适当考虑折抵。

者行使请求权。但需要注意的是，若最终让医疗机构承担责任，医疗机构须有过失存在，无过失即无责任，医疗机构并不承担无过错责任，除非医疗机构不能指明缺陷医疗产品的生产者，也不能指明缺陷医疗产品的供货者，亦或医疗机构就是医疗产品的生产者（详见下文分析）。

3. 医疗产品损害责任的分担形态。医疗产品造成损害，依据《侵权责任法》第 41、42、43、59 条的规定，其责任分担形态是不真正连带责任。所谓不真正连带责任，是指多数行为人对一个受害人实施加害行为，或者不同的行为人基于不同的行为而致使受害人的权利受到损害的，各个行为人对产生的同一内容的侵权责任，各负全部赔偿责任，并因行为人之一的履行而使全体责任人责任归于消灭的侵权责任形态。在医疗产品侵权责任中，只要医疗产品有缺陷造成了损害，不论受害人向法院起诉生产者还是销售者或是医疗机构，被告就应当承担责任。[1]

（1）医疗产品损害责任的责任主体。依据《侵权责任法》第 59 条之规定，医疗产品损害责任的责任主体有三：一是医疗机构。医疗机构将有缺陷的医疗产品应用于患者身上，造成损害，医疗机构应当承担过错责任；如果医疗机构不能指明缺陷产品的生产者，也不能指明缺陷产品的供货者，应当承担无过错责任。二是医疗产品生产者。生产者制造了有缺陷的医疗产品，并且造成了患者的损害，应当承担责任。三是医疗产品的销售者。按照《侵权责任法》第 41、42、43 条的规定，销售者对于缺陷产品造成损害具有过错的，应当承担过错责任；如果销售者不能指明缺陷产品的生产者也不能指明缺陷产品的供货者，应当承担无过错责任。

（2）医疗产品损害责任中的最近规则与最终规则。医疗产品损害责任中的最近规则，是指受害患者有权在上述三个责任主体中，选择对自己最为有利的、法律关系"最近"的一个主体行使请求权。据此，受害患者可以选择医疗机构作为索赔主体，请求其承担赔偿责任；也可选择医疗产品的生产者或者销售者作为索赔主体，请求其承担赔偿责任。

医疗产品损害责任中的最终规则，是指医疗机构对受害患者承担赔偿责任之

---

[1] 杨立新：《〈中华人民共和国侵权责任法〉精解》，知识产权出版社 2010 年版，第 194、195 页。

后，若其本身无过错，则有权向负有责任的生产者或者销售者进行追偿。这种追偿权是全额的请求权（只有基于其自身过错造成患者损害的部分才不能进行追偿），包括在诉讼中产生的损失。当然，若医疗机构本身有过错或者医疗产品就是其生产的，则应由医疗机构承担责任。

在诉讼中，如果受害者将医疗机构、生产者和销售者一并作为共同被告起诉，法院在审理中，若查明医疗机构无过错，应当直接适用最终规则确定责任承担者，不必先实行最近规则让医疗机构先承担责任再由其进行追偿。但是，如果最终责任者无力承担赔偿责任，医疗机构则应当承担，但可保留对最终责任者的追偿权。

本案中，惠氏公司认为，依据佛蒙特州《比较过失法》（*Comparative Negligence Statute*）第 1036 条的规定[1]，由于 Levine 女士已经与诊所在另外的诉讼中就同一损害达成了协议，因此，惠氏公司只应承担由于惠氏公司的过失所造成的损害部分。据此，惠氏公司主张将诊所承担的赔偿数额从惠氏公司的赔偿数额中扣除。佛蒙特州最高法院认为依照传统规则应当由多个侵权人承担连带责任（jointly and severally liable），本条规定在本案中不适用，因为该法律规定在被告之间赔偿数额的分担只有当被告都在同一诉讼中时才划分赔偿比例，并且 Levine 女士在本案中不存在过失，因此，在立法机关未修改佛蒙特州《比较过失法》之前，佛蒙特州最高法院只能坚持对第 1036 条的理解。最后，佛蒙特州最高法院认为，问题留给立法机关加以解决，维持了华盛顿郡高等法院不支持惠氏公司这一主张的判决。联邦最高法院对此问题未作特别论述，维持了佛蒙特州最高法院的判决。[2]

（三）产品的跟踪观察义务

《侵权责任法》第 46 条规定："产品投入流通后发现存在缺陷的，生产者、销售者应当及时采取警示、召回等补救措施。未及时采取补救措施或者补救措施不力造成损害的，应当承担侵权责任。"根据本条规定，生产者将产品投放市场后，应当尽到必要的跟踪观察义务，若违反该义务，未及时采取补救措施（如警

---

〔1〕　惠氏公司认为该条不仅适用于原告主张被告共同过失的情况，适用于在同一诉讼中的多个报告人，也适用于原告任何时候从除了被告以外的任何其他人处获得赔偿的情况。

〔2〕　参见韩赤风等：《中外侵权法经典案例评析》，法律出版社 2011 年版，第 164 页。

示、召回等）或者补救措施不力造成损害的，则应当承担侵权责任。这一责任也被有些学者称之为跟踪观察缺陷责任，跟踪观察缺陷也因而成为继制造缺陷、设计缺陷、警示缺陷后的第四种产品缺陷种类。[1] 产品跟踪观察义务的确立，是对《产品质量法》第41条规定的一般的产品侵权责任免责事由即"产品投入流通时，引起损害的缺陷尚不存在，或者将产品投入流通时的科学技术水平尚不能发现缺陷的存在"的突破，因而给产品使用者提供了更有力的权利保护。

就制药企业而言，比一般公众更具有药品方面的专业知识与经验，如在药品流通中发现药品可能具有某种潜在危险性时，应当及时向药品管理机构申请变更药品标签。同时，也可以采取"有效改变"规则，在向药品管理机构申请变更后，可以预先许可，而不必等待药品管理机构的核准。当具有某种潜在危险性的药品致人损害发生之后，如有证据证明制药企业知晓此种危险性而未尽到跟踪观察义务或充分警示义务时，则制药企业应当承担侵权责任。

四、结语

在医疗侵权纠纷中有一部分是药品侵权纠纷。从20世纪50年代末、60年代初发生在国外的孕妇因服用"反应停"而导致的"海豹婴儿"事件[2]，到2012年发生在中国的"毒胶囊"案件，药品侵权事件在全球时有发生。药品侵权不同于一般的医疗侵权，在药品侵权中，医方在医疗过程中一般没有过错，患者的损害是由药品的缺陷所致。依据《侵权责任法》第59条[3]等相关规定，因医疗产品（包括药品）的缺陷造成患者损害所产生的责任，属于产品责任，适用无过错责任原则。那么何谓产品责任呢？所谓产品责任，是指产品生产者、销售者

---

〔1〕 参见杨立新：《〈中华人民共和国侵权责任法〉精解》，知识产权出版社2010年版，第190页。

〔2〕 1959年~1962年间，西德、美国、日本出生了许多没有胳膊、没有腿，像海豹一样的婴儿，人们把他们叫作"海豹婴儿"。这一触目惊心的事件引起世界各国的关注，经过3年左右的研究，人们才弄清楚导致"海豹婴儿"悲剧的罪魁祸首就是一种深受孕妇欢迎的具有镇静与安眠功能的药物——反应停。反应停由西德研制，曾在西方国家风靡一时。但是该药在对孕妇具有良好的镇静与安眠功能的同时却也能导致胎儿畸形，当时人们却并不知晓这一严重副作用。据统计，自1962年5月至1963年3月期间，西德、美国共生了13 000多个海豹婴儿。现代医学科学已经证明，除反应停外，氯丙嗪、奋乃静、苯巴比妥、利眠安、眠尔通等镇静药物也能致胎儿畸形。

〔3〕《侵权责任法》第59条规定："因药品、消毒药剂、医疗器械的缺陷，或者输入不合格的血液造成患者损害的，患者可以向生产者或者血液提供机构请求赔偿，也可以向医疗机构请求赔偿。患者向医疗机构请求赔偿的，医疗机构赔偿后，有权向负有责任的生产者或者血液提供机构追偿。"

因生产、销售缺陷产品致使他人遭受人身伤害、财产损失或有致使他人遭受人身、财产损害之虞而应承担的赔偿损失、消除危险、停止侵害等责任的特殊侵权责任。

那么何谓产品缺陷呢？依据《产品质量法》第46条的规定，所谓产品缺陷，是指"产品存在危及人身、他人财产安全的不合理的危险；产品有保障人体健康和人身、财产安全的国家标准、行业标准的，是指不符合该标准"。可见，我国对产品缺陷的认定采用的是"不合理危险标准"与"技术标准"的二元标准。从法条的规定来看，技术标准的适用要优先于不合理危险标准。通常情况下，产品不符合国家的相关标准，自然会有致人损害的不合理危险，据此认定产品存在缺陷并无不妥。但是如果产品符合国家标准或行业标准，却具有不合理危险并最终导致消费者损害，依据本条的规定就难以确定产品存在缺陷。司法实践中，生产者也往往以产品符合国家标准或行业标准来进行抗辩。如2003年发生在广东的"童车咬人"案中，被告方的抗辩理由就是："他们生产的该款儿童自行车所配置的'F'型铁链罩其设计原理符合国家童车安全要求，况且2001年广东质检局的监督抽检结果显示，该型儿童自行车所检项目符合国家标准要求，而且他们的童车还批量出口，证明产品的质量是没有问题的。"[1] 因此，我国立法中对产品缺陷的二元认定标准也存在一定的弊端，这有待于在未来的立法中加以解决。鉴于《侵权责任法》对产品缺陷未作界定，故而，应当继续适用《产品质量法》对产品缺陷的规定。

产品缺陷的种类包括：①制造缺陷，是指产品在制造过程中所产生的不合理危险。导致产品危险的原因多种多样，如质量管理不善、技术水平差等。此种缺陷可能发生于从原材料、零配件的选择到产品的制造、加工和装配工序等各个环节。②设计缺陷，是指产品的设计（如产品结构、配方等）存在不合理危险。考察设计缺陷，应当结合产品的用途，如果将产品用于所设计的用途以外的情形，即使存在不合理危险，也不能认为其存在设计缺陷。③警示缺陷，是指产品提供者未对产品的合理危险和正确使用方法作出必要的警示与说明所造成的不合理危险。警示包括警告与指示说明，警告是对产品所具有的危险性运用标志或文

---

〔1〕 参见石磊、关春瑜："'童车咬人案'开审"，载搜狐新闻网，http://news.sohu.com/36/97/news204599736.shtml，2018年8月20日访问。

字所作的提示；指示说明是对产品的主要性能、正确的使用方法以及错误使用可能招致的危险等所作的文字说明。凡是具有合理危险的产品就必须进行充分的警示说明。[1]

本文中的案例是一起发生在美国的因药品标签警示缺陷所引发的损害赔偿案。在本文中，我们探析了在美国判定药品警示是否充分的标准是什么、因药品缺陷所致损害应如何承担法律责任、如何理解产品跟踪观察义务等问题，具有一定的启示意义。

---

〔1〕 参见杨立新：《〈中华人民共和国侵权责任法〉精解》，知识产权出版社 2010 年版，第 189、190 页。

案例 11

医疗机构的药品缺陷责任

──刘某与某医疗器械公司、某医院医疗产品责任纠纷评析[1]

一、案例简介

刘某因"车撞后右小腿伤疼痛伴活动受限 2 小时",于 2017 年 1 月 17 日进入某医院住院治疗,某医院于 2017 年 1 月 20 日为刘某行"右侧胫腓骨骨折切开复位钢板内固定术"。刘某后因"右侧胫腓骨骨折内固定术后 7 月,右小腿疼痛 2 天",于 2017 年 8 月 31 日进入某医院处住院治疗。某医院于 2017 年 9 月 4 日为刘某行"右侧胫骨骨折切开复位髓内钉内固定术",刘某于 2017 年 9 月 21 日出院。某医院的出院诊断为"①右胫骨骨折内固定断裂;②右胫腓骨骨折内固定术后"。随后,刘某向法院提起诉讼,刘某认为某医院植入的某医疗器械公司所生产的内固定钢板属缺陷产品,某医院在采购该医疗器械时未严格审查植入性器材的质量,刘某要求医疗器械公司与某医院承担连带赔偿责任。

被告某医疗器械公司辩称:我公司不同意刘某的诉讼请求。首先,我方收到的传票显示本案案由为"生命权、健康权、身体权纠纷",按照该案由,我公司不是本案适格的被告。其次,我公司拥有生产医疗器械的合法审批手续,产品经过严格的出厂检验,均配有合格证,不存在任何质量瑕疵。再次,刘某从首次手术至其发现植入物断裂,期间经过 7 个多月,刘某未能举证证明期间是否按医嘱定期复查及按医嘱负重等,不能单凭钛板断裂这一事实推断出产品存在质量问题,刘某出现的钛板断裂成因复杂,我公司已经在产品说明书中进行了必要的警示和说明,即使发生断裂也不能归责于我公司,其损害后果与我公司没有事实关联或因果关系。最后,刘某主张的各项赔偿请求缺乏事实和法律依据,请求法院

---

[1]　(2018) 粤 0105 民初 6856 号。

驳回刘某的全部诉讼请求。

被告某医院辩称：我院不同意刘某的诉讼请求。首先，我院对刘某的诊疗符合常规、规范，未违反相关卫生管理法律、行政法规和部门规章，期间已尽到作为医疗机构应有的谨慎和合理的注意义务，不存在医疗过失行为。其次，我院于术中所使用的内固定器购进渠道合法，在内固定器的购买方面不存在过失行为。最后，关于钢板断裂问题，其原因较复杂，出现这种情况主要是由材料本身的特性和体内受力环境决定的，刘某并未提供相应的证据证明手术所使用的钢板存在质量问题。综上，请求法院驳回刘某的诉讼请求。

法院审理后认为：刘某主张某医院为其植入某医疗器械公司生产的内固定物在其体内断裂，致使其再次手术取出该内固定物，两被告没有提出异议，故予以认定。刘某主张该医疗产品属于缺陷产品，两被告都予以否认，某医疗器械公司作为该医疗产品的生产者、某医院作为植入该医疗产品的医疗机构，应对该医疗产品不存在缺陷承担举证证明责任。被告某医疗器械公司提供了医疗器械注册证、医疗器械注册登记表、医疗器械生产许可证、医疗器械生产产品登记表、合格证、检验报告、进货检验报告单等证据，被告某医院提供了住院病历、经销商和厂家资质资料等证据予以证明。考虑到原告刘某提供的门诊病历显示其出院后有定期到被告某医院处进行术后复查，但该固定物植入原告刘某体内仅 7 个月就断裂，两被告提供的证据仅能证明某医疗器械公司具备合法生产资质，相应的医疗产品经出厂抽样检验质量合格，不足以证明本案植入刘某体内的具体医疗产品不存在产品缺陷。经本院释明，两被告不申请对涉案医疗产品进行质量鉴定，并未充分举证证明该医疗产品没有缺陷，应承担举证不能的不利后果，故本院对原告刘某的上述主张予以采纳。刘某要求两被告对造成的损害承担连带赔偿责任，本院予以支持。

二、案例评述

药品、消毒药剂、医疗器械等医疗产品是医疗活动中不可或缺的物品。但是，如果医疗活动中所使用的医疗产品存在导致患者人身、财产损害的缺陷，那是医患双方都不希望看到的。

在本案中，某医院为患者刘某植入某医疗器械公司生产的内固定物，该内固定物在刘某的体内断裂，致使刘某再次手术取出该内固定物，某法院通过举证责任规则，认定该内固定物存在缺陷，损害了刘某的身体健康，患者本已承受病痛之苦，却还要再受缺陷医疗器械之害，这无异于雪上加霜。因此，本案的一审法院根据《侵权责任法》第 59 条"因药品、消毒药剂、医疗器械的缺陷，或者输入不合格的血液造成患者损害的，患者可以向生产者或者血液提供机构请求赔偿，也可以向医疗机构请求赔偿。患者向医疗机构请求赔偿的，医疗机构赔偿后，有权向负有责任的生产者或者血液提供机构追偿"，以及《最高人民法院关于审理医疗损害责任纠纷案件适用法律若干问题的解释》第 7 条"患者依据侵权责任法第 59 条规定请求赔偿的，应当提交使用医疗产品或者输入血液、受到损害的证据。患者无法提交使用医疗产品或者输入血液与损害之间具有因果关系的证据，依法申请鉴定的，人民法院应予准许。医疗机构，医疗产品的生产者、销售者或者血液提供机构主张不承担责任的，应当对医疗产品不存在缺陷或者血液合格等抗辩事由承担举证证明责任"、第 21 条"因医疗产品的缺陷或者输入不合格血液受到损害，患者请求医疗机构、缺陷医疗产品的生产者、销售者或者血液提供机构承担赔偿责任的，应予支持。医疗机构承担赔偿责任后，向缺陷医疗产品的生产者、销售者或者血液提供机构追偿的，应予支持。因医疗机构的过错使医疗产品存在缺陷或者血液不合格，医疗产品的生产者、销售者或者血液提供机构承担赔偿责任后，向医疗机构追偿的，应予支持"之规定进行审查认定。

　　某医疗器械公司作为涉案内固定物的生产企业，其应当作为缺陷产品的生产者对受害人刘某承担赔偿责任。医疗机构与其他销售者相比，更具专业性，这种责任关系着患者的生存死亡，作为专业机构和专业人员，医院和医生有能力与责任对药品、消毒药剂、医疗器械等医疗产品进行鉴别，而患者相比一般消费者而言，在专业性方面更处于劣势。因此，医疗机构的责任不应当比一般销售者的责任更低。[1] 最终，二审法院亦维持了某法院的原审判决。

---

[1]　王利明：《侵权责任法研究》（上），中国人民大学出版社 2011 年版，第 334 页。

三、法理探析

（一）医疗产品责任的归责原则

所谓归责，即确认和追究侵权行为人的民事责任。归责原则，是指以何种根据确认和追究侵权行为人的民事责任。侵权责任法的"归责"就是指加害人的某种行为被确认为侵权行为并应当由加害人承担相应的民事责任的基础（可归责的事由）。[1] 归责的含义，是指在行为人因其行为或者物件致他人损害的事实发生以后，应依何种根据使之负责，此种根据体现了法律的价值判断，即法律应以行为人的过错还是应以发生的损害结果，抑或以公平作为价值判断标准，而使行为人承担侵权责任。[2]

《侵权责任法》第59条规定："因药品、消毒药剂、医疗器械的缺陷，或者输入不合格的血液造成患者损害的，患者可以向生产者或者血液提供机构请求赔偿，也可以向医疗机构请求赔偿。患者向医疗机构请求赔偿的，医疗机构赔偿后，有权向负有责任的生产者或者血液提供机构追偿。"从该条的规定可以看出，我国对于缺陷医疗产品的生产者适用了严格责任的归责原则，而医疗机构则须对缺陷医疗产品承担不真正连带责任，其对外的归责原则亦为"严格责任"，即无论医疗机构是否具有过错，只要缺陷医疗产品造成了患者损害，患者即可要求医疗机构承担责任。"因药品、消毒药剂、医疗器械的缺陷，或者输入不合格的血液造成患者损害的，涉及药品、消毒药剂、医疗器械的生产者或者血液提供机构和医疗机构的责任。立法调研中，许多患者在因此受到损害后，都有被相互推诿，求偿困难的经历。由于法律缺乏明确的规定，患者在这方面寻求司法保护的效果也不理想。为了更好地维护患者的权益，便利患者受到损害后主张权利，明确规定'患者可以向生产者或者血液提供机构请求赔偿，也可以向医疗机构请求赔偿'。同时规定，如果患者向医疗机构请求赔偿，医疗机构赔偿后，有权向负有责任的生产者或者血液提供机构追偿。"[3]

我国2019年8月26日新修订的《药品管理法》第144条进一步规定："药

---

[1] 张新宝：《侵权责任法原理》，中国人民大学出版社2005年版，第25页。

[2] 王利明：《侵权责任法研究》（上），中国人民大学出版社2011年版，第334页。

[3] 王胜明主编：《中华人民共和国侵权责任法释义》，法律出版社2013年版，第323页。

品上市许可持有人、药品生产企业、药品经营企业或者医疗机构违反本法规定，给用药者造成损害的，依法承担赔偿责任。因药品质量问题受到损害的，受害人可以向药品上市许可持有人、药品生产企业请求赔偿损失，也可以向药品经营企业、医疗机构请求赔偿损失。接到受害人赔偿请求的，应当实行首负责任制，先行赔付；先行赔付后，可以依法追偿。生产假药、劣药或者明知是假药、劣药仍然销售、使用的，受害人或者其近亲属除请求赔偿损失外，还可以请求支付价款10 倍或者损失 3 倍的赔偿金；增加赔偿的金额不足 1 千元的，为 1 千元。"这进一步明确了缺陷药品的责任主体范围包括药品上市许可持有人、药品生产企业、药品经营企业、医疗机构等主体，并规定受害患者可以主张药品价款 10 倍或者损失 3 倍的惩罚性赔偿金。当然，对于实践中仅是医疗机构开具处方，患者并未在该医疗机构而是到药店购买药品的情形，这时医疗机构并不具备类似销售者之地位，医疗机构并未因该药品的销售而获益，且医疗机构处方开具的药品当然应该理解为是没有缺陷的药品，这时该医疗机构不应该是责任主体。[1]

（二）医疗产品责任的因果关系

因果关系是指加害行为与损害之间的引起与被引起的关系。一般的侵权行为由于加害行为直接作用于侵害客体，加害行为一经实施，相应的损害便随之出现，加害行为与损害结果之间的因果关系往往较易判定。但医疗产品责任则非如此，医疗产品损害的发生既可能是医疗产品质量不合格所致，也可能是医疗产品的用法、用量不当，或者是医疗产品自身所不可避免的不良反应所导致的，抑或与患者自身的体质及疾病的发展有着直接的联系。因此，医疗产品损害因果关系的认定往往受制于一定的科技发展水平及个体因素，其判定要远远难于一般的侵权行为。而且，医疗产品经患病的人体服用后往往消化于无形，对于损害究竟是因本身疾病所致还是医疗产品的缺陷引起很难证明。医疗产品损害结果不一定会在短期内显现，其损害可能是一段时间，一定剂量医疗产品的毒性积累而导致的，要经过相当长的时间才显现出来，因此，医疗产品通过服用进入患者的身体，其中的药理作用颇为复杂，而且也必然存在个体反应差异，加之对医疗产品损害机理的判断需要有专门的药理学、生理学知识，患者如何举证损害确系因使

---

〔1〕沈德咏、杜万华主编：《最高人民法院医疗损害责任司法解释理解与适用》，法律出版社 2018 年版，第 114 页。

用缺陷医疗产品所致，相当困难。因此，为了对患者一方作出必要的举证责任缓和，《最高人民法院关于审理医疗损害责任纠纷案件适用法律若干问题的解释》第7条第1款、第2款规定："患者依据侵权责任法第五十九条规定请求赔偿的，应当提交使用医疗产品或者输入血液、受到损害的证据。患者无法提交使用医疗产品或者输入血液与损害之间具有因果关系的证据，依法申请鉴定的，人民法院应予准许。"

（三）医疗产品责任的免责事由

免责事由是指减轻或免除行为人责任的理由，也称为抗辩事由。根据《产品质量法》第41条第2款的规定，生产者能够证明有下列情形之一的，不承担赔偿责任：①未将产品投入流通的；②产品投入流通时，引起损害的缺陷尚不存在的；③将产品投入流通时的科学技术水平尚不能发现缺陷的存在的。由于《侵权责任法》未明确规定医疗产品责任的抗辩事由，对此应适用《产品质量法》的相关规定。同时，《最高人民法院关于审理医疗损害责任纠纷案件适用法律若干问题的解释》第7条第3款规定："医疗机构，医疗产品的生产者、销售者或者血液提供机构主张不承担责任的，应当对医疗产品不存在缺陷或者血液合格等抗辩事由承担举证证明责任。"当然，在考虑药品责任领域的不同利益诉求时，必须全面综合平衡各种利益关系，即便是考虑患者利益，也需要意识到过分苛责药品生产者、销售者，恐怕会刺激药价上涨，使患者不堪重负进而损害社会公共利益，甚至阻碍医疗科技的进步。对于药品的发展风险问题，此乃医药科技发展所不可避免的代价，个体为此做出了牺牲，社会为此获得了利益，其所受损害应通过完善我国的药品不良反应损害救济机制予以补偿，而不是一味地苛责药品的生产者、销售者与医疗机构。[1]

四、结论

医疗产品存在缺陷将直接导致医疗活动的失败和患者的人身损害与财产损失。应当明确的是，医疗产品责任首先是产品责任，但更是特殊的产品责任，其中最为特殊之处，就是在这种产品缺陷责任法律关系中有了医疗机构的加入。在

---

〔1〕 徐喜荣："药品缺陷责任研究"，载《法制与社会》2012年第30期。

诊疗活动中，对于医疗机构及其医务人员将医疗产品直接作用于患者是否应当承担医疗产品责任或者如何承担医疗产品责任一直是争论的焦点。虽然在《侵权责任法》的立法征求意见中，就医疗机构是否为销售者有不同意见，但是，为了实现便利患者受到损害后主张权利的目的，我国作出了具体规定。因药品、消毒药剂、医疗器械的缺陷造成患者损害，患者向医疗机构请求赔偿，符合社会一般常理，可以接受。[1]

---

〔1〕　王胜明主编：《中华人民共和国侵权责任法释义》，法律出版社 2013 年版，第 323 页。

案例 12

预防接种异常反应补偿问题分析

——陈某与某卫生院医疗服务合同纠纷案[1]

一、案例简介

2008 年 7 月 23 日，陈某在某卫生院接种脊髓灰质疫苗，陈某接种后不幸出现了"下肢迟缓性瘫痪"的症状。陈某遂于 2010 年 7 月 9 日以某卫生院在接种疫苗过程中具有过错为由，向法院提起诉讼。

一审法院认为：某卫生院在接种过程中，未向陈某的监护人告知脊髓灰质炎减病毒活疫苗的作用、禁忌、不良反应以及注意事项，也未记录陈某接种脊髓灰质炎减病毒活疫苗之前的健康状况。由于某卫生院的未告知，使陈某在患肛周脓肿、自身免疫力可能存在重大缺陷时，丧失了选择是否接种的权力，进而造成了陈某的人身损害，某卫生院应对其过错所造成的损害后果承担相应的赔偿责任，根据某卫生院的过错程度，酌定其承担的赔偿责任为陈某实际损失的 60%。宣判后，陈某、某卫生院均不服，向温州市中级人民法院提出上诉。

二审法院认为：根据《疫苗流通和预防接种管理条例》第 25 条第 1 款的规定，医疗卫生人员在实施接种前……应当询问受种者的健康状况以及是否有接种禁忌等情况，并如实记录。可见，如实记录询问情况是接种人员的法定义务。由于某卫生院没有履行该法定义务，导致上述事实不清，对此，应由某卫生院承担不利后果。故温州市中级人民法院采信陈某的陈述，认定陈某的监护人在接种时已告知接种人员陈某患有肛周脓肿的情况。关于某卫生院在得知陈某患有肛周脓肿的情况下，未对其暂缓接种是否构成过错的问题。由于药典及药品生产企业出具的药品使用说明书均未将肛周脓肿列为接种脊髓灰质疫苗的禁忌证，浙江省及

---

[1] （2013）浙温民再字第 84 号。

温州市的卫生主管部门亦未将肛周脓肿列为本辖区暂缓接种脊髓灰质疫苗的病症，故某卫生院对陈某进行接种并不具有过错。根据双方当事人的庭审陈述、举证的预防接种告知书及回执，可以证明某卫生院在接种时已经要求陈某的监护人仔细阅读预防接种告知书，告知本次接种的疫苗品种系脊髓灰质疫苗，询问是否有发烧、腹泻等接种禁忌症状，并现场喂食糖丸。但上述证据亦可反映出某卫生院的操作存在一定的瑕疵，如未全面、准确告知与所接种疫苗的相关事项及未进行记录等，但该瑕疵与疫苗接种的行为本身及接种后产生的后果并无因果关系。以存在上述操作瑕疵而判令由某卫生院承担一定的赔偿责任，尚缺乏法律依据。二审法院认为，本案应通过预防接种异常反应途径解决，某卫生院作为接种单位应当对陈某提供必要的帮助。据此裁定：①撤销一审判决。②驳回陈某的起诉。

再审法院认为："本案二审判决作出后，陈某的家人已通过预防接种异常反应途径与鹿城区卫生局达成了协议。在该协议中，双方均确认本病例不属于医疗事故或者侵权，而是《疫苗流通和预防接种管理条例》规定的预防接种异常反应，相关各方均无过错。协议签订之后，陈某家人也已领取了补偿金 247 800元。故陈某申请再审的理由缺乏法律和事实依据，本院不予支持。"

二、案例述评

预防接种损害的救济途径一般可以分为预防接种异常反应补偿机制和预防接种损害赔偿责任机制。《中华人民共和国疫苗管理法》（以下简称《疫苗管理法》）第 52 条规定："预防接种异常反应，是指合格的疫苗在实施规范接种过程中或者实施规范接种后造成受种者机体组织器官、功能损害，相关各方均无过错的药品不良反应。下列情形不属于预防接种异常反应：①因疫苗本身特性引起的接种后一般反应；②因疫苗质量问题给受种者造成的损害；③因接种单位违反预防接种工作规范、免疫程序、疫苗使用指导原则、接种方案给受种者造成的损害；④受种者在接种时正处于某种疾病的潜伏期或者前驱期，接种后偶合发病；⑤受种者有疫苗说明书规定的接种禁忌，在接种前受种者或者其监护人未如实提供受种者的健康状况和接种禁忌等情况，接种后受种者原有疾病急性复发或者病情加重；⑥因心理因素发生的个体或者群体性心因性反应。"可见，预防接种异常反应补偿机制主要是针对相关各方均无过错的疫苗不良反应损害所建立的补偿救济机制；而预防接种损害赔偿责任机制则主要是针对接种方的预防接种过错行为或者疫苗产品缺陷损害所建立的赔偿救济机制。

在本案中，温州市预防接种异常反应诊断专家组于 2011 年 11 月 25 日作出诊断意见书，认定本案属疫苗接种异常反应。2012 年 1 月 20 日，陈某的祖父陈某声向某卫生局提交《预防接种异常反应补偿申请书》。2012 年 8 月 23 日，陈某的父亲与某卫生局签订《浙江省预防接种异常反应经济补偿协议书》，该协议载明："受种者陈某……经温州市预防接种异常反应诊断专家组诊断属于预防接种异常反应，本病例不属于医疗事故或者侵权，而是《疫苗流通和预防接种管理条例》规定的预防接种异常反应，是不可预测的合格的疫苗在实施规范接种过程中或实施规范接种后造成受种者机体组织器官、功能损害、严重残疾或死亡，相关各方均无过错的药品不良反应。鉴于上述情况，现经甲、乙双方自愿、平等协商，达成如下协议：……"此后，陈某的父亲于 2012 年 11 月 2 日领取了补偿金247 800 元。可见，准确界定预防接种损害是由于疫苗异常反应还是接种方的过错行为抑或疫苗缺陷所导致的损害对于本案的解决具有重要意义。通常而言，如果被认定为属于疫苗接种异常反应，就应当适用预防接种异常反应补偿机制，如果认定接种方有过错或者疫苗有缺陷，就应当适用预防接种损害赔偿责任机制，一般不得同时适用，除非是疫苗接种异常反应与接种方有过错或者疫苗有缺陷共同造成受种者的损害。

三、法理探析

（一）预防接种异常反应的补偿标准

疫苗，是指为预防、控制疾病的发生、流行，用于人体免疫接种的预防性生物制品，包括免疫规划疫苗和非免疫规划疫苗。《疫苗流通和预防接种管理条例》第 46 条规定："因预防接种异常反应造成受种者死亡、严重残疾或者器官组织损伤的，应当给予一次性补偿。因接种第一类疫苗引起预防接种异常反应需要对受种者予以补偿的，补偿费用由省、自治区、直辖市人民政府财政部门在预防接种工作经费中安排。因接种第二类疫苗引起预防接种异常反应需要对受种者予以补偿的，补偿费用由相关的疫苗生产企业承担。国家鼓励建立通过商业保险等形式对预防接种异常反应受种者予以补偿的机制。预防接种异常反应具体补偿办法由省、自治区、直辖市人民政府制定。"虽然《疫苗流通和预防接种管理条例》规定发生预防接种异常反应时，应当对受种者予以补偿，但又规定了补偿费用由省、自治区、直辖市人民政府财政部门在预防接种工作经费中安排，这就难免出现制度不统一、同命不同价、同类不同判的情况。

2019 年 12 月 1 日开始施行的《疫苗管理法》为了解决补偿标准不统一带来的问题，在该法的第 56 条第 3 款规定："预防接种异常反应补偿应当及时、便民、合理。预防接种异常反应补偿范围、标准、程序由国务院规定，省、自治区、直辖市制定具体实施办法。"明确了预防接种异常反应补偿的补偿原则，规定补偿范围、标准、程序由国务院来统一制定，这为解决接种相同疫苗发生的异常反应却得不到相同补偿的问题奠定了坚实的基础。因为，在人类与传染病的"战争"中，对作为"武器"的疫苗强制接种要求不因地区的不同而作不同的要求；同样，作为"战士"的受种者因疫苗这一"武器"而受到损害，理应获得国家的补偿，因疫苗异常反应受到的损害也不能因地区的不同而作不同的补偿标准。因此，当务之急，应当总结各地的立法经验与补偿实践，制定统一的预防接种异常反应补偿制度，以便"快速、便捷、确定和慷慨"地补偿受种者。[1] 确实解决各省市预防接种异常反应补偿中"同命不同价"的问题。

（二）预防接种异常反应的因果关系认定标准[2]

根据预防接种与异常反应间之因果关系的高低程度，可把该因果关系分为三类：①因预防接种导致异常反应；②无法排除因预防接种导致异常反应；③因其他原因致异常反应。对于因果关系存在与否的判断必须考虑该法律制度的目的来加以裁决。预防接种异常反应补偿制度的目的应当是鼓励人们接种疫苗，若因果关系认定标准过于严格，使受种者不易获得救济，将增加民众接种疫苗的预期成本，而不利于鼓励民众接种疫苗。预防接种异常反应之因果关系与侵权行为损害赔偿上之因果关系的认定标准应当有所不同。预防接种异常反应补偿裁决的主要任务并非在于解明异常反应的医学原因，而在于救济作出牺牲的受种者，救济的任务甚至比解明医学原因的任务还更重要。因此，基于社会的公正、相互扶持及特别牺牲补偿等基本理念，应当适当降低预防接种与异常反应之间因果关系的认

---

〔1〕　徐喜荣："预防接种异常反应补偿制度研究"，载《中国卫生事业管理》2013 年第 3 期。

〔2〕　徐喜荣："预防接种异常反应补偿制度研究"，载《中国卫生事业管理》2013 年第 3 期。

定标准，减少证明程度的要求，确保预防接种损害中因果关系的证明与国家预防接种救济制度的目的相一致。因为"从医学科学上来讲，迄今为止，对各种疫苗所带来的副作用的实际情况与发病序列，并没有充分研究清楚。科学上对预防接种不良反应的研究也仍在探索阶段，即使是现阶段最尖端的医学实验也不能对不同情形下预防接种行为与不良反应之间的因果关系做出完全的解释。有鉴于此，对因果关系严密性的自然科学证明往往非常困难，甚至存在事实上的不可能。"[1] 可见，"在因果关系确定的存在与确定的不存在之间，还存在因果关系存疑的可能性。在医学尚有未知领域的前提下，证明责任归属实际上决定了中间模糊地带的有利方向，决定了鉴定结论最后表述的有利方向"[2]。基于预防接种不仅有利于个人，也有利于社会的考虑，在认定预防接种与异常反应间之因果关系时，应当采取一种宽容的态度以保护受种者的利益。比如在日本的疫苗接种中，为了给受害者提供"简易而迅速的救济"，疫苗接种致害事件的处理在医疗事故高度盖然性的判断标准的基础上，进一步降低了因果关系的证明标准。[3]

值得肯定的是，《疫苗管理法》第 56 条第 1 款规定："国家实行预防接种异常反应补偿制度。实施接种过程中或者实施接种后出现受种者死亡、严重残疾、器官组织损伤等损害，属于预防接种异常反应或者不能排除的，应当给予补偿。补偿范围实行目录管理，并根据实际情况进行动态调整。"该法明确规定了不能排除属于预防接种异常反应的损害，也应当给予补偿，并且对补偿范围实行目录管理，一定程度上降低了预防接种异常反应的因果关系认定标准，更加符合预防接种异常反应补偿制度之有效救济受种者的目的。

（三）预防接种异常反应的鉴定

预防接种异常反应的补偿与否常常依赖于医疗鉴定，预防接种异常反应的医疗鉴定之公正性尤为重要。根据《预防接种异常反应鉴定办法》的规定，如遇疑似预防接种异常反应，应当由疾病预防控制机构组织专家进行调查诊断；有争议时，可向市级医学会申请进行预防接种异常反应鉴定；再有争议，可向省级医学会申请预防接种异常反应鉴定。这样的鉴定机制，鉴定机构出具的鉴定意见易

---

[1] 赖红梅：《疫苗损害法律问题研究》，法律出版社 2018 年版，第 72 页。
[2] 叶名怡："医疗侵权责任中因果关系的认定"，载《中外法学》2012 年第 1 期。
[3] 赖红梅：《疫苗损害法律问题研究》，法律出版社 2018 年版，第 73 页。

受质疑，因为疾病预防控制机构本身承担了大量的预防接种工作，有些医疗机构甚至与疾病预防控制机构存在隶属和管理关系，由他们来牵头成立专家组，疾病预防控制机构所出具的报告就缺乏说服力，因为疾病预防控制机构既是疫苗的采购者和分发者，又是鉴定人的召集者，既是"运动员"，又当"裁判员"。而且，预防接种异常反应鉴定组的专家成员，均为本地区的临床、医学检验等专业的专家，大家是同行且可能互相认识，其鉴定意见的中立性也难以保证。因此，为了确保预防接种异常反应鉴定的公正性，申请鉴定时，应遵循以下步骤：首先，应当对提交鉴定的材料做匿名化处理，隐去预防接种机构和受种者的姓名等身份识别信息；其次，应当确定可以进行预防接种异常反应的机构的名录，通过摇号或者双方共同选定的方式来确定鉴定机构；最后，规定预防接种异常反应的鉴定人负责制，规定鉴定人应出庭说明鉴定意见，并接受接种机构和受种者的质询，增强鉴定意见的公正性。

四、结语[1]

18 世纪，被称为"死神帮凶"的天花病毒肆虐欧洲，鲸吞了无数人的生命。直至"疫苗之父"爱德华·詹纳（Edward Jenner）研究推广了牛痘接种后，人类在与天花的战争中才真正取得主动地位，疫苗也因此被誉为人类历史上最伟大的发明之一。但不容忽视的是，疫苗在大规模减少、消灭传染病的同时，也因无法消除的异常反应而给人类带来了难以预料的风险。预防接种异常反应甚至被称作"恶魔抽签"，因为谁也无法预料到合格疫苗在概率上的风险究竟会落在谁身上。[2] 因此，预防接种异常反应可视为"群体免疫"之不可避免的代价；但若从个体角度而言，则应考量一旦出现异常反应，"个体牺牲"的风险应由谁承担。政府消灭传染病可比作一场战争，疫苗和群体免疫是战争的武器，受种者则可拟制为士兵，受到损害的受种者作为战争的牺牲者，不应由其个人承担战争的不幸，他们仅是遵守法律，在国家对抗疾病的战争中做出了贡献。疫苗生产者也不应对其负责，因为疫苗产品本身具有一定的风险，但它对于社会应对疾病却不

---

〔1〕　徐喜荣："预防接种异常反应补偿制度研究"，载《中国卫生事业管理》2013 年第 3 期。

〔2〕　杜仪方："'恶魔抽签'的赔偿与补偿——日本预防接种损害中的国家责任"，载《法学家》2011 年第 1 期。

可或缺，生产者不应承担其合法生产的不可避免的不安全产品所导致的不利后果。如："国家推行牛痘疫苗注射是为了防止公众得天花，但对因注射该疫苗而导致终身残疾的人，必须给予一定的补偿，因为注射疫苗是为了整个社会的利益并致受害人为此作出了特别牺牲。"[1] 有鉴于此，各国对于预防接种异常反应，一般都设立了特殊的补偿制度，这对预防接种的顺利推行起着不可或缺的作用。

---

〔1〕 马怀德：《国家赔偿法的理论与实务》，中国法制出版社 1994 年版，第 40~42 页。

案例 13

生产、销售假疫苗的法律责任分析
——申某兰、赵某侠等生产、销售假药案

一、案例简介

被告人申某兰于 2007 年 3 月至 12 月间，在安徽省亳州市等地先后从单某等人处购进假冒上海莱士血液制品股份有限公司生产的人血白蛋白和假冒福尔生物制药有限公司生产的人用狂犬病疫苗，并分别将 10 克装假人血白蛋白 812 瓶、假人用狂犬病疫苗 185 人份以人民币 15~25 元/瓶、5 元/人份不等的价格，销售给被告人赵某侠。此外，申某兰还伙同其女婿刘某在家中加工假冒福尔生物制药有限公司生产的人用狂犬病疫苗 140 人份，并将其中的 100 人份以人民币 3.5 元/人份的价格销售给赵某侠。申某兰销售假药的金额合计人民币 17 665 元。

2007 年 3 月至 12 月，被告人赵某侠从被告人申某兰处购得假人血白蛋白和假人用狂犬病疫苗后，多次在安徽省亳州市通过汽车托运等手段将假药运往南通、如皋等地，并分别将假人血白蛋白 792 瓶、假人用狂犬病疫苗 265 人份以人民币 26~38 元/瓶和 8~10 元/人份不等的价格销售给被告人高某，分别将假人血白蛋白 20 瓶、假人用狂犬病疫苗 20 人份以人民币 60 元/瓶和 40 元/人份的价格销售给郝某志。赵某侠销售假药金额合计人民币 25 860 元。

2007 年 3 月至 2007 年 12 月，被告人高某向被告人赵某侠购得人血白蛋白和人用狂犬病疫苗后，分别将假人血白蛋白 499 瓶、假人用狂犬病疫苗 25 人份以人民币 180~190 元/瓶和 90 元/人份的价格销售给被告人佘某红，将假人血白蛋白 293 瓶以人民币 170~260 元/瓶不等的价格销售给刘某，将假人用狂犬病疫苗 1 人份以人民币 100 元/人份的价格销售给肖某兰，将假人用狂犬病疫苗 160 人份以人民币 50~70 元/人份的价格销售给申某波。高某销售金额合计人民币 145 900 元。上述假药被销售到江苏泰州、南通地区。其中申某波在泰兴将假人用狂犬病

疫苗销售给杨某、沈某波、叶某官、叶某进等人。2007 年 9 月 3 日，被害人赵某英被狗咬伤后由叶某进给其注射了涉案假人用狂犬病疫苗。2008 年 1 月 20 日，被害人赵某英因狂犬病发作死亡。

被告人高某归案后检举揭发郝某志销售假药的犯罪事实，经查证属实。一审审理期间，被害人赵某英家属叶某林、叶某富等人向一审法院提起附带民事诉讼，要求被告人申某兰、赵某侠、高某赔偿其经济损失。后被害人家属与赵某侠、高某达成庭外和解协议，附带民事诉讼原告人叶某富等人撤回附带民事诉讼。

2007 年 9 月至 12 月间，被告人余某红将向被告人高某购进的假人血白蛋白和人用狂犬病疫苗，分别以人民币 255~265 元/瓶、110 元/人份的价格销售给李某阳假人血白蛋白 499 瓶、假人用狂犬病疫苗 10 人份，并将假人用狂犬病疫苗以人民币 180~230 元/人份的价格在其如皋市丁堰镇凤山社区医疗服务站给陆某黄、冒某林等人注射使用。余某红销售假药金额合计人民币 129 205 元。李某阳等人将其购得的上述假人血白蛋白在南通地区销售给冒某祥、陆某华、张某新、宋某、陈某平、王某融（均另案处理）等人，并被上述人员逐层对外销售。被害人季某均、邱某昌、袁某才、陆某伟、刘某芳、王某泉等人因重病住院治疗，分别于 2008 年 1 月 12 日、1 月 9 日、1 月 7 日、1 月 14 日、1 月 13 日和 1 月 9 日从上述个体售假者处私下购得涉案人血白蛋白并进行输注，后出现发热、畏寒甚至休克等不良反应。经南通市公安局物证鉴定所鉴定，被害人季某均、邱某昌、袁某才、王某泉、刘某芳在使用假人血白蛋白后导致感染性休克，被害人陆某伟在使用假人血白蛋白后导致感染、肝功能明显损害，各被害人使用含有细菌的假人血白蛋白与造成的损伤结果之间具有直接因果关系，季某均、邱某昌、袁某才、王某泉、刘某芳构成重伤，陆某伟构成轻伤。

经中国药品生物制品检定所和江苏省药品检验所检验，涉案人血白蛋白未检出蛋白质，涉案人用狂犬病疫苗中不含狂犬病病毒抗原。经中国疾病预防控制中心病毒预防控制所检测，被害人赵某英的脑组织中狂犬病毒抗原、狂犬病毒核衣壳蛋白基因均为阳性。经法医鉴定，赵某英系患狂犬病死亡。经广东省微生物分析检测中心检测，涉案假冒 10 克装人血白蛋白中含有表皮葡萄球菌和短小芽孢杆菌。[1]

二、案例述评

该案涉及的是销售人血白蛋白以及人用狂犬病疫苗而构成销售假药罪的问题。[2] 本案一审主要争议焦点是：①被告人申某兰、赵某侠、高某、佘某红是否具有销售假药的主观故意；②四被告人销售假药行为与造成病患者伤亡结果之间是否存在因果关系。

江苏省南通市中级人民法院一审认为：

关于第一个争议焦点。被告人申某兰、赵某侠、高某均对明知系假人血白蛋白和假人用狂犬病疫苗而销售的基本事实供认不讳，可以证明三被告人具有销售假药的主观故意。

被告人佘某红虽然陈述其不知道被告人高某销售的药品是假药，但佘某红在侦查阶段的供述证实，在首次向高某购进人血白蛋白时就知道所购价格与市场价格差距很大，且高某也曾告知过药品有改装情况，知道药品质量存在问题，对病患起不了任何作用。从高某处购得人血白蛋白和人用狂犬病疫苗没有质保书和发票，佘某红知道这些药是假的。从供述的内容结合佘某红的职业看，作为一名执业医师，佘某红明知国家有关于个人不得经营人血白蛋白和人用狂犬病疫苗等药品以及销售该类药品时应提供生物制品批签发合格证和发票等有效证明等强制性管理规定，但其为牟取非法利益仍然购进假人血白蛋白后销售给李某阳，甚至在得知药品包装质量较差、同一盒药中出现不同批号和日期被退货后，仍然继续购进，足以证实其主观上明知所购进的人血白蛋白系假药。此外，佘某红在侦查阶段对其所销售的人用狂犬病疫苗系假药亦供认不讳，且其供述还证实自己在为患者注射人用狂犬病疫苗过程中，选择病情较轻的病患者使用，能够认定其明知所销售的人用狂犬病疫苗系假药的心理状态。

关于第二个争议焦点。首先，四被告人的供述、下线销售人员及相关证人证言、被害人陈述、法院刑事判决书等证据证实的假药销售时间、上下线人员的转

---

〔1〕　（2009）通中刑二初字第 0002 号刑事判决书及《中华人民共和国最高人民法院公报》，2010 年第 12 期。

〔2〕　因囿于主题与篇幅所限，笔者在本案中仅重点分析销售假疫苗的问题。

手环节以及假药的品牌和批号等事实，能够排他性地认定致本案被害人伤亡的假药系四被告人所销售。其次，从各被害人使用假药后的临床反应及死亡原因来看，与使用涉案假药之间具有因果关系。中国疾病预防控制中心病毒预防控制所检测结论和江苏省泰州市公安局刑事科学技术室出具的《法医学尸体检验鉴定书》证实赵某英系患狂犬病死亡，而相关证据又能够证实被害人赵某英系因注射涉案假人用狂犬病疫苗而未能有效防止狂犬病发作，其死亡结果与使用假药之间具有刑法上因果关系。

综上，被告人申某兰生产、销售假药，被告人赵某侠、高某销售假药，致人死亡并对人体健康造成特别严重危害以及被告人佘某红销售假药对人体健康造成特别严重危害的行为，分别构成生产、销售假药罪和销售假药罪。公诉机关指控的基本事实清楚，证据确实、充分，所指控的罪名成立。

被告人申某兰、赵某侠、高某销售假药造成1人死亡、5人重伤、1人轻伤，所犯罪行特别严重。鉴于被告人申某兰当庭认罪，对其酌情从轻处罚。被告人赵某侠认罪态度较好，当庭认罪，并积极赔偿有关被害人家属损失，亦可酌情从轻处罚。被告人高某到案后有检举他人犯罪行为，经查证属实，系立功，可依法从轻处罚。高某在庭审中认罪态度较好、案发后能积极赔偿部分被害人家属经济损失，取得被害人家属谅解，可依法酌情从轻处罚。被告人佘某红当庭认罪。对其酌情从轻处罚。对相关被告人及其辩护人关于高某有立功表现，可从轻处罚；赵某侠、高某认罪态度较好，案发后积极赔偿部分被害人家属经济损失，可酌情从轻处罚；各被告人当庭认罪，可酌情从轻处罚的辩解和辩护意见予以采纳。

据此，南通市中级人民法院依照《刑法》第141条、第55条第1款、第56条第1款、第64条、第68条第1款和最高人民法院、《最高人民检察院关于办理生产、销售伪劣商品刑事案件具体应用法律若干问题的解释》第3条以及《最高人民法院、最高人民检察院关于办理生产、销售假药、劣药刑事案件具体应用法律若干问题的解释》（已失效）第1条第1款第2项、第2条第2款之规定，于2009年7月2日判决：

1. 被告人申某兰犯生产、销售假药罪，判处死刑，缓期二年执行，剥夺政治权利终身，并处没收个人全部财产。被告人赵某侠犯销售假药罪，判处无期徒刑，剥夺政治权利终身，并处没收个人全部财产。被告人高某犯销售假药罪，判处有期徒刑 15 年，剥夺政治权利 3 年，并处罚金人民币 200 000 元。被告人佘某红犯销售假药罪，判处有期徒刑 14 年，剥夺政治权利 2 年，并处罚金人民币 150 000 元。

2. 责令被告人申某兰退出违法所得人民币 17 665 元，被告人赵某侠退出违法所得人民币 25 860 元，被告人高某退出违法所得人民币 145 900 元，被告人佘某红退出违法所得人民币 129 205 元，予以没收，上缴国库。

一审被告人赵某侠不服一审判决，向江苏省高级人民法院提出上诉，请求依法改判。主要理由是：一审判决认定的销售假药数量多于实际销售的数量。

江苏省高级人民法院经审理，确认了一审法院查明的事实。江苏省高级人民法院二审认为：一审判决对上诉人、一审被告人销售假药的数量以及上诉人、一审被告人销售假药分别致他人死亡、重伤、轻伤事实的认定并无不当，且一审判决对其销售假药罪主观故意事实的认定并无不当，并对该中国疾病预防控制中心病毒预防控制所作出的鉴定结论依法予以确认。

综上，一审被告人申某兰为牟取非法利益，生产、销售假药致人死亡并对人体健康造成特别严重危害，其行为构成生产、销售假药罪；上诉人赵某侠、一审被告人高某为牟取非法利益，销售假药致人死亡并对人体健康造成特别严重危害；一审被告人佘某红为牟取非法利益，销售假药对人体健康造成特别严重危害，其行为均构成销售假药罪。上诉人、一审被告人的行为分别严重侵害了不特定多数人的生命健康权和公共安全，社会危害性极大，均应依法严惩。上诉人赵某侠的辩解及其辩护人的辩护意见，一审被告人申某兰、佘某红当庭提出的辩解均与事实和法律不符，不能成立。一审判决认定事实清楚，适用法律正确，定罪准确，量刑适当，审判程序合法，应予维持。据此，江苏省高级人民法院依据《中华人民共和国刑事诉讼法》第 189 条第 1 项之规定，裁定驳回上诉，维持原判。

笔者认为，在该案中被告人申某兰等人为牟取非法利益，生产、销售假人血白蛋白和假人用狂犬病疫苗等假药致人死亡并对人体健康造成特别严重危害，其行为符合生产、销售假药罪的构成要件，已经构成生产、销售假药罪，因此一审法院和二审法院的判决是完全正确的。

三、法理分析

（一）疫苗的定性及相关概念的区分

对于生产、销售假疫苗的法律责任展开分析，需要明确疫苗的定性以及对生产、销售假疫苗所涉及的相关概念进行区分。

1. 疫苗的定性。疫苗是指为预防、控制疾病的发生、流行，用于人体免疫接种的预防性生物制品，包括免疫规划疫苗和非免疫规划疫苗。接种疫苗是预防和控制传染病最经济、最有效的公共卫生干预措施。[1] 同时，接种疫苗对于家庭而言也是减少成员疾病发生、减少医疗费用的有效手段。

根据 2019 年新修订的《药品管理法》第 2 条的规定，药品是指用于预防、治疗、诊断人的疾病，有目的地调节人的生理机能并规定有适应症或者功能主治、用法和用量的物质，包括中药、化学药和生物制品等。倘若需要构成刑法意义上的药品，则需满足《药品管理法》中对于药品的定义。疫苗属于特殊药品，因而也能成为刑法意义上的药品。因此，假疫苗在定性上属于假药。

2. 劣药与假药含义的区分。在对生产、销售劣药罪与生产、销售假药罪作出区分之前，我们先来了解一下何为劣药，何为假药。原来的法律规定对假药劣药范围的界定比较宽泛，2019 年新修订的《药品管理法》按照药品功效，明确界定了假药和劣药的范围。根据《药品管理法》第 98 条的规定，定性为劣药的情形包括：药品成份的含量不符合国家药品标准，被污染的药品，未标明或者更改有效期的药品，未注明或者更改产品批号的药品，超过有效期的药品，擅自添加防腐剂、辅料的药品，其他不符合药品标准的药品。同样，根据《药品管理法》第 98 条的规定，定性为假药的情形包括：药品所含成份与国家药品标准规定的成份不符，以非药品冒充药品或者以他种药品冒充此种药品，变质的药品，药品所标明的适应症或者功能主治超出规定范围。

3. 生产、销售劣药罪与生产、销售假药罪的区分。根据《刑法》第 141 条的规定，生产、销售假药罪，是指生产者、销售者违反国家药品管理法规的规定，生产、销售假药的行为。而《刑法》第 142 条规定，生产、销售劣药罪，是

---

[1] 邝璐、赵敏、岳远雷："论疫苗安全监管的指导思想及其机制完善"，载《医学与法学》2013 年第 6 期。

指生产者、销售者违反国家药品管理法规的规定，生产、销售劣药，对人体健康造成严重危害的行为。两罪在犯罪客体、犯罪主体、犯罪主观方面、犯罪客观方面存在相同之处，如犯罪客体均为对国家药品管理制度和不特定多数人的健康权和生命权的侵犯。两罪的主要区别在于：其一，两罪的犯罪形态不同。生产、销售劣药罪属于结果犯，即需要对人体健康造成严重危害（才）构成本罪。生产、销售假药罪则不需要对人体健康造成严重危害，《刑法修正案（八）》删除了"足以严重危害人体健康"的构成要件，本罪由之前具体的危险犯，变成了抽象的危险犯[1]，也可以说是行为犯，即只要实施了生产、销售假药的行为，就构成本罪。其二，两罪的犯罪对象不同。犯罪对象是每个具体犯罪行为直接指向的具体目标。生产、销售劣药罪的对象是劣药，即依照《药品管理法》规定属于劣药的药品。而生产、销售假药罪的对象是假药，即依照《药品管理法》的规定属于假药或者按假药处理的药品、非药品。实践中，通常可作如下区分：

（1）疫苗生产企业的生产记录如果在药品成份属性方面作假，导致其生产的狂犬疫苗所含成份与国家相关标准规定的成份不符，则属于我国药品管理法规中规定的"假药"，并构成刑法中的生产、销售假药罪。因为生产、销售假药罪属于行为犯，其罪名成立既不要求造成实际危害结果，也不要求造成具体的危险情形。同时，根据《最高人民法院、最高人民检察院关于办理危害药品安全刑事案件适用法律若干问题的解释》的相关规定，生产、销售假疫苗的，应当酌情从重处罚。

（2）疫苗生产企业的生产记录如果在药品生产日期、生产批号、药品成份含量等方面作假，则属于我国药品管理法规中规定的"劣药"。此情形有可能构成生产、销售劣药罪或生产、销售伪劣产品罪。因为生产、销售劣药罪属于刑法中的"结果犯"，疫苗生产企业不仅要有生产、销售劣质疫苗的行为，而且该行为要"对人体健康造成严重危害"这一法定结果才能构成本罪。

倘若疫苗生产企业生产记录造假的违法行为同时符合生产、销售假药罪和生产、销售劣药罪的构成要件时，则根据刑法的相关规定，依照处罚较重的规定定罪处罚。

---

〔1〕　张明楷：《刑法学》（下），法律出版社 2016 年版，第 739 页。

（二）生产、销售假疫苗的法律责任

疫苗作为一类特殊的医疗产品，因产品质量问题导致患者损害的，生产问题疫苗的企业以及企业的直接责任人员可能面临承担民事责任、行政责任乃至刑事责任的法律后果。

1. 民事责任。根据2019年新修订的《药品管理法》第144条规定："药品上市许可持有人、药品生产企业、药品经营企业或者医疗机构违反本法规定，给用药者造成损害的，依法承担赔偿责任。因药品质量问题受到损害的，受害人可以向药品上市许可持有人、药品生产企业请求赔偿损失，也可以向药品经营企业、医疗机构请求赔偿损失。接到受害人赔偿请求的，应当实行首负责任制，先行赔付；先行赔付后，可以依法追偿。生产假药、劣药或者明知是假药、劣药仍然销售、使用的，受害人或者其近亲属除请求赔偿损失外，还可以请求支付价款10倍或者损失3倍的赔偿金；增加赔偿的金额不足1千元的，为1千元。"实践中，倘若行为人违法经营狂犬疫苗，且未采取必要的冷藏措施，致使疫苗失效，可认定违法行为与受害者死亡之间存在因果关系，非法经营者应承担相应的民事赔偿责任。

此外，我国《侵权责任法》第59条规定："因药品、消毒药剂、医疗器械的缺陷，或者输入不合格的血液造成患者损害的，患者可以向生产者或者血液提供机构请求赔偿，也可以向医疗机构请求赔偿。患者向医疗机构请求赔偿的，医疗机构赔偿后，有权向负有责任的生产者或者血液提供机构追偿。"由于疫苗属于特殊的医疗产品，而医疗产品损害实行的是"无过错责任原则"。亦即，医疗产品责任的追究，不论医生或医疗机构是否有过错，只要造成了医疗损害，就应当承担相应的赔偿责任。

通常情况下，因疫苗的预防接种损害而产生的民事责任，可分为两类：一类是赔偿责任，系指疫苗产品不合格或疫苗生产者、经营者、接种者存在过失而引起的人身损害，实行谁有过失，谁赔偿的原则。但对于不合格疫苗引起的赔偿责任，可由经营者、接种者先行赔偿，然后向不合格疫苗生产者进行追偿。另一类是指补偿责任，系指生产者、经营者、接种者、受害人等各方均无过失，而由疫苗的自身理化生物特性而引起的人身损害，此类损害被称为预防接种异常反应，对预防接种引起的异常反应，区分一类疫苗（国家计划内疫苗）和二类疫苗

（公民自愿自费接种疫苗），前者由国家财政负责补偿，后者由疫苗生产企业负责补偿。

2. 行政责任。我国《药品管理法》对于生产、销售假药的行为规定了具体的行政责任：

《药品管理法》第 116 条规定："生产、销售假药的，没收违法生产、销售的药品和违法所得，责令停产停业整顿，吊销药品批准证明文件，并处违法生产、销售的药品货值金额 15 倍以上 30 倍以下的罚款；货值金额不足 10 万元的，按 10 万元计算；情节严重的，吊销药品生产许可证、药品经营许可证或者医疗机构制剂许可证，10 年内不受理其相应申请；药品上市许可持有人为境外企业的，10 年内禁止其药品进口。"

《药品管理法》第 117 条第 1 款规定："生产、销售劣药的，没收违法生产、销售的药品和违法所得，并处违法生产、销售的药品货值金额 10 倍以上 20 倍以下的罚款；违法生产、批发的药品货值金额不足 10 万元的，按 10 万元计算，违法零售的药品货值金额不足 1 万元的，按 1 万元计算；情节严重的，责令停产停业整顿直至吊销药品批准证明文件、药品生产许可证、药品经营许可证或者医疗机构制剂许可证。"

《药品管理法》第 118 条第 1 款规定："生产、销售假药，或者生产、销售劣药且情节严重的，对法定代表人、主要负责人、直接负责的主管人员和其他责任人员，没收违法行为发生期间自本单位所获收入，并处所获收入 30% 以上 3 倍以下的罚款，终身禁止从事药品生产经营活动，并可以由公安机关处 5 日以上 15 日以下的拘留。"

根据以上法律规定，可见我国已全面加大对生产、销售假药违法行为的行政处罚力度。具体体现为：一是提高对违法行为罚款的下限或者上限。例如，规定对未经许可生产经营药品的，罚款的幅度从货值金额的 2 倍至 5 倍提高到 15 倍至 30 倍，而且规定货值金额不足 10 万元人民币的按 10 万元人民币计算；对生产销售假药等违法行为增设停产停业整顿等处罚，综合运用没收、罚款、责令停产停业整顿、吊销许可证件、一定期限内不受理许可申请、从业禁止等多种处罚措施。二是对一些严重违法行为实行"双罚制"，落实"处罚到人"的要求。有生产销售假劣药、违反质量管理规范等行为的，对单位的法定代表人或者主要负责人、直接负责的主管人员和其他直接责任人员处以没收收入、罚款、10 年直至终身禁业的处罚。

此外，我国《疫苗管理法》第 80 条规定：生产、销售的疫苗属于假药的，由省级以上人民政府药品监督管理部门没收违法所得和违法生产、销售的疫苗以及专门用于违法生产疫苗的原料、辅料、包装材料、设备等物品，责令停产停业整顿，吊销药品注册证书，直至吊销药品生产许可证等，并处违法生产、销售疫苗货值金额 15 倍以上 50 倍以下的罚款，货值金额不足 50 万元的，按 50 万元计算。

生产、销售的疫苗属于劣药的，由省级以上人民政府药品监督管理部门没收违法所得和违法生产、销售的疫苗以及专门用于违法生产疫苗的原料、辅料、包装材料、设备等物品，责令停产停业整顿，并处违法生产、销售疫苗货值金额 10 倍以上 30 倍以下的罚款，货值金额不足 50 万元的，按 50 万元计算；情节严重的，吊销药品注册证书，直至吊销药品生产许可证等。

生产、销售的疫苗属于假药，或者生产、销售的疫苗属于劣药且情节严重的，由省级以上人民政府药品监督管理部门对法定代表人、主要负责人、直接负责的主管人员和关键岗位人员以及其他责任人员，没收违法行为发生期间自本单位所获收入，并处所获收入 1 倍以上 10 倍以下的罚款，终身禁止从事药品生产经营活动，由公安机关处 5 日以上 15 日以下拘留。

可见，该规定比《药品管理法》的处罚规定更为严厉。当生产、销售的特殊药品为疫苗时，如果生产、销售的疫苗属于假药或者劣药时，根据"特殊法优于一般法"的法律适用原则，应当适用《疫苗管理法》法律责任一章中相应的处罚规定。综合以上分析，对于行为人生产、销售假疫苗的行为可能面临着十分严厉的行政处罚。

3. 刑事责任。疫苗在生产、销售或经营过程中，行为人可能面临着以下刑事责任：

（1）非法经营罪。《刑法》第 225 条规定，违反国家规定，未经许可经营法律、行政法规规定的专营、专卖物品或者其他限制买卖的物品，扰乱市场秩序，情节严重的即构成犯罪。非法经营罪仅适用于行为人没有取得药品经营许可证的情况，非法（无证）经营药品，侵犯的是国家的药品经营的准入管理制度。[1]《传染病防治法》及《中华人民共和国传染病防治法实施办法》均将疫苗作为专营物品。因此，疫苗可以成为非法经营罪的犯罪对象。

（2）生产、销售假药罪。疫苗是含蛋白质的生物制品，必须低温贮藏和运输，否则就会因变质而失效。根据《药品管理法》第 98 条的规定，变质的药品为假药。《刑法》第 141 条第 1 款规定，生产销售假药，足以严重危害人体健康的即构成犯罪，其中对人体健康造成严重危害或致人死亡的处 3 年以上有期徒刑、无期徒刑或者死刑。倘若涉案疫苗被认定为假药，行为人就可能构成生产、销售假药罪。

如前所述，生产、销售假药足以严重危害人体健康，构成生产、销售假药罪，该罪在犯罪形态上属于抽象的危险犯。《最高人民法院、最高人民检察院关于办理生产、销售伪劣商品刑事案件具体应用法律若干问题的解释》第 3 条第 1 款规定，经省级以上药品监督管理部门设置或者确定的药品检验机构鉴定，生产、销售的假药具有下列情形之一的，应认定为《刑法》第 141 条规定的“足以严重危害人体健康”：含有超标准的有毒有害物质的；不含所标明的有效成分，可能贻误诊治的；所标明的适应症或者功能主治超出规定范围，可能造成贻误诊治的；缺乏所标明的急救必需的有效成分的。

（3）生产、销售劣药罪。《刑法》第 142 条第 1 款规定，生产、销售劣药，对人体健康造成严重危害的，处 3 年以上 10 年以下有期徒刑，并处销售金额 50% 以上 2 倍以下罚金；后果特别严重的，处 10 年以上有期徒刑或者无期徒刑，并处销售金额 50% 以上 2 倍以下罚金或者没收财产。根据该款规定，生产、销售劣药罪有以下构成要件：其一，行为人在主观上只能是故意；其二，行为人必须有生产、销售劣药的行为。本条规定的药品，仅限于人用药品，不包括兽用药品；其三，生产、销售劣药，必须要有对人体健康造成严重危害的后果，才构成犯罪，这也是生产、销售劣药罪与生产、销售假药罪在犯罪构成上最大的不同。生产、销售假药，只要足以严重危害人体健康，不必有危害人体健康的结果发生，就构成犯罪；而生产、销售劣药，由于劣药的危害小于假药，因此只对人体

---

〔1〕　戴蕾编著：《法官讲·医疗损害患者维权读本》，人民法院出版社 2018 年版，第 123 页。

造成严重危害的才能构成犯罪。[1] 根据司法实践，"对人体健康造成严重危害"，是指生产、销售的劣药被使用后，造成轻伤、重伤或者其他严重后果的。倘若涉案疫苗被确认为劣药，根据刑法的有关规定则有可能构成生产、销售劣药罪。

（4）生产、销售伪劣产品罪。当然，如果其生产、销售的劣质疫苗没有出现"对人体健康造成严重危害"的结果，也并不意味着无需承担刑事责任。根据《刑法》第 140 条的规定，生产者、销售者在产品中掺杂、掺假，以假充真，以次充好或者以不合格产品冒充合格产品，销售金额 5 万元以上的构成生产、销售伪劣产品罪。而"劣药"也属于"伪劣产品"，因此疫苗生产企业生产、销售的劣质狂犬疫苗只要销售金额达 5 万元以上或货值金额达 15 万以上的则可能构成生产、销售伪劣产品罪。

（三）对疫苗生产、销售过程的安全监管

疫苗在我国从研发到市场销售等总共分为五大阶段，具体包括：研发阶段、注册阶段、生产阶段、流通阶段和使用阶段。有观点指出，我国疫苗企业的管理具有"重事前轻事中"和"重审核轻监管"的特点。[2] 对此，有论者认为，疫苗安全监管属于一项涉及多方的复杂性、综合性工程，应当充分认识到疫苗监管的紧迫性与重要性，对疫苗生产、运输、接种、不良反应的监测以及疫苗赔偿制度等诸多环节均严防把控。[3]

当前，我国已经专门制定并颁布了《疫苗管理法》[4]，规定国家对疫苗实行最严格的管理制度，坚持安全第一、风险管理、全程管控、科学监管、社会共治，可以说已然形成了疫苗行业规范有序发展的法律指南。对于疫苗，我们应当对其生产过程与销售过程实行更加及时和严格的监管，进行全程监管、风险监管，推行以法律为依据，以科学为依归，以预防为原则的监管，以减少和避免问题疫苗事件的发生。当然，严格监管的同时也离不开正确的引导。正如有学者指出，监管机构通过导引，不仅要让疫苗市场主体符合最低限度的监管要求，还要

---

〔1〕　张明楷：《刑法学》（下），法律出版社 2016 年版，第 741 页。

〔2〕　李朝阳："我国疫苗行业的监管问题及其完善机制"，载《当代化工研究》2018 年第 11 期。

〔3〕　刘晓欣等："中国疫苗安全监管现状、问题及对策"，载《中国公共卫生管理》2017 年第 2 期。

〔4〕　2019 年 6 月 29 日十三届全国人大常委会第十一次会议表决通过《疫苗管理法》，于 2019 年 12 月 1 日正式实施。

促使其不断改进自身产品质量和安全，推进我国疫苗产业发展与疫苗质量升级。[1] 亦即，对于疫苗的监管，政府应当坚持在协同治理的视角下，以引导性的角色推进"政府引导型"治理格局的构建[2]，从而最终形成疫苗企业的良好自我管理与行业自律。此外，对于疫苗的监督还有社会监督与公众参与等形式，应当通过多方努力形成良性共治模式。

四、结语

药品是特殊商品，疫苗更是药品中的特殊商品。[3] 疫苗是集国家战略性与公益性于一体的产品，推广疫苗接种是防控传染病发生和流行最为经济且有效的措施。疫苗的安全、有效与否直接关系到我国免疫规划政策的推行，因而疫苗的安全问题是直接关系公众健康的重大民生问题。近年来，疫苗问题引起社会各界的广泛关注。针对 2020 年全球大流行的新冠肺炎疫情，世界各国在积极救治的同时，也特别注重研发疫苗来应对。尤其是 2018 年发生的吉林长春长生生物科技有限公司违法违规生产疫苗案件，更是牵动着广大公众的神经。不法企业或不法行为人生产、销售假疫苗不仅严重威胁和侵害着人们的身体健康与生命安全，而且也会侵犯国家对药品的正常管理秩序。生产、销售假疫苗情节严重者可能构成生产、销售假药罪。政府应当加强对疫苗生产、销售过程的监管与引导，而疫苗企业也应当始终把疫苗的安全和质量放在第一位，严格遵循疫苗生产销售的标准，切实加强监管，强化疫苗的安全性与有效性，充分保障人民群众的生命安全与身体健康。

---

〔1〕　宋华琳："推进我国疫苗监管制度的法律改革"，载《中国党政干部论坛》2016 年第 5 期。

〔2〕　杨华锋："药品安全从行政监管走向协同治理的路径审视——基于'山东疫苗事件'的考察"，载《天津行政学院学报》2017 年第 3 期。

〔3〕　李歆、王莹、孙晓变："从长春长生疫苗事件谈我国假劣药法律界定之完善"，载《南京医科大学学报（社会科学版）》2019 年第 1 期。

案例 14

烟草诉讼的困境与出路

—— 全国首例烟草诉讼案评析

一、案例简介

2001 年 6 月，17 岁的武汉市中学生鄢某洵向北京宣武区人民法院起诉，状告国家烟草专卖局以及 24 家烟草公司。这是国内出现的首例烟草诉讼。原告诉称，近年来阅读了国家烟草专卖局与龙岩卷烟厂等 24 家卷烟厂的友情链接网站。这些网站部分内容制作精美，使人认为吸烟是一种文化，很有品位，而没有给人吸烟有害健康的感觉。从那时起，原告开始吸烟，历时 4 年，导致现在经常有咳嗽的症状。后自己经父母的教导和咨询律师才知道吸烟有害健康。

原告认为，国家烟草专卖局作为代表国家管理烟草行业的部门，有义务加强吸烟有害健康的宣传教育，但国家烟草专卖局与龙岩卷烟厂等 24 家卷烟厂的网站友情链接帮助烟草经营者进行了片面的宣传，误导了消费者，并侵犯了未成年人的消费知情权利。

出于取证困难角度考虑，此次诉讼仅仅针对原告受到侵犯的知情权，而未涉及巨额赔偿。原告的诉讼请求是：①请求法院判令上述被告在本单位网站的主页上注明："吸烟有害健康""禁止任何经营场所向未成年人出售香烟""禁止中小学生吸烟"字样；②请求法院判令上述被告在本单位网站以不少于 10 条的内容宣传吸烟有害健康以及未成年人吸烟的危害；③请求法院判令上述被告支付原告为本诉讼所支付的交通费、住宿费等一切必要费用；④请求法院判令上述被告支付本案诉讼费。

一审法院认为，本案不属于人民法院立案管辖范围，遂裁定不予受理。二审法院经审理认为，未成年人沾染上吸烟的不良嗜好，由诸多因素造成，无法认定与香烟市场管理机关及生产销售单位不注重特殊提示行为在法律上有直接因果关系，故鄢某洵由此称消费者知情权、未成年人合法权益受到侵害，缺乏事实及法律根据。目前，国家已通过有关立法及职能部门的监督管理，保证香烟消费者能通过所购买香烟商品上的特殊提示，实现对所购香烟商品有害健康的知悉权。原告提出应在香烟市场管理职能部门以及生产单位电脑网站上注明相关提示等主张，涉及烟草市场、计算机网络、商品宣传等管理方面的立法问题，对此，国家尚未制定强制性法律规范。因此，二审法院认为原告的主张不属于人民法院受理纠纷争议的立案管辖范围，故驳回其上诉，维持原审法院不予受理的裁定。全国首例未成年人状告烟草专卖局侵犯消费者知情权案终审结案。

尽管此案以不予立案结束，并未进入实质审理阶段，但作为我国烟草诉讼第一案，其意义已远远超过了案件本身。

二、案例述评

《消费者权益保护法》第 8 条第 1 款规定，消费者有知悉其购买、使用的商品或者接受的服务的真实情况的权利；第 39 条规定，消费者和经营者发生消费者权益争议的可以通过下列途径解决：①与经营者协商和解；②请求消费者协会调解；③向有关行政机关申诉；④根据与经营者达成的仲裁协议提请仲裁机关仲裁；⑤向人民法院提起诉讼。而《中华人民共和国广告法》（以下简称《广告法》）第 4 条第 1 款规定广告不得含有虚假或者引人误解的内容，不得欺骗、误导消费者。

原告鄢某洵作为烟草消费者，其消费知情权由于烟草网站的隐瞒而受到伤害，从法律上应得到法院的保护，其提起的知情权诉讼似乎是可以从上述的《消费者权益保护法》《广告法》等相关法律中找到依据。那么，法院拒绝受理此案的理由何在呢？全国第一例烟草诉讼，以不予受理的方式结案，是因为受到烟草企业的施压，还是法院担忧判决会带来不可收拾的缠讼效应？其实，通过以下分析可知，法院不受理该案是有法律根据的。

1. 本案法律关系具有模糊性，原告其实是把两个法律关系混为一谈。一是原告认为因长期吸烟而受损害的事实，二是原告浏览网站认为知情权受到侵害的事实。在第一个法律关系中，原告与烟草经营者已构成消费者与经营者的法律关系，原告可以其知情权等所受侵害，依据《消费者权益保护法》《广告法》等对被告企业提起诉讼。当然，胜诉的前提是被告的产品标识或包装存在违法之处。在第二个法律关系中，原告浏览烟草公司的网站并没有使其与烟草公司形成消费者与经营者关系。网站作为一种信息平台是否存在消费者的知情权问题要看该网站是否在推销或介绍其产品，即该网站是否为电子商务网站，但烟草公司网站并不属于具有宣传性质的广告平台，而且法律不允许烟草企业在网站上宣传其产品。从这个意义上说，原告浏览烟草网站的行为不使其具有消费者的身份，原告以第一种法律关系中的消费者身份对第二种法律关系中的烟草网站提起消费者知情权诉讼是不适当的。此外，要想证明本案原告沾染上吸烟的不良嗜好与香烟生产销售企业未在网站注明特殊提示有法律上的直接因果关系，的确是非常困难的。因为诱导一个人吸烟的原因是多方面的，原告也未能举出充分的证据排除其他因素，因而本案在因果关系的证明上得不到法院支持。

2. 国家通过商品市场管理立法以及职能部门的监督管理，保证香烟消费者通过所购香烟商品的特殊提示，实现对所购香烟商品有害健康的知悉权。原告提出应在香烟市场管理部门以及生产企业网站上注明相关提示等主张，涉及相关法律规范的完善建议，这需要国家启动立法程序予以解决。在国家尚未制定类似强制性法律规范的情况下，原告可以通过信访程序表达建议或意见，不能通过民事诉讼提出主张。

通过以上对该案程序上的分析可知，法院不受理该案是有法律依据的。但不能当然得出法院对烟草争议没有诉讼管辖权的结论。事实上，因烟草产品致人健康权遭受损害而提出的赔偿之诉不论在国外还是在国内都是常见的。可以预见的是，随着消费者权利意识、健康意识增强，烟草诉讼会逐渐增多，赔偿问题也会同样凸显，法院受理并审理公民提起的烟草诉讼案是一个必然趋势。

尽管此案并未进入实质审理程序，法院也未对烟草侵权责任的成立与否作出判决，但此案却在当今中国开启了一系列烟草诉讼的序幕。例如，2013 年发生的李某泽诉江西中烟工业有限责任公司案，2017 年的李某诉哈尔滨铁路局案等。烟草诉讼在美国等法治发达国家已发展出相当的规模，并起到了相当好的控烟效果。人们期望中国的烟草诉讼也能发展成为一种控烟的有效路径。但中国的烟草诉讼发展情况并不乐观，中国的烟草诉讼实践发展出多元化的诉因，但每一种诉因又面临着被告的多元化抗辩。这使得中国的烟草诉讼步履维艰，与此同时，中国的烟草控制事业依然任重道远。

三、法理探析

（一）烟草诉讼的多元化诉因

对比中美两国烟草诉讼实践，原告可援引的法律资源相当广泛，在诉因的选择上呈多元化趋势。主要有以下几个方面：

1. 诈欺。在美国，真正引起政府和民众高度关注控烟问题的原因，就在于香烟的危害不仅仅作用于吸烟人群，而且对于不吸烟者的健康也造成了严重的威胁。[1] 自1964年起，美国公共健康服务部（Public Health Service）曾多次发布正式评论，提出吸烟与慢性疾病甚至过早死亡之间具有关联的科学证据，并证实了吸烟是导致疾病与死亡的重要原因。随后，联邦政府又于1966年通过了香烟标识与广告法，要求烟草公司必须在香烟包装上明确载明吸烟有害的标识；1967年，联邦贸易委员会发布了第一份关于尼古丁的报告；1969年，美国政府通过了第一部"烟草法"。1971年，美国政府明确禁止在电视及电台上做香烟广告。1972年美国卫生局局长报告（Report of Surgeon General）则披露了大量研究结论，指出吸烟者向空气中排放的烟草烟雾（包括主流烟雾与侧流烟雾）含有大量有害物质，也会被暴露于空气中的人群吸入肺部，包括不吸烟者和吸烟者自身。[2] 而2006年美国卫生局局长报告则专门对被动吸烟的危害予以揭露，报告明确指出暴露于烟雾环境将增加婴儿猝死综合征（SIDS）的发病率，还会对人体心血管系统造成直接的负面影响，导致心脏病、肺癌等疾病，甚至过早死亡。[3]

这些报告为烟民提起诉讼打开了新的方便之门。烟民认为，香烟制造商没有就吸烟对健康的危害性向公众发出足够的警告，试图掩盖吸烟给人体带来的危害，已构成诈欺。这种诈欺成为便捷易举的诉因，很快被广为采用。2008年，

---

〔1〕　洪延青："公共卫生法制的视角转换——基于控烟和肥胖防控等新兴公共卫生措施的讨论"，载《环球法律评论》2012年第1期。

〔2〕　Public Health Service, *The Health Consequences of Smoking: A Report of the Surgeon General*, pp. 121-125.

〔3〕　Department of Health and Human Services, *The Health Consequences of Involuntary Exposure to Tobacco Smoke: A Report of the Surgeon General*.

美国烟民遗孀辛西娅·罗宾逊起诉雷诺烟草公司，称烟草公司隐瞒烟草危害，构成产品欺诈。2014年7月，法院判决雷诺烟草公司赔付辛西娅236亿美元。美国法院对烟草公司的判决鼓舞了本国与其他国家的律师，从而为维护烟民利益提出诉讼。中国的烟草诉讼也以此为诉因，渐有出笼之势。在2013年李某泽诉江西中烟工业有限公司案中，被告在网站上发布其产品低焦油等于低危害，中草药能够减害的广告，原告认为江西中烟公司存在欺诈行为，要求赔偿250元。但一审、二审法院均采信了江西中烟提交的中国毒理学会关于其香烟产品"减害"的评估报告。可见，以诈欺作为诉因，在烟草诉讼中占据着重要地位。

2. 产品责任。鉴于烟草制品对人体健康带来的巨大危害，通过产品责任法律制度对这种损害提供救济，也就成为法律对公共卫生的调整措施。然而，并非有损害就有救济，在烟草民事诉讼法律框架之下仍有许多难题阻碍救济的实现。对于产品缺陷（包括制造缺陷、设计缺陷和警示欠缺）所引发的侵权损害，在美国普通法上有所谓"无过失责任"制度，即产品缺陷侵权责任的成立无需考虑加害人是否具有过失。这将减轻原告的举证责任，大大增加受害人的胜诉机会。

烟草制品作为一种在原料选择与功能设计上均有损人体健康的缺陷产品，理应在侵权诉讼中适用无过失责任，但根据美国《侵权法重述》（1965），无过失责任不适用于"在通常使用与生产中无可避免的固有危险产品"。其中，酒精类产品、枪支、香烟均被这一规则排除在产品缺陷无过失责任制度之外。《侵权法重述》（1998）又对此作了一些修补，当缺陷产品缺少"合理的警示"或存在"合理的替代设计"时，仍应适用无过失责任。[1] 也即对于烟草制品而言，只要产品符合合理警示的要求（几乎不存在合理的替代设计），生产企业即可避开无过失责任条款。

从美国法学会对《侵权法重述》的修订来看，普通产品被课以更高的缺陷排除义务，而烟草制品缺陷如此之明显以至于严重危害个人和公共健康，却得到法律的特殊保护，似乎令人有些不解。然而，产品缺陷之所以有无过失责任制度存在，一方面源于契约法上的担保义务，另一方面则源于购买者对产品安全的合

---

〔1〕 Lawrence O. Gostin, *Public Health Law: Power, Duty, Restraint* (*Revised and Expanded Second Edition*). University of California Press, 2008, p. 195.

理期待，以及法律对制造商的威慑和敦促。[1] 对于烟草制品而言，其固有缺陷无法消除且已得到公开，并通过长期的消费使用而被市场接受。正因这种共知公认的产品缺陷无法避免，加之此类产品又是合法生产且为市场需要，法律便难以用无过失责任加以严格要求。这也可以看出美国学者对待烟草制品侵权问题的慎重。法学家的"立法"再怎么具有理想主义色彩，也不可能把如此大规模的烟草制品统统纳入无过失责任制度之下，而完全忽视法律对现实与习惯所应有的妥协与宽容。

考虑到烟草本身的性能，能否对它冠以"缺陷"的认定更是难说。再加上烟草公司因应形势所采取的各种措施，这都使产品责任难以在诉讼上获得支持。在加州的一个案件中，最高法院认为，只有在所受损害是由于附加物质超过了烟草通常所具备的危险时，才可以提起诉讼。这充分暴露了司法在这一问题上的保守态度，在可以预见的将来，采用这一诉因在国内提起烟草诉讼还存在一定的难度。

3. 因被动吸烟遭受健康损害。香烟烟雾造成非吸烟者被迫暴露在含有有毒物质的环境下（exposure to tobacco），由此产生的健康损害，也成为烟草诉讼的重要诉因。在公共场所吸烟，所释放出来的环境烟草烟雾（Enviroment Tobacco Smoke，ETS）已构成对公众健康利益的极大威胁。这就是所谓的"被动吸烟"或"二手烟"问题。环境烟草烟雾由主流烟雾（mainstream smoke）和侧流烟雾（sidestream smoke）构成。被动吸烟者吸入的是侧流烟雾，与吸烟者吸入的主流烟雾相比，侧流烟雾所含致癌物水平更高。其一氧化碳含量是主流烟雾的 5 倍，焦油和烟碱含量是主流烟雾的 3 倍，而强烈致癌物亚硝胺含量则高达 50 倍。[2] 根据现有研究，被动吸烟不仅增加成人罹患肺癌、心血管疾病和慢性阻塞性肺病发生的危险性，而且还对生育能力、生殖健康有破坏作用，严重影响新生儿健康。

1991 年，美国数千名航空公司乘务员起诉烟草公司，称他们在飞机上长期间接地吸入香烟烟雾，导致了许多呼吸系统的疾病。这就是烟草诉讼史上著名的

---

〔1〕 沈瑞、曹宁："美国产品责任中的严格责任原则"，载《社会科学家》2012 年第 12 期。

〔2〕 黄弋冰、傅华："我国被动吸烟及烟草控制工作研究"，载《中国卫生事业管理》2010 年第 8 期。

"空姐连环诉讼案"。2017年，中国大学生李某起诉哈尔滨市铁路局，起因是她在从北京前往天津时，乘坐的由哈尔滨铁路局运营的K1301次列车上闻到了刺鼻烟味。这起案件的诉因正是合同纠纷，原告请求法院判决哈尔滨市铁路局赔偿其购票款102.5元，以及原告为减少烟雾吸入量所购置的口罩费用19元。同时要求被告取消有关站台及该趟列车内的吸烟区、拆除烟具，并禁止在上述区域吸烟。此案被称为"中国公共场所无烟诉讼第一案"。2018年，北京铁路运输法院作出一审判决，要求铁路局在相关列车上拆除烟具，取消吸烟区。可见，在被动吸烟致人损害诉因之下，原告既可以选择起诉烟草企业，也可以选择起诉经营场所。

（二）烟草诉讼中的多元化抗辩

相对于原告提起烟草诉讼的诉因多元化，烟草企业抗辩理由也是多元化的。因此，原告在烟草诉讼中想要获胜，仍然面临着重重困难，而通过侵权法的间接规制仍然无法有效实现烟草控制的目标。

1. 烟草行业及烟草产品的合法性。烟草是合法的产品，烟草业是合法行业，法律并没有禁止烟草的生产和流通。烟草作为一种有争议的特殊消费品，在全世界范围内仍然是一种合法产品，在中国当然也不例外。我国现行法律涉及烟草业管理的法规主要有：《产品质量法》《消费者权益保护法》《广告法》《中华人民共和国烟草广告管理暂行办法》《烟草专卖法》《烟草制品的商标使用管理规定》《卷烟》系列国家标准等。这些与烟草有关的各种法律规定就是烟草业所应遵守的义务底线。

虽然我国的《产品质量法》和《侵权责任法》并未将香烟等存在明显固有危险的产品排除出产品缺陷无过失责任制度之外。不过，《产品质量法》第46条对"缺陷"的定义却极不利于原告："本法所称缺陷，是指产品存在危及人身、他人财产安全的不合理的危险；产品有保障人体健康和人身、财产安全的国家标准、行业标准的，是指不符合该标准。"对于烟草企业而言，只要其烟草制品符合《卷烟》系列国家标准（GB5606—2005），即不存在质量缺陷。很明显，这个安全标准本身不是安全的，但在法律上足以为烟草企业免责。

在此背景下，要想证明烟草企业具有违法性是很难的，除非其包装标识、广告宣传涉嫌违反法律的规定，或者能够证明其产品质量不符合国家标准。《世界卫生组织烟草控制框架公约》（World Health Organization Framework Convention on Tobacco Control，FCTC）虽然规定了从价格和税收、成分管制、包装和标签、烟草广告和促销等措施来减少烟草需求和供应。但是这些措施不是被烟草企业打擦边球式地规避，就是产生了适得其反的结果。例如，烟草广告之禁止，考虑到各国政府可能因本国宪法或宪法原则而不能采取广泛禁止措施，FCTC 允许各国改采温和的限制而非全面禁止措施。作为最低标准，甚至允许附有严格限制条件的烟草广告、促销和赞助。这种可供选择的弹性措施虽有助于争取更多国家参与缔约，但却对烟草广告的控制力度大打折扣。此外，FCTC 将烟草广告定义为"商业性宣传、推介或活动"，而烟草企业非常擅长于灰色广告宣传，性质难辨，存在明显的法律规避行为。再如，价格和税收措施，的确有效减少了青少年的烟草需求，但却使得烟草企业成为政府财政收入的一大依靠，进而加深了烟草企业与政府的联系，难以真正实现 FCTC 所规定的一般义务。这一方面表现为立法的不作为，另一方面则是法律实施缺乏动力。我国至今尚未有专门的控烟立法颁布，公共场所禁烟运动也是宣传大于实效，便可由此略见一斑。

2. 消费者的自愿。烟草作为合法产品，又是一种有争议的特殊消费品。科学研究逐渐表明吸烟是有害健康的。吸烟有害健康作为烟草产品的固有属性，已为众所周知。在现实条件下，我们仍然无法生产出一种无害的香烟。作为一种商品的消费者，从契约自由的角度来看，吸烟是一种个人选择，烟民有权决定是否吸烟，而且他们应该注意到香烟包装上的警示标志。他们或者忽略了这些标志，或者认为不必相信标志所说的话，或者虽然相信但仍然购买。事实上，很多人知道吸烟有害健康，但吸烟给他们带来的乐趣使香烟的危害显得无足轻重。

根据《侵权责任法》第 6 条第 1 款的规定："行为人因过错侵害他人民事权益，应当承担侵权责任。"烟草受害者欲追究烟草企业的一般侵权责任，首先需要证明烟草企业存在过错。烟草企业当然负有一种不伤害他人的法律义务，虽然主动吸烟者自愿购买烟草制品，但并不意味着自愿接受产品所带来的损害。如果烟草企业未向购买者明示或警告烟草制品可能带来的危害，那么就可以认为烟草企业存在未尽告知义务之过错。

对于主动吸烟者来说，在烟草制品标有合理缺陷警告的前提下，其购买烟草制品的行为属于英美侵权法上的"自甘风险"。自甘风险是指在原告提起的过失或严格责任的侵权责任诉讼中,要求原告承担其自愿承担的所涉风险。美国《侵权法重述》(1965) 所确定的规则为"原告就被告之过失或者鲁莽弃之不顾行为而致伤害的危险自愿承担者,不得就该伤害请求赔偿"。[1] 因此,吸烟者自愿购买烟草制品的行为构成侵权法上的免责事由。当然,被动吸烟者因吸入烟草烟雾导致损害的,其损害赔偿请求权不受此限。我国《侵权责任法》第 26 条规定:"被侵权人对损害的发生也有过错的,可以减轻侵权人的责任。"然而,吸烟者明知烟草危害而购买烟草产品,是否属于此处的过错,值得讨论。至少,该条文可以成为被告烟草企业减轻责任的抗辩依据。

3. 因果关系证明困难。侵权责任的成立要求加害行为与损害结果必须存在法律上的因果关系。而受害者自称吸烟导致身体的某些器官如肺、肝、心脏严重受到损害,但其中的因果关系是很难证明的。虽然吸烟有害健康,但其他因素例如污染的空气、粉尘作业、不健康的生活方式都会对人体造成伤害。因此,在烟草诉讼中,原告要想证明被告的烟草制品是导致自身疾病的原因,存在着证明上的困难。

侵权法上的因果关系被划分为两个层次,即"责任成立的因果关系"和"责任范围的因果关系"。[2] 烟草制品侵权责任是否成立,即烟草制品的缺陷是否导致受害人的疾病或死亡,属于前一种因果关系的判断;而在侵权责任成立后,烟草制品生产企业需要对受害人遭受的哪些损害负赔偿责任,则属于后一种因果关系。就烟草制品侵权而言,因果关系的证明困难在这两个层次均有体现。对于责任之有无而言,即便在无过失责任场合,过失问题被弃置不论,但损害结果与加害行为之间的因果关系仍然需要原告予以证明。对于"一因一果"或者"一因多果"的情形来说,因果关系的判断比较简单而明确。但在"多因一果"或者"多因多果"的情形中,原因的查明就是一项非常困难的工作。吸烟者虽长期吸入烟草烟雾而增加疾病与死亡的可能,但其健康受损的结果常常是多原因结合造成的。并非所有暴露于烟草烟雾中的人都会罹患某些慢性疾病,而不吸烟的人也有可能患有此类疾病。人类目前对疾病的认知还很有限,疾病的发生跟个人的体质、遗传、生活习惯以及其他一些偶然性因素相关。因此,目前的医学科

---

〔1〕 王利明等:《民法学》,法律出版社 2011 年版,第 769 页。
〔2〕 程啸:《侵权责任法》,法律出版社 2011 年版,第 177 页。

学只能在统计学上指出吸烟（包括被动吸烟）可能增加某些慢性病的发病率和死亡率，但很难就某个人的具体疾病或死亡归因于烟草。这导致责任成立因果关系判断的困难。同样的，FCTC 在序言中宣称"本公约缔约方……认识到科学证据明确确定了烟草消费和接触烟草烟雾会造成死亡、疾病和残疾"，也只是宣示吸烟或接触烟草烟雾与死亡、疾病和残疾之间的抽象因果关系，而无法在侵权诉讼的个案中提供具体因果关系的确证。

按照"剔除法则"，在一个具体的烟草诉讼中，如剔除吸烟这一因素，原告是否仍然会产生疾病的结果，将决定因果关系有无之判断。然而，正如美国烟草诉讼中出现的那样，被告律师将会尽可能地搜集原告不良的生活习惯、家族病史、工作环境、大气污染等资料，论证即便原告不吸烟，其损害结果也有较大可能发生。为解决这种复杂条件下的因果关系判断难题，民法理论发展出"相当因果关系说"。按此学说，因果关系判断的关键在于作为原因被考察的事件是否通常会增加损害后果出现的客观可能性。[1] 法律上的因果关系并非完全科学上的事实认定，而是结合了法律上的价值判断，体现出法学作为社会科学的独特意义。这样一来，即便剔除烟草因素后原告的损害仍有可能发生，只要烟草对损害发生概率的提高造成了并非无足轻重的影响，那么烟草制品与健康损害之间的因果关系仍有可能成立。但在多原因结合的情况下，责任范围仍有疑问，还需对不同原因所造成的损害责任范围予以判断，这就涉及对原因力大小之查明。因此，将同样面临自然科学认知能力欠缺所导致的法律判断的障碍。

（三）美国烟草纠纷和解模式对我国的启示

尽管美国以诉讼文化发达而著称，法律对消费者的保护极为周全，对产品制造和销售者的责任要求极为严格，但美国烟草企业在与吸烟者交手的官司中却鲜有败阵。即使是由司法部提起的美国烟草诉讼史上最大的惩罚性赔偿诉讼案，也是以烟草公司的胜诉而告终。不过，集团诉讼特别是由政府主导的诉讼和解却取得了瞩目成就，为烟草侵权救济途径开创了崭新的局面。1994 年，一些被动吸烟者联合提起了一项集团诉讼，声称在机舱中因吸入二手烟而遭受损害。法官认证了集团资格，并且由相关各方达成了一项建立 3000 万美元医疗基金的和解协

---

[1]　程啸：《侵权责任法》，法律出版社 2011 年版，第 180 页。

议。在 1997 年 8 月 25 日，美国佛罗里达州政府通过协商，获得烟草公司一笔 113 亿美元的赔款。最为著名的和解案发生在 1998 年，美国烟草行业同 46 个州以及 6 个地区达成和解协议（Master Settlement Agreement，MSA），烟草行业将在 2025 年之前支付州政府 2060 亿美元赔偿款，用于治疗同吸烟有关的疾病，而作为对价，烟草行业将免遭州政府的诉讼侵扰。这项和解协议得到了克林顿在公开场合的赞扬。

应该说，美国烟草诉讼的历史为我国解决烟草侵权纠纷提供了一种诉讼外和解的思路。烟草和解案作为社会影响型案件，能够宣传烟草危害、减少烟草需求，还能限制烟草企业扩大市场份额和产品供给，间接促进控烟效果。加之能够摆脱诉讼的长期限、高成本弊病，超越法律对诉因的复杂规定，诉讼外和解可以成为优于烟草诉讼的救济路径。当然，由于中美两国法律体系的不同，烟草侵权诉讼外和解在我国的推进还需要思考一些具体问题。

需要认真思考的问题在于和解谈判的主体。首先，单个的烟草受害者显然不适合于本文所讲的和解，其谈判能力弱，社会影响小，可能连谈判都启动不了，根本无法实现损害救济的效果。其次，由烟草受害者自行组织和解集团难度较大。一方面，分立的烟草受害者临时组成的集团，欠缺内部沟通机制，集团凝聚力差，谈判效率低；另一方面，资源整合能力不足，容易出现散乱的烟草受害者集团，谈判随时有可能因集团瓦解而中止。最后，政府部门（如卫生行政部门或者地方检察院）是非常有吸引力的谈判主体，但从现有法律来看，政府不具有这方面的职能。而且，我国实行烟草专卖制度，烟草专卖局与烟草公司政企合一，由政府部门与烟草企业谈判和解，恐怕也很难在当前体制下得到实现。

从谈判的角度来看，烟草侵权的和解提出方，必须是有一定规模和集体行动力的集团或组织，不仅能够凝聚一定地域范围内（通常是烟草企业的相关市场范围）的烟草受害者，还能够整合专家、媒体等广泛的社会资源。因此，笔者认为，通过专业的社会组织牵头，号召、动员烟草受害者加入，进而成立谈判集团，是比较可行的思路。诉讼外和解实际上是一种社会救济，来弥补法律救济之不足。因此，其倚凭的不是法律的强制力，而是强大的舆论压力和道德责任。站在道德的制高点向烟草企业发出承担社会责任的呼吁，乃是立法缺失背景下的次优选择。

　　另一个需要考虑的问题是赔偿款的使用。赔偿款不应用于已经加入集团的原告间的直接分配，而应用于建立烟草侵权救济专项基金。因为企业作出赔偿并非仅仅针对已经加入和解集团的原告，还包括那些因各种原因并未加入谈判，但却遭受烟草侵权的受害者。烟草企业参与和解谈判并支付赔偿款，实为对其欠下的社会债务之补偿。因此，赔偿款数额的谈判应坚持实际损害评估和烟草产品销量相结合的原则。为使和解协议最大化发挥其增进公共健康的功能，应允许所有遭受企业烟草产品侵权的受害者，向烟草侵权救济基金申请补偿。此基金除用于烟草侵权受害者的疾病治疗与康复外，还可用于烟草危害之宣传，以及帮助吸烟者戒烟。

四、结语

　　烟草诉讼中侵权责任成立的难题，以及中美烟草诉讼的惨淡历史表明，个人成功对抗强大烟草企业的可能性微乎其微。而 MSA 的成功范例则为我们寻找诉讼外烟草侵权救济路径提供了新的思路。法律对无过错责任的严格限制，以及个案中因果关系、赔偿范围的证明困难，都能在和解中得到超越。烟草企业最担心的问题不是在和解协议中需要承诺多大数额的赔偿款，而是作为先例的法院判决将使其陷入无休止的诉讼纠纷，以及增强了企业未来发展的不确定性。要求烟草企业从其丰厚的利润中拿出一部分作为其产品缺陷的受害者，尤其是大量无辜被动吸烟者的损害救济，不仅可以让受害者获得更多的医疗资源和戒烟帮助，更有可能迫使烟草企业减少烟草供应，间接达到调整公共卫生法律关系的目的。

　　此外，公共场所全面禁烟已经成为全世界控烟的潮流。吸烟有害健康已成为共识，烟草危害是社会环境灾难，当然控制烟草危害仅仅靠一方的努力是远远不够的。这也就要求我们的政府、社会、个人都要参与到控烟事业中来。目前世界已经有许多国家有控烟的成功经验，这些经验都表明，通过对公共场所全面禁烟进行立法是实现无烟化的重要举措。党的十九大报告中明确指出要实施"健康中国"战略，将人民健康放在优先发展的地位。在此背景下，实行公共场所全面禁烟的举措来保障群众健康权益显得尤为必要。

案例 15

我国医疗废物管理法律制度的反思

——央视 3·15 晚会曝光"医疗垃圾的黑色产业"案

一、案例简介

医疗废物不同于一般日常生活垃圾，安全处置医疗废物，是切断病毒传播途径、防止二次污染的重要举措。2019 年 3 月 15 日，央视 3·15 晚会曝光了河南、山东、陕西，将输液瓶、医疗垃圾破碎料加工成"再生料"后在多地都有进行销售，加工再生颗粒产生的污水不经任何处理，被直接排到河里，将再生料制成蔬菜网袋、方便袋、一次性口杯、儿童玩具等事情，引发全国的关注。输液袋、一次性注射器、血包等多种医疗废物，这些本应该被集中无害化处置的医疗废物，它们竟被加工成了破碎料等待出售。在河北的几个废旧塑料市场，医疗垃圾破碎料，甚至是输液管等医疗废物，在这里被随意买卖。这些大量使用过的输液瓶、输液袋等医疗垃圾，不少医疗垃圾还残留着药水，上面的标签显示，这些医疗垃圾大都来自周边的医院。这里生产的再生颗粒，大部分被下游企业加工成织网袋、菜袋。一个规模不大的工厂每天生产的蔬菜网袋数量高达 10 万多只，行销全国各地。这些医疗废物被做成了洗脸盆、方便袋、一次性水杯，甚至儿童玩具。[1] 而这些监管薄弱、位于农村的"黑医疗废物加工点"没有任何处理医疗废弃物资质。

根据我国相关的法律规定，对直接关系到人们身体健康、环境安全的医疗废弃物应当严格监管，推行医疗废物集中无害化处置，禁止任何单位和个人转让、

---

[1] 澎湃新闻编辑部："央视 3·15 晚会曝光第一弹：注射器等医疗废物制成儿童玩具"，载澎湃新闻网站，https://www.thepaper.cn/newsDetail_forward_3142584，2019 年 7 月 7 日访问。

买卖医疗废物。[1] 然而，本应当受到严密监管的医疗废物，却从医院流到了市场，从废旧输液袋、注射器变成了日用品和玩具。这条产业链很长，涉及的地域很广，关涉的监管环节也很多。从中可以折射出一些社会存在的问题，例如有关部门监管力度不严、生产商家缺乏基本的生意原则和底线、相关体制机制的不完善、医院的不负责任等。

二、案例述评

医疗废物作为城市废物的一项重要类别，具有污染环境、传染疾病、威胁健康的特点，直接关系到群众的身体健康，意义十分重大。

（一）医疗废物的概念及特性

医疗废物[2]，是指医疗卫生机构在医疗、预防、保健以及其他相关活动中产生的具有直接或间接感染性、毒性以及其他危害性的废物。[3] 由于这些医疗垃圾携带着病人的体液、血液、排泄物，以及多种病菌、过期变质的药品、废弃的化学试剂，甚至有毒、有腐蚀性化学品等。因此，由于医疗垃圾不仅是病毒的传播体，若将其当普通垃圾处理，不仅会污染空气、水源与土壤，而且其携带的病菌危害性是普通生活垃圾的几十、几百甚至上千倍，将给人类生存环境与身体健康带来灾难性后果。国际上已将医疗废物列入《控制危险废物越境转移及其处置巴塞尔公约》（1989），我国的《国家危险废物名录》（2016 年修订）也将其列为头号危险废物。

本次 3·15 晚会曝光的医疗垃圾是从各地医院流出，这条黑色违法产业链（将）废旧输液袋、注射器变成了老百姓日常生活用品及儿童玩具，其可能将未知的病毒带给不确定的受众，使得公众健康处于极大的不确定的风险之中。尤其是一些高致病性、高传染性、高存活性的病毒，通过医疗垃圾制造的日常用品和玩具进入消费者的生活中，给使用者带来的危险后果是不堪设想。

---

〔1〕 青凝看世界："3·15 晚会曝光：医疗垃圾黑色产业链发展的背后，值得我们深思！"，载百度新闻网，https：//baijiahao.baidu.com/s？id=1628147317258746962&wfr=spider&for=pc，2019 年 7 月 7 日访问。

〔2〕 医疗废物也称医疗垃圾。

〔3〕 陈云良主编：《卫生法学》，高等教育出版社 2019 年版，第 275 页。

（二）医疗废物的分类

2003 年原国家卫计委发布的《医疗废物分类目录》，将医疗废物分为感染性废物、病理性废物、损伤性废物、药物性废物和化学性废物五类。

感染性废物是指携带病原微生物具有引发感染性疾病传播危险的医疗废物，例如被血液、体液、排泄物污染的棉球、棉签、纱布等；病理性废物是指诊疗过程中产生的人体废弃物和医学实验动物尸体等；损伤性废物是指能够刺伤或者割伤人体的废弃的医用锐器，例如医用针头、手术刀等；药物性废物是指过期、淘汰、变质或者被污染的废弃的药品；化学性废物是指具有毒性、腐蚀性、易燃易爆性的废弃的化学物品，包括废弃的温度计、化学试剂等。根据规定，使用后的一次性医疗器械，无论是否剪除针头，是否被病人体液、血液、排泄物污染，均属于医疗废物；使用后的各种玻璃（一次性塑料）输液瓶（袋），未被病人血液、体液、排泄物污染的，不属于医疗废物。

医疗实践活动中输液袋、注射器、洁具（便盆、脸盆、水壶等）基本都是一次性产品，属于感染性废物或者是化学性废物，其直接接触到病患的血液、体液、排泄物。医疗废物在处理上也很难辨别哪些是已经接触过病患的，哪些是没有接触过病患的，故不同的废物处置的方式也应不同。

（三）医疗废弃物法律适用

1. 相关法律规定。自 20 世纪 60 年代起，一些欧美发达国家相继建立了比较完善的医疗垃圾管理、处理法律制度。而我国对医疗垃圾的研究及系统管理开始于 20 世纪 80 年代，国家先后颁发了《医疗废物管理条例》《医疗卫生机构医疗废物管理办法》《医疗废物分类目录》《医疗废物专用包装物、容器标准和警示标示规定》《医疗废物管理行政处罚办法》《中华人民共和国固体废物污染环境防治法》等一系列法律、法规，使我国的医疗垃圾进入法制管理的轨道，并取得了一定成效。[1] 通过北大法宝检索，我国目前涉及医疗废物管理的法律制度文件共计近 500 个，[2] 既有中央立法，也有地方立法，还有专门的技术标准。总体而言，规范性法律文件数量居多，这些规范性文件门类较多，也较为复杂。

---

〔1〕 郭娟："完善我国医疗垃圾管理法律制度的思考"，载《西南农业大学学报（社会科学版）》2012 年第 7 期。

〔2〕 检索日期：2019 年 7 月 15 日。行政法规 1 部，部门规章 38 部，地方性法规规章 387 篇。

如法律层面有《中华人民共和国传染病防治法》，法规层面有《医疗废物管理条例》《医疗机构管理条例》《血液制品管理条例》等，规章层面有《医疗卫生机构医疗废物管理办法》《医疗机构管理条例实施细则》《医疗废物管理行政处罚办法》《消毒管理办法》《医院感染管理办法》《血站管理办法》等，规范层面有《消毒技术规范》《医疗废物分类目录》《医疗废物专用包装物、容器标准和警示标示规定》等。

2. 法律责任。

（1）刑事责任。《中华人民共和国传染病防治法》第 69 条规定，医疗机构违反该法规定，未按照规定承担本单位的传染病预防、控制工作、医院感染控制任务和责任区域内的传染病预防工作的，构成犯罪的，依法追究刑事责任。

《医疗废物管理条例》第 47 条规定，六种情形（丢弃混防、交接违法、非法收运存处、废物处置不规范、污水消排、传染病人垃圾）造成传染病传播或者环境污染事故，构成犯罪的，依法追究刑事责任。

相关四个罪名：

第一，妨害传染病防治罪（《刑法》第 330 条）。本罪是指违反传染病防治法的规定拒绝执行卫生防疫机构依照传染病防治法提出的预防、控制措施的。本罪是过失犯罪，表现为结果罪。主体既可以是自然人，也可以是单位。本罪属危害公共卫生罪范畴。刑事处罚：个人：处 3 年以下有期徒刑或者拘役；后果特别严重的，处 3 年以上 7 年以下有期徒刑。单位：判处罚金，并对其直接负责的主管人员和其他直接责任人员，依照个人处罚规定予以执行。

第二，投放危险物质罪（《刑法》第 114、115 条）。行为人如果投放传染病病原体，只要足以危及公共安全，即使没有造成实际危害后果，也应处 3 年以上10 年以下有期徒刑；致人重伤、死亡或者公私财产遭受重大损失的，最高可处以死刑。

第三，非法制造、买卖、运输、储存危险物质罪（《刑法》第 125 条第 2 款）。本罪是指违反国家有关毒害性、放射性、传染病病原体等物质制造、买卖、运输、储存的规定，擅自制造、买卖、运输、储存这些危险物质，危害公共安全的行为。凡自然人或单位，没有获得合法批准或者超出批准的种类、数量而擅自制造、买卖、运输、储存传染病病原体等物质的，即使没有造成实际危害，也可以构成本罪；情节严重的可以判处死刑 。

第四，污染环境罪（《刑法》第338条）。污染环境罪是指违反防治环境污染的法律规定，造成环境污染，后果严重，依照法律应受到刑事处罚的行为。违反国家规定，排放、倾倒或者处置有放射性的废物、含传染病病原体的废物、有毒物质或者其他有害物质，严重污染环境的，处3年以下有期徒刑或者拘役，并处或者单处罚金；后果特别严重的，处3年以上7年以下有期徒刑，并处罚金。

（2）行政责任。

监管主体：医疗废物处置监管的主体为县级以上各级人民政府卫生行政主管部门，其对医疗废物收集、运送、贮存、处置活动中的疾病防治工作实施统一监督管理；环境保护行政主管部门，对医疗废物收集、运送、贮存、处置活动中的环境污染防治工作实施统一监督管理。

医疗机构废物处置义务：①收集、贮存、处置义务：该义务主体为医疗卫生机构和医疗废物集中处置单位。医疗卫生机构应当及时收集本单位产生的医疗废物，并按照类别分置于防渗漏、防锐器穿透的专用包装物或者密闭的容器内。医疗废物专用包装物、容器，应当有明显的警示标识和警示说明。医疗卫生机构应当建立医疗废物的暂时贮存设施、设备，不得露天存放医疗废物；医疗废物暂时贮存的时间不得超过2天。②培训义务：应当对本单位从事医疗废物收集、运送、贮存、处置等工作的人员和管理人员，进行相关法律和专业技术、安全防护以及紧急处理等知识的培训。③登记义务：医疗卫生机构和医疗废物集中处置单位，应当对医疗废物进行登记，登记内容应当包括医疗废物的来源、种类、重量或者数量、交接时间、处置方法、最终去向以及经办人签名等项目。登记资料至少保存3年。④防扩散义务：医疗卫生机构和医疗废物集中处置单位，应当采取有效措施，防止医疗废物流失、泄漏、扩散。禁止在运送过程中丢弃医疗废物；禁止在非贮存地点倾倒、堆放医疗废物或者将医疗废物混入其他废物和生活垃圾。⑤合理运输义务：禁止邮寄医疗废物。禁止通过铁路、航空运输医疗废物。禁止将医疗废物与旅客在同一运输工具上载运。禁止在饮用水源保护区的水体上运输医疗废物；

此外，从事医疗废物集中处置活动的单位，应当向县级以上人民政府环境保护行政主管部门申请领取经营许可证；未取得经营许可证的单位，不得从事有关医疗废物集中处置的活动。

行政责任：①行政主管部门监管责任：卫生行政主管部门、环境保护行政主管部门或者其他有关部门，未按照本条例的规定履行监督检查职责，其他玩忽职守、失职、渎职行为的，由本级人民政府或者上级人民政府有关部门责令改正，通报批评；造成传染病传播或者环境污染事故的，对主要负责人、负有责任的主管人员和其他直接责任人员依法给予降级、撤职、开除的行政处分。②行政主管部门许可责任：县级以上人民政府环境保护行政主管部门，违反本条例的规定发给医疗废物集中处置单位经营许可证的，由本级人民政府或者上级人民政府环境保护行政主管部门通报批评，责令收回违法发给的证书；并可以对主要负责人、负有责任的主管人员和其他直接责任人员依法给予行政处分。③医疗卫生机构、医疗废物集中处置单位责任：违反医疗废物登记、贮存、收集、运输、检测等责任的，有关行政机关责令限期改正，给予警告；逾期不改正的，处 2000 元以上 5000 元以下的罚款；违反医疗废物处置规定造成环境污染的，责令限期改正，给予警告，可以并处 5000 元以下的罚款；逾期不改正的，处 5000 元以上 3 万元以下的罚款。

（3）民事责任。《传染病防治法》第 77 条规定，单位和个人违反本法规定，导致传染病传播、流行，给他人人身、财产造成损害的，应当依法承担民事责任。《医疗废物管理条例》第 54 条规定，医疗卫生机构违反本条例规定，导致传染病传播或者发生环境污染事故，给他人造成损害的，依法承担民事赔偿责任。《侵权责任法》第八章规定了环境污染责任的产生及承担方式，第九章分别对高度危险物相关侵权责任的形成及承担方式，作了具体的规定。以上皆为医疗废物污染侵权，诉诸私法手段提供依据。

（四）案件简析

医疗废物黑产业链久禁难绝，有不少原因。比如背后存在高额利润，如 1 吨医疗废物处理完可赚 4000 元，处理 1 吨普通废物赚 1000 多元。这让一些不法分子趋之若鹜、铤而走险。对于医疗废物，正规回收途径不畅，比如，现在的垃圾焚烧厂处置规模和能力有限，来不及处理的医疗废物，就更可能流入非法渠道。而医疗废物源头关也没有把好，比如，有个别医院内部管理混乱，对医疗废物处置未按照相关规定进行。而现在的医疗废物分类收集体系也不够完善，相关法规和监管机制不健全……这些原因的存在，都造成了在处置医疗废物问题上，存在违法成本低、守法成本高的"怪现状"，从而让医疗废物成了不法分子争抢的"宝"。[1] 但由于相应法律规范在实践中缺乏全程化、可操作化的监管链，导致医疗废物处理在终端环节出现监管松懈的现象。尤其是很多地区还存在处置设备陈旧、技术落后、无法保证医疗废弃物处置设施稳定运行等问题。[2] 这些都严重制约着我国医疗废物处置的规范化和法制化发展，也给了不法分子违法犯罪的空间。医疗废物的管理优劣直接影响到一个国家整体的卫生环境质量和人体健康水平，加强医疗废物依法处置管理势在必行。[3]

三、法理探析

（一）医疗废物处置与公众利益的关系

公众健康与基本医疗涉及公共领域，是公众利益的重要方面，因而属于行政管理的重要内容。由于医疗废物具有严重的危害性，医疗废物处置工作的好坏关乎环保，更关乎民生。医疗废物具有极强的传染性、病毒性和腐蚀性，若疏于对医疗废物的管理，则极易引发群体性传染事故，对不特定公众的安全造成极大的人身隐患，事关公共利益。加强对医疗废物的管理是政府的一项必须履行的工作，行政监管始终是医疗废物处置效果保障的主力军。医疗垃圾的管理是一项复杂的系统工程，涉及环境、社会公众利益、经济和技术等多种因素，涉及的权、责、利的行政部门有卫生防疫、环境保护、环境卫生等。[4]

（二）医疗废物处置的公法属性

正是因为医疗废物的处置与公共利益密切相关，因而其处置责任也属于公权力管理的范畴。公权力是人类共同体（国家、社团、国际组织等）为生产、分配和提供"公共物品"（安全、秩序、公交、通讯等）而对共同体成员进行组

---

〔1〕 戴先任："把医疗废物处置拉回正轨"，载《中国消费者报》2019 年 5 月 21 日，第 1 版。

〔2〕 农丽霞："广西医疗废物处置现状及对策研究"，载《轻工科技》2019 年第 4 期。

〔3〕 陈圳："健康法治视角下医疗废物管理存在的问题及对策"，载《中国卫生法制》2018 年第 4 期。

〔4〕 郭娟："完善我国医疗垃圾管理法律制度的思考"，载《西南农业大学学报（社会科学版）》2012 第 7 期。

织、指挥、管理，对共同体事务进行决策、立法的权力。[1] 行政权是公权力的一种类型，其肩负着对社会基本秩序的维护，对公共利益的保护之义务，这也是社会公众享有基本人权、个体自由、个体尊严的基础，是法治社会的根基。医疗废物因关涉公众的健康利益，属于社会公共事务的一种，凡此类公共事务公权力与公法不加以管制与规范，必定会导致社会秩序的混乱。如亚里士多德所言："凡是属于最多数人的公共事务常常是最少受人照顾的事物，人们关怀着自己的所有，而忽视公共的事物；对于公共的一切，他至多只留心到其中对他个人多少有些相关的事物。"[2] 医疗废物的处置是相应行政机关的职责范畴，其必须以积极的行政作为方式来保障公众健康。行政监管一般认为是国家司法机关、行政机关、立法机关依据一定的规则对特定的行为主体进行的约束行为。卫生行业综合监管的概念，涵盖了对卫生医疗部门所提供公共服务的监管和对医疗市场的监管两部分，对公共部门的监管，主要是解决医疗卫生服务在可及性、质量和效率方面的问题，实现人人享有公平的基本医疗卫生服务。[3]

（三）普通市场主体的医疗废物处置义务

医疗卫生机构，无论是公立还是私立机构，都是市场主体，其行为应当符合社会利益，要遵守基本的社会规范，不得损害其他社会主体的利益。作为社会主体的普通公众、医院等民事主体，其也有责任按照相关法律规定，对医疗废物进行无害化处置，不能够作出有损社会公众健康的行为，并接受行政机关的监管。若医疗机构从业者忽视对医疗废物的处置，则会造成严重扩散性污染，甚至严重威胁人类生命健康。因而一切产生污染性废物的主体均要对其所生废物造成的损害承担相应的法律责任，以此保障这些医疗废物能被规范合理的进行处置管理。

维护公众健康并不单属于行政机关的责任，每个市场主体均有义务作出不危害公共利益的行为，与医疗废物处置关系密切的医疗机构、医疗废物处置机构等须在法律允许的范围内对医疗废物进行处置。

---

〔1〕　姜明安主编：《行政法与行政诉讼法》，北京大学出版社、高等教育出版社 2011 年版，第 6 页。

〔2〕　[古希腊] 亚里士多德：《政治学》，吴寿彭译，商务印书馆 1981 年版，第 48 页。

〔3〕　王虎峰、甘铁立："新时期的卫生行业综合监管：根由、路径及价值考量"，载《中国行政管理》2018 年第 10 期。

四、结语

医疗卫生产业发展迅猛，从而不可避免的产生了大量医疗废物，在相关法律规范相对不健全，行业监管乏力的背景下，医疗废物随意处置造成的后果与社会影响越来越严重，医疗废物的管理从社会隐蔽的角落逐渐走到了大众视野。科学、合理地解决医疗垃圾的处理问题，除了处理技术上的不断完善，更需要建立一个完善的医疗垃圾管理法律制度，这对我国的环境保护事业和可持续发展都具有重要的意义。

案例 16

精神病人殴伤医务人员要承担法律责任吗

——对 *Edgar Anicet v. Preston Gant* 案[1]的分析

一、案例简介

原告甘特（Gant）是佛罗里达州州立医院的护士，被告阿尼塞特（Anicet）是一个精神病人。依据佛罗里达州法律《贝克法案》（*the Baker Act*）的规定，被告被强制收治住入南佛罗里达州立医院，被安排住入该医院为具有最大危险性倾向的精神病人而设计的病房里。原告的具体工作职责包括处理像被告在内的这样的病人，并控制他们的危险行为。这一天，当原告透过病房窗户看到被告正在向同病房的一个病人扔椅子时，原告就走进了病房，并试图让被告安静下来，同时警告被告：如果他还不停止向他人扔椅子的话，他将会被单独限制在一间"禁闭室"里。当原告离开房间的时候，被告拿起一个重烟灰缸朝原告头部砸去，原告在弯腰躲闪时严重受伤。原告起诉了被告，初审法院支持了原告的诉请。被告上诉到佛罗里达上诉法院，上诉法院撤销了初审法院的判决。

二、案例述评

这是一起发生在美国佛罗里达州的精神病人殴伤护士的案例。那么，精神病人是否要对被其侵害的医务人员承担损害赔偿责任？精神病人侵害医务人员与侵害一般人员的法律后果有何不同？英美法上是如何处理此类案件的？我们来看一下佛罗里达上诉法院对本案的判决意见与理由。

本案首席大法官舒瓦茨（Schwartz）在判决意见中写道，这个案例需要解决的问题是：一个住在精神病院里的有攻击倾向的精神病人是否对其殴伤精神病院

---

[1]　*Edgar Anicet v. Preston Gant* No. 90-547（1991），580 So. 2d 273；1991 Fla. App. LEXIS 4587.

护士的行为负法律责任。通过对本案事实的确认以及所涉法律问题的分析，大法官认为被告不负法律责任。大法官通过对先例的回顾，总结出已经确立的处理精神病人侵权行为的规则是：一般情况下，一个精神病人要像一个正常人那样承担侵权行为责任，这个责任既包括故意的侵权行为，也包括过失的侵权行为。这个规则蕴涵的理由是：①在无辜的受害人和无行为能力的加害者之间，后者应该负担损失；②给精神病人设置责任，可以最大限度地限制病人的行为，以免他们伤害无辜的人。但是对精神病人来说，一般原则中的"故意""过失"和"过错"只有大体上相似的含义，因为精神病人无法控制他们的行为，无法合理地进行推理，我们本身就不能拿"理性人"的标准来要求他们。大法官说，就本案的具体情况而言，上述规则存在的两个理由都不成立。因此也就没有必要适用这些规则。[1] 为此，大法官分别分析了原、被告双方所涉及的法律问题。

原告甘特（Gant）认为一个精神病人应当对其故意的侵权行为负责，即便他不能够形成一个故意去实施一个侵权行为，也不能够在道德上认定他没有"过错"。他认为这是基于一种正义理念的要求：在两个具有同等的道德责任与能力保护自己的人之间，导致伤害的侵权行为人应当承担责任。历史上也有这样的先例。但是大法官认为这一正义理念并不适用于本案。因为，本案中的甘特（Gant）并不是一个对精神病人的侵害行为不能预料与防范的无辜的人。恰恰相反，他是一个医护人员，他的工作本身就包含了要应对护理中的危险；更为重要的是，他在应对危险时因受到损害所致的任何经济损失都由劳动保障机制进行补偿。在这种情况下，基本的正义原则并不表明 Gant 的损失能够通过侵权行为法体系得到救济。大法官认为，医护人员与病人的关系类似于消防人员与房主的关系。医护人员与消防人员都是受雇专门从事具有特定危险工作的人员，他们受到的伤害并不能通过侵权行为法体系由危险制造者来进行救济，即便危险制造者不是本案中的精神病人而是有过失或其他过错的房主或相关人员，也是如此。就消防人员来说，他们的服务应当得到他们为之服务的公众的合适的补偿，这种补偿既体现为危险补偿，也体现为薪金福利。这种原则同样适用于房主雇用承包商或专业人士装修房屋的情况，也就是说，房主已经为雇用承包商或专业人士支付了

---

〔1〕 参见徐爱国：《名案中的法律智慧》，北京大学出版社2005年版，第175、176页。

报酬，无需再承担侵权责任。本案中的 Gant 如同消防人员或承包商，应当适用同样的救济规则。

　　大法官说，不言自明的是，对精神病人设定责任的目的是防止他们暴力攻击他人，但是这一目的并不适用于本案。因为，对病人自己、对病人家属，乃至对社会而言，最大限度地控制病人的方法莫过于将病人限制在医院里，本案即是如此。因此，让他们承担额外的侵权负担并不能起到有益的作用。大法官接着说，就"公平"来说，对 Anicet 施加责任是不公平的。因为，他是精神病人，他不能控制自己的行为，从"公平"的最基本意义上来说，即使他做了不当的事情，他也是一个无辜者。这里适用的规则与适用于消防人员以及承包商的规则是一致的。这个规则是建立在这样的理念基础上：作为社会的一员或者作为雇主，他已经花钱雇用另外一个人去应对一个特定的危险，他就不应再次为这种危险所致的损害而支付赔偿金——甚至即便他在危险产生中有过错也应如此。这个原则毫无疑问地适用于无辜的 Anicet。本案应当适用的基本法则是"无过错即无责任"，因为这一法则的有限的例外适用的理由如适用于精神病人的理由（如精神病人殴伤一个无辜的路人——笔者注）并不能适用于本案。最后的结论是：撤销初审法院的判决。

二、法理探析

（一）英美法上的精神病人承担法律责任的基本规则

　　精神病有多种形态，其中有些精神病人具有攻击性倾向，这往往会导致两个结果：一是犯罪，即对社会秩序和安全造成危害；二是侵权，即对他人的人身与财产造成侵害。就精神病人犯罪而言，在 19 世纪以前，英美法并未对精神病人作出特别的规定，犯罪的精神病人与一般犯罪人一样受到监禁与惩罚。随着精神病学的产生与发展，人们认识到精神病人与常人不同：前者一般没有犯罪计划，没有特定的犯罪对象，犯罪不计后果，犯罪后没有罪恶感。基于此，医生与犯罪学家们认为，让精神病人与一般犯罪人受到同样的法律制裁是不人道的，法律上需要对之进行区别对待。主要理由如下：其一，法律惩罚的目的是改造罪犯，既然精神病人是因为疾病而不是主观恶意对社会造成了危害，那么对他们实施惩罚就没有法律上的意义；其二，精神病人本来就是不幸之人，再在他们身上实施惩罚，有悖于人道主义精神。在这种思想的指导下，西方国家开始建设精神病院，把犯罪的精神病人送进精神病院治疗而不是送到监狱监禁与惩罚。[1]

就精神病人侵权而言，英美法的一个基本原则是，精神病人的精神错乱本身不能成为免于追究其民事侵权责任的理由，也就是说，精神病人也要承担侵权赔偿责任。而大陆法系国家中的大多数国家都豁免精神病人的责任。在我国，精神病人不承担犯罪的刑事责任，一般也不承担侵权行为的民事责任，而是让其监护人代为承担赔偿责任（见后文分析）。

英美法通过一系列的判例确立了精神病人承担侵权行为责任的两个规则：第一个规则是，一般情况下，精神病人对他人造成的损害应该承担侵权行为责任（包括故意的侵权行为，也包括过失的侵权行为）。这也是一项公共政策，其目的在于保护无辜受害人的权益，并督促精神病人的家属最大限度地防止精神病人的暴力行为，同时也是为了防止正常人冒充精神病人来规避法律责任。但是在本文案例中，大法官认为这个规则不适用，因为病人攻击的不是一般的无辜的人，而是负责看管精神病人的医护人员。这便引出了第二个规则，即精神病人在医院里对负责看管他们的医护人员造成人身伤害，不承担侵权赔偿责任。理由是，医护人员与消防人员、承包商一样都是"自愿承担风险的人"，雇主或社会已经为雇用他们专门从事具有某种特定危险的工作支付了薪酬与福利，他们就不能视其所从事工作的特定危险为侵权行为发生的原因来要求赔偿。这些职业人员从事特定危险工作所致损害只能从劳动保障体系中获得补偿，而不能从侵权行为法体系中获得赔偿。[2]

（二）英美法上的精神病人承担法律责任的理论难题

前文述及，就精神病人侵权而言，英美法的一个基本原则是，一般情况下，精神病人的精神错乱本身不能成为豁免其承担侵权责任的理由。也就是说，英美法确认了精神病人的被告资格。这有其可取之处，但是也存在着理论上的难题。侵权法的主导法则过错责任——所谓无过错，即无责任，要求被告在实施侵权行为时主观上必须要具备过错（故意或者过失）。若以这一主观要件来判定精神病人的侵权行为就会存在悖论，因为精神病人与常人不同，其在实施侵权行为时缺

---

〔1〕 参见徐爱国：《名案中的法律智慧》，北京大学出版社2005年版，第10页。

〔2〕 参见徐爱国：《名案中的法律智慧》，北京大学出版社2005年版，第177、178页。

乏主观上的辨认与控制能力，无法形成故意或过失的主观状态。让精神病人承担侵权责任，实际上是让他们承担严格责任。而严格责任适用于精神病人是否合适、可行，学界对此并未达成共识。

为了解决上述的理论难题，英美国家的法官又提出了"正义"原则。这一原则是指，在两个具有同等道德责任与能力保护自己免受不法侵害的人之间，导致伤害的行为人应该承担责任。直白地说，就是如果侵害者与被侵害者都没有道德上的过错，由谁来承担这个损害责任才合乎正义呢？法官认为，正义的做法是让造成损害事实的人来承担责任。本文案例中的护士 Gant 就是以这一理由提出让精神病人 Anicet 承担赔偿责任的。这个正义原则也适用于紧急避险的案件中，即应该由避险人承担紧急避险造成的损害。[1] 但是，这一"正义"原则并不能适用于职业危害中（见前文分析，即职业危害由职业保障机制进行补偿）。本案即是一起职业危害案例，故不适用该"正义"原则。

（三）大陆法系精神病人承担侵权责任的规范模式

按照 19 世纪法国民法学的通说，只有致害人的行为具有可归责性方可构成侵权责任。因此，幼儿（7 岁以下）、精神病人、痴呆症人等欠缺理性的人不必为其致害行为负赔偿责任。[2] 据此，大陆法系各国（地区）民法一般都规定精神障碍者因欠缺识别能力而不必对其致害行为承担赔偿责任，精神障碍者的民事责任能力与法律行为能力状况一般是一致的，即不具备法律行为能力的精神障碍者也不具备民事责任能力。但是，新修订的《法国民法典》与《荷兰民法典》却是例外，依照其规定，对精神障碍者的民事责任能力的要求低于法律行为能力的要求。1804 年的《法国民法典》并未对未成年人与精神障碍者是否需要承担责任的问题作出明确规定，直至 20 世纪中期，民法学界与司法实践中依然坚持"精神障碍者因欠缺识别能力而不必对其致害行为承担赔偿责任"这一立场。[3]但是，20 世纪中期以后，情况发生了变化。1968 年的《法国民法典》第 489-2

---

〔1〕 徐爱国：《名案中的法律智慧》，北京大学出版社 2005 年版，第 178 页。

〔2〕 杨代雄："重思民事责任能力与民事行为能力的关系——兼评我国《侵权责任法》第 32 条"，载《法学论坛》2012 年第 2 期。

〔3〕 张民安：《过错侵权责任制度研究》，中国政法大学出版社 2002 年版，第 245 页。转引自杨代雄："重思民事责任能力与民事行为能力的关系——兼评我国《侵权责任法》第 32 条"，载《法学论坛》2012 年第 2 期。

条明确规定:"处于精神紊乱状态之下的人给他人造成损失者,仍应负赔偿责任。"自此,精神障碍者被认为具备承担侵权责任之能力。[1] 1992 年实施的新《荷兰民法典》第六编第 165 条第 1 款采取同样的立场,按照该款规定,某人在精神障碍的影响下实施的致害行为,不妨碍作为侵权行为由其承担责任。[2]

(四)我国关于精神病人权益保障的主要法律制度

我国关于精神病人权益保障的主要法律制度如下:

1. 精神病人民事行为能力制度。依据《民法通则》第 13、14 条的规定[3],我国精神病人民事行为能力制度的主要内容有:不能辨认自己行为的精神病人是无民事行为能力人,由其法定代理人代理民事活动;不能完全辨认自己行为的精神病人是限制民事行为能力人,可以进行与其精神健康状况相适应的民事活动,其他民事活动由其法定代理人代理,或者征得其法定代理人同意;无民事行为能力精神病人的民事行为无效。精神病人的监护人是其法定代理人。

2. 精神病人监护制度。监护制度是法律为保护某些特殊自然人人身和财产权利而设置的一种法律制度。依据《民法通则》第 14、17、18 条的规定[4],我国民法规定了精神病人监护制度,其主要内容有:无民事行为能力或者限制民事行为能力的精神病人,由配偶、父母、成年子女、其他近亲属担任监护人;关系

---

〔1〕 在最新修订的《法国民法典》中,该条被调整为第 414-3 条。参见罗结珍译:《法国民法典》,北京大学出版社 2010 年版,第 138 页。转引自杨代雄:"重思民事责任能力与民事行为能力的关系——兼评我国《侵权责任法》第 32 条",载《法学论坛》2012 年第 2 期。

〔2〕 杨代雄:"重思民事责任能力与民事行为能力的关系——兼评我国《侵权责任法》第 32 条",载《法学论坛》2012 年第 2 期。

〔3〕《民法通则》第 13 条规定:"不能辨认自己行为的精神病人是无民事行为能力人,由他的法定代理人代理民事活动。不能完全辨认自己行为的精神病人是限制民事行为能力人,可以进行与他的精神健康状况相适应的民事活动……"第 14 条规定:"无民事行为能力人、限制民事行为能力人的监护人是他的法定代理人。"

〔4〕《民法通则》第 17 条规定:"无民事行为能力或者限制民事行为能力的精神病人,由下列人员担任监护人:①配偶;②父母;③成年子女;④其他近亲属;⑤关系密切的其他亲属、朋友愿意承担监护责任,经精神病人的所在单位或者住所地的居民委员会、村民委员会同意的。对担任监护人有争议的,由精神病人的所在单位或者住所地的居民委员会、村民委员会在近亲属中指定。对指定不服提起诉讼的,由人民法院裁决。没有第一款规定的监护人的,由精神病人的所在单位或者住所地的居民委员会、村民委员会或者民政部门担任监护人。"第 18 条规定:"监护人应当履行监护职责,保护被监护人的人身、财产及其他合法权益,除为被监护人的利益外,不得处理被监护人的财产。监护人依法履行监护的权利,受法律保护。监护人不履行监护职责或者侵害被监护人的合法权益的,应当承担责任;给被监护人造成财产损失的,应当赔偿损失。人民法院可以根据有关人员或者有关单位的申请,撤销监护人的资格。"

密切的其他亲属、朋友愿意承担监护责任，经精神病人所在单位或者住所地居民委员会、村民委员会同意的，可以担任精神病人监护人；对担任监护人有争议的，由精神病人所在单位或者住所地居民委员会、村民委员会在近亲属中指定，对指定不服提起诉讼的，由人民法院裁决；没有前述监护人的，由精神病人所在单位或者住所地居民委员会、村民委员会或者民政部门担任监护人。

3. 精神病人侵权责任制度。与前述精神病人的民事行为能力制度与监护制度密切相关的是精神病人侵权责任制度，对这一制度的分析，也有助于从比较法视角对本文案例进行考察。

《民法通则》第 133 条第 1 款规定："无民事行为能力人、限制民事行为能力人造成他人损害的，由监护人承担民事责任。监护人尽了监护责任的，可以适当减轻他的民事责任。"第 2 款规定："有财产的无民事行为能力人、限制民事行为能力人造成他人损害的，从本人财产中支付赔偿费用。不足部分，由监护人适当赔偿，但单位担任监护人的除外。"《侵权责任法》第 32 条第 1 款规定："无民事行为能力人、限制民事行为能力人造成他人损害的，由监护人承担侵权责任。监护人尽到监护责任的，可以减轻其侵权责任。"第 2 款规定："有财产的无民事行为能力人、限制民事行为能力人造成他人损害的，从本人财产中支付赔偿费用。不足部分，由监护人赔偿。"另外，最高人民法院《关于贯彻执行〈中华人民共和国民法通则〉若干问题的意见（试行）》第 22 条、第 160 条也对精神病人侵权或被侵权作了相关规定。[1] 由上述规定可知，我国法律并不认可精神病人（为无民事行为能力人或者限制民事行为能力人）的主体资格，精神病人的侵权责任由其监护人承担民事责任；监护人尽了监护责任的，可以适当减轻他的民事责任；有财产的精神病人造成他人损害的，从本人财产中支付赔偿费用，不足部分，由监护人适当赔偿，但单位担任监护人的除外。

《民法通则》第 133 条与《侵权责任法》第 32 条设立的无民事行为能力人与限制民事行为能力人（包括精神病人）侵权责任制度对保护精神病人以及受

---

〔1〕 最高人民法院《关于贯彻执行〈中华人民共和国民法通则〉若干问题的意见（试行）》第 22 条规定："监护人可以将监护职责部分或者全部委托给他人。因被监护人的侵权行为需要承担民事责任的，应当由监护人承担，但另有约定的除外；被委托人确有过错的，负连带责任。"第 160 条规定："在幼儿园、学校生活、学习的无民事行为能力人或者在精神病院治疗的精神病人，受到伤害或者给他人造成损害，单位有过错的，可以责令这些单位适当给予赔偿。"

害人的权益具有积极的意义，但是这些规定尚存在诸多弊端。鉴于《民法通则》第133条与《侵权责任法》第32条规定的内容基本一致，现以《侵权责任法》第32条为例来进行分析。从《侵权责任法》第32条第1款的规定来看，无民事行为能力人、限制民事行为能力人都不具备民事责任能力，其致害行为都由监护人负责，言下之意，只有完全民事行为能力人才具备民事责任能力。[1] 无民事行为能力人无民事责任能力是可以理解和接受的，但是限制民事行为能力人则应当具有与其行为能力相应的民事责任能力，并非一概不具备民事责任能力。该款规定将可能导致某些精神病人对自己致害行为的放纵，不利于对他人与社会利益的保护，也不符合合理的公共政策的要求。

从《侵权责任法》第32条第2款的规定来看，有财产的无民事行为能力人、限制民事行为能力人需从本人财产中支付赔偿费用，换言之，他们需要承担损害赔偿责任，而监护人只承担补充责任。此处，立法者实际上是在以过错能力为基础的责任能力之外又确立了另一个责任前提——财产能力。也就是说，只要致害人具备过错能力与财产能力这两个责任前提中的一个，他就需要承担责任。有学者将这种立法模式称为"双轨式的侵权责任法律前提"。[2] 该款立法旨在：充分救济受害人，防止监护人财产能力不足的情况下受害人得不到赔偿；[3] 减轻监护人的负担，避免出现没有人愿意担任监护人的状况。[4] 但是，其弊端也十分明显：其一，难以获得伦理上的正当性。若行为人是否承担赔偿责任仅取决于其是否拥有财产，而不论其是否具有行为识别能力，事实上会导致一个行为识别能力强但却无财产的人反而比一个行为识别能力弱但却有财产的人更能得到法律的优待。这显然违背了建基于自由意志论基础之上的过错责任原则这一最基本的民法伦理与原则。其二，容易导致监护人玩忽职守，尤其是在监护人并非被监护人的父母的情况下，这种弊端就更加明显。其三，不利于维护被监护人的利

---

〔1〕 参见杨代雄："重思民事责任能力与民事行为能力的关系——兼评我国《侵权责任法》第32条"，载《法学论坛》2012年第2期。

〔2〕 杨代雄："重思民事责任能力与民事行为能力的关系——兼评我国《侵权责任法》第32条"，载《法学论坛》2012年第2期。

〔3〕 王利明："自然人民事责任能力制度探讨"，载《法学家》2011年第2期。

〔4〕 薛军："走出监护人'补充责任'的误区——论《侵权责任法》第32条第2款的理解与适用"，载《华东政法大学学报》2010年第3期。

益。让一个年幼无知或精神障碍缺乏理性判断能力的人以其财产赔偿他人的损失，而监护人却不承担赔偿责任（即便其严重失职，也是如此），这显然有失公平，而且可能导致被监护人丧失生活或未来发展的经济基础。[1]

总体看来，关于我国精神病人侵权责任制度，前述的相关法律规定尚未解决如下问题：监护人承担的是无过错责任还是过错责任？监护人承担的是替代责任还是补充责任？单位监护人为何不承担赔偿责任？精神病人侵权责任承担是应依据其财产能力还是应依据其行为识别能力？如何理解民事行为能力与民事责任能力之间的关系？这些问题都涉及基本的民法原理与伦理探究以及侵权责任制度设立的本旨考量，因而，这些问题的解决有待于对民法基本原理与伦理梳理基础上的立法完善。

4. 精神病人宣告制度。宣告达到法定年龄但缺乏正确辨认自己行为能力的自然人为无民事行为能力人或限制民事行为能力人是各国的通行做法，如法国、日本等国将心神丧失、完全失去意思能力者被宣告为禁治产人。[2] 我国民事立法对无民事行为能力或者限制民事行为能力的精神病人也采取宣告制度。依据《民法通则》第19条的规定[3]，我国精神病人宣告制度的主要内容有：精神病人的利害关系人，可以向人民法院申请宣告精神病人为无民事行为能力人或者限制民事行为能力人；被人民法院宣告为无民事行为能力人或者限制民事行为能力人的，根据他健康恢复的状况，经本人或者利害关系人申请，人民法院可以宣告他为限制民事行为能力人或者完全民事行为能力人。

5. 精神病人刑事责任与行政责任免责制度。精神病人在不能辨认和不能控制自己行为的情形下，违反刑法或行政法律规定，免除其刑事或者行政处罚的责任，这就是精神病人免责制度。我国《刑法》《中华人民共和国行政处罚法》（以下简称《行政处罚法》）和《中华人民共和国治安管理处罚法》（以下简称

---

〔1〕 杨代雄："重思民事责任能力与民事行为能力的关系——兼评我国《侵权责任法》第32条"，载《法学论坛》2012年第2期。

〔2〕 参见徐继敏："我国精神病人制度分析"，载《中国法学会行政法学研究会2010年会论文集》2010年7月。

〔3〕 《民法通则》第19条规定："精神病人的利害关系人，可以向人民法院申请宣告精神病人为无民事行为能力人或者限制民事行为能力人。被人民法院宣告为无民事行为能力人或者限制民事行为能力人的，根据他健康恢复的状况，经本人或者利害关系人申请，人民法院可以宣告他为限制民事行为能力人或者完全民事行为能力人。"

《治安管理处罚法》）等法律规定了精神病人免责、从轻或者减轻处罚制度。依据《刑法》第18条的规定[1]，精神病人在不能辨认或者不能控制自己行为的时候造成危害结果，经法定程序鉴定确认的，不负刑事责任，但是应当责令他的家属或者监护人严加看管和医疗；在必要的时候，由政府强制医疗；间歇性的精神病人在精神正常的时候犯罪，应当负刑事责任；尚未完全丧失辨认或者控制自己行为能力的精神病人犯罪的，应当负刑事责任，但是可以从轻或者减轻处罚。依据《行政处罚法》第26条的规定[2]，精神病人在不能辨认或者不能控制自己行为时有违法行为的，不予行政处罚，但应当责令其监护人严加看管和治疗；间歇性精神病人在精神正常时有违法行为的，应当给予行政处罚。依据《治安管理处罚法》第13条的规定[3]，精神病人在不能辨认或者不能控制自己行为的时候违反治安管理的，不予处罚，但是应当责令其监护人严加看管和治疗；间歇性的精神病人在精神正常的时候违反治安管理的，应当给予处罚。

6. 精神病人自愿住院制度。精神病人自愿住院制度是指，除非符合法定条件，并经法定程序，任何人不得强制精神病患者住院治疗。联合国《保护患精神疾病的人和改善精神卫生保健的原则》中对强制住院的具体措施做了如下规范：①在（b）项所述情况下如有可能应早独立于第一位的另一位此类健身保健工作者诊治；如果接受这种诊治，除非第二位诊治医生同意，否则不得安排非自愿住院或留医。②非自愿住院或留医应先在国内法规定的短期限内进行观察和初步治疗，然后由复查机构对住院或留医进行复查。住院或留医理由应不得迟缓地通知患者，同时，住院或留医之情事及理由应立即详细通知复查机构、患者私人代表（如有代表），如患者不反对，还应通知患者亲属。③精神病院仅在经国内法规

---

〔1〕《刑法》第18条第1~3款规定："精神病人在不能辨认或者不能控制自己行为的时候造成危害结果，经法定程序鉴定确认的，不负刑事责任，但是应当责令他的家属或者监护人严加看管和医疗；在必要的时候，由政府强制医疗。间歇性的精神病人在精神正常的时候犯罪，应当负刑事责任。尚未完全丧失辨认或者控制自己行为能力的精神病人犯罪的，应当负刑事责任，但是可以从轻或者减轻处罚。"

〔2〕《行政处罚法》第26条规定："精神病人在不能辨认或者不能控制自己行为时有违法行为的，不予行政处罚，但应当责令其监护人严加看管和治疗。间歇性精神病人在精神正常时有违法行为的，应当给予行政处罚。"

〔3〕《治安管理处罚法》第13条规定："精神病人在不能辨认或者不能控制自己行为的时候违反治安管理的，不予处罚，但是应当责令其监护人严加看管和治疗。间歇性的精神病人在精神正常的时候违反治安管理的，应当给予处罚。"

定的主管部门加以指定之后方可接纳非自愿住院的患者。

《中华人民共和国精神卫生法》（以下简称《精神卫生法》）确立了对精神障碍患者诊断以及入院治疗的"自愿原则"，体现了患者利益最大化的立法价值取向。《精神卫生法》第 5 条第 1～3 款规定："全社会应当尊重、理解、关爱精神障碍患者。任何组织或者个人不得歧视、侮辱、虐待精神障碍患者，不得非法限制精神障碍患者的人身自由。新闻报道和文学艺术作品等不得含有歧视、侮辱精神障碍患者的内容。"第 27 条第 2 款规定："除法律另有规定外，不得违背本人意志进行确定其是否患有精神障碍的医学检查。"第 30 条第 1 款规定："精神障碍的住院治疗实行自愿原则。"第 44 条第 1～5 款规定："自愿住院治疗的精神障碍患者可以随时要求出院，医疗机构应当同意。对有本法第 30 条第 2 款第 1 项情形的精神障碍患者实施住院治疗的，监护人可以随时要求患者出院，医疗机构应当同意。医疗机构认为前两款规定的精神障碍患者不宜出院的，应当告知不宜出院的理由；患者或者其监护人仍要求出院的，执业医师应当在病历资料中详细记录告知的过程，同时提出出院后的医学建议，患者或者其监护人应当签字确认。对有本法第 30 条第 2 款第 2 项情形的精神障碍患者实施住院治疗，医疗机构认为患者可以出院的，应当立即告知患者及其监护人。"

与此同时，出于对他人安全、公共利益以及精神障碍患者自身利益的考虑，《精神卫生法》第 30 条第 2 款规定了精神障碍患者住院治疗制度，但必须同时满足两大条件：即就诊者被诊断为严重精神障碍患者，并且已经发生伤害自身或他人安全的行为，或者有伤害自身或危害他人安全的危险。[1] 并在第 31 条中对符合第一种情形的住院治疗赋予了监护人"同意"的权利；[2] 在第 32 条中对符合

---

〔1〕《精神卫生法》第 30 条第 2 款规定："诊断结论、病情评估表明，就诊者为严重精神障碍患者并有下列情形之一的，应当对其实施住院治疗：①已经发生伤害自身的行为，或者有伤害自身的危险的；②已经发生危害他人安全的行为，或者有危害他人安全的危险的。"

〔2〕《精神卫生法》第 31 条规定："精神障碍患者有本法第 30 条第 2 款第 1 项情形的，经其监护人同意，医疗机构应当对患者实施住院治疗；监护人不同意的，医疗机构不得对患者实施住院治疗。监护人应当对在家居住的患者做好看护管理。"

第二种情形的住院治疗赋予了患者及其监护人"要求再次诊断与鉴定"的权利。[1]

（五）我国关于精神卫生工作人员权益保障的法律规定

《侵权责任法》第 64 条对医务人员合法权益保护作了如下规定："医疗机构及其医务人员的合法权益受法律保护。干扰医疗秩序，妨害医务人员工作、生活的，应当依法承担法律责任。"《精神卫生法》对精神卫生工作人员的权益保障主要体现在第 71 条、第 80 条和第 81 条的规定中。该法第 71 条规定："精神卫生工作人员的人格尊严、人身安全不受侵犯，精神卫生工作人员依法履行职责受法律保护。全社会应当尊重精神卫生工作人员。县级以上人民政府及其有关部门、医疗机构、康复机构应当采取措施，加强对精神卫生工作人员的职业保护，提高精神卫生工作人员的待遇水平，并按照规定给予适当的津贴。精神卫生工作人员因工致伤、致残、死亡的，其工伤待遇以及抚恤按照国家有关规定执行。"该法第 80 条规定："在精神障碍的诊断、治疗、鉴定过程中，寻衅滋事，阻挠有关工作人员依照本法的规定履行职责，扰乱医疗机构、鉴定机构工作秩序的，依法给予治安管理处罚。违反本法规定，有其他构成违反治安管理行为的，依法给予治安管理处罚。"该法第 81 条规定："违反本法规定，构成犯罪的，依法追究刑事责任。"《精神卫生法》第 80 条、第 81 条的规定与《侵权责任法》第 64 条的规定类似，主要是对扰乱医疗卫生秩序以及妨害医务人员工作、生活者的行政责任与刑事责任追究。而《侵权责任法》第 64 条还包含对侵权者民事责任的追究，但是该条却并不能适用于精神障碍患者住院期间侵害精神卫生工作人员的民事责任追究，因为依据前文案例分析可知，此种职业危害不能通过侵权行为法体系得以救济，而是通过职业保障机制加以补偿。基于此，《精神卫生法》第 71 条的规定就显得尤为重要，因为该条是对精神卫生工作人员的职业保护、职业待遇、职

---

[1] 《精神卫生法》第 32 条规定："精神障碍患者有本法第 30 条第 2 款第 2 项情形，患者或者其监护人对需要住院治疗的诊断结论有异议，不同意对患者实施住院治疗的，可以要求再次诊断和鉴定。依照前款规定要求再次诊断的，应当自收到诊断结论之日起 3 日内向原医疗机构或者其他具有合法资质的医疗机构提出。承担再次诊断的医疗机构应当在接到再次诊断要求后指派 2 名初次诊断医师以外的精神科执业医师进行再次诊断，并及时出具再次诊断结论。承担再次诊断的执业医师应当到收治患者的医疗机构面见、询问患者，该医疗机构应当予以配合。对再次诊断结论有异议的，可以自主委托依法取得执业资质的鉴定机构进行精神障碍医学鉴定；医疗机构应当公示经公告的鉴定机构名单和联系方式。接受委托的鉴定机构应当指定本机构具有该鉴定事项执业资格的 2 名以上鉴定人共同进行鉴定，并及时出具鉴定报告。"

业津贴以及工伤待遇等的规定。但是这些规定都只是原则性、概括性规定，尚待相关法规、规章对之加以细化与落实。

四、结语

总之，只有真正落实对精神卫生工作人员的职业保护与职业待遇，才能推动精神卫生人才队伍建设，才能提高对精神疾患的诊疗水平，才能解决精神疾患者看病难的问题。精神卫生属于公共卫生的范畴，公共卫生系公共产品，公共产品的最终责任主体是国家。故而，政府的重视与投入，直接关乎精神障碍患者与精神卫生工作人员权益保障的落实以及精神卫生事业的发展。

案例 17

精神障碍患者强制医疗法律问题分析

——全国首例"被精神病"法院判决赔偿案

一、案例简介

2010 年 3 月 9 日，吕某（第二被告）到济南一家精神病院（第一被告）称其丈夫李某（原告）有精神病，并为原告办理了住院手续，交纳了 3000 元住院押金。第二天，第一被告的 4 名工作人员乘出租车到原告家，欲将其带往医院治疗。原告拒不前往，并极力反抗，第一被告的工作人员用约束带将原告捆绑从家中强行带出，欲将其塞入出租车带往医院。在此过程中，原告极力反抗，引来部分群众围观。后第二被告打电话报警，民警到达现场后，方才解开了捆绑原告的约束带。此后，原告将两被告起诉到法院，认为第一被告在没有任何证据、也没采取任何医疗诊断的情况下，采取暴力手段将自己送往精神病院治疗的行为，给自己心理上、精神上造成巨大创伤，请求（法院）判令精神病院赔偿精神损失费 5 万元。

法院认为，非经法定程序，任何单位和个人不得剥夺他人人身自由，精神病患者或疑似精神病患者也不例外。将精神病患者或疑似精神病患者强行收入院治疗是一种剥夺其人身自由的行为。目前，我国并无法律规定精神病医院有将精神病患者或者疑似精神病患者强行收入院治疗的权力。因此，第一被告仅凭第二被告办理的住院手续，就擅自派人采取暴力方式将人带往医院的行为，严重侵犯了原告的身体权和自由权，是侵权行为。法院一审判决第一被告赔偿原告精神损害抚慰金 5000 元。目前判决已生效。[1]

---

〔1〕 参见"我国首例'被精神病'者获赔偿"，载中国法院网，https：//www.chinacourt.org/article/detail/2010/10/id/431404.shtml，2016 年 3 月 5 日访问。

二、案例述评

上述案例是一起典型的不该收治的患者被强行收治的情况，即常说的"被精神病"，指没有精神障碍的正常人被强行送至精神病院进行治疗，或有轻度精神病症状但不愿住院或不必要住院，却被送进精神病院强制治疗的情况。我国对于精神障碍患者强制治疗问题的关注起步较晚，20世纪90年代才提出精神病人强制治疗的概念。没有统一的全国性立法，只有一些地方性法规（比如上海、宁波、杭州、深圳等地都制定了规范精神卫生管理的地方性法规）或者其他规范性法律进行了零散的规定。[1] 强行收治从性质上看是一种强制措施，根据立法法的规定，既然是对公民采取的强制措施就只能通过法律来规定，否则就是违背立法法。2012年新修订的《刑事诉讼法》增设了"依法不负刑事责任的精神病人的强制医疗程序"，实现了强制医疗的司法化，基本解决了刑事精神障碍患者强制治疗制度的主要问题。但其适用对象为"实施暴力行为，危害公共安全或者严重危害公民人身安全，经法定程序鉴定依法不负刑事责任的精神病人"，[2]针对上述"被精神病"等强制治疗行为，因不涉及刑事责任，刑事诉讼法中对其没有规定，而由《精神卫生法》予以调整。对非刑事精神障碍患者强制治疗问题，《精神卫生法》确立了自愿的原则，特殊情况下才能进行强制医疗。

三、法理探析

（一）精神障碍强制医疗概述

《精神卫生法》上对精神障碍所下的定义是指由各种原因引起的感知、情感和思维等精神活动的紊乱或者异常，导致患者明显的心理痛苦或者社会适应等功能损害。[3] "精神障碍强制医疗"（以下简称强制医疗）有广义和狭义之说，前者相对自愿治疗而言，泛指疑似精神障碍患者在没有作出意思表示或者明确表示

---

〔1〕 董丽君："我国精神病人行政强制治疗法律制度研究"，湘潭大学2014年博士学位论文。

〔2〕 《刑事诉讼法》第302条："实施暴力行为，危害公共安全或者严重危害公民人身安全，经法定程序鉴定依法不负刑事责任的精神病人，有继续危害社会可能的，可以予以强制医疗。"

〔3〕 卜素："强制医疗制度背景中精神障碍患者的人身权保障"，载《贵州社会科学》2015年第8期。

拒绝治疗的情况下，有关个人或组织将其送往精神病院进行强制治疗。[1] 后者是指由司法机关决定的一种针对特定人的特殊刑事措施。[2]

精神障碍强制医疗的主要依据之一是法律父爱主义，即为了被强制者自己的福利、幸福、需要、利益和价值，而由政府对一个人的自由进行的法律干涉，或者说是强迫一个人促进自我利益或阻止他自我伤害。[3] 严重的精神障碍患者有可能对社会公共安全造成威胁，因此有必要采取合理的干预措施。但干预的目的应当是善意的，出于对精神障碍患者这类社会弱势群体的关怀，并且应当基于精神障碍患者的利益，这是应当坚守的底线，要充分理解和尊重精神障碍患者的人格尊严，这是立法的基本要件。

纵观各国对于精神障碍强制医疗一般遵循以下四项原则：①法律保留原则。从性质上讲，强制医疗是对公民人身自由的一种限制，只能由法律对送治、实施、救济等措施进行规定。②比例原则。在公共秩序和公民个人合法权益之间保持合理的比例关系，找到二者的最佳平衡点。③最小限制原则。即"以最小损害的方式追求其目标，以避免不必要的侵害重大的竞争利益"。[4] 强制住院治疗措施的适用旨在保障人权和保护社会，保障人权是第一要务。[5] 随时关注精神障碍患者的情况，一旦满足解除强制医疗的条件，及时解除，以保障其个人合法权益。④令状主义原则。只有获得法院或具有司法性质的独立第三方机构的审批才能实施强制医疗措施。

（二）我国精神障碍患者强制治疗制度的内容及问题

1. 精神障碍患者强制治疗的适用条件。基于对精神障碍患者自由意志的尊

---

〔1〕 韦清："浅议我国精神病人强制医疗制度"，载《法制与经济（中旬刊）》2011 年第 10 期。

〔2〕 刘明武、张宇清："试论非刑事精神障碍强制医疗启动程序中相对人的权利保护"，载《医学与法学》2018 年第 4 期。

〔3〕 张文显：《二十世纪西方方法哲学思潮研究》，法律出版社 2006 年版，第 463 页。

〔4〕 Zlotnick，"First Do No Harm：Least Restrictive Alternative Analysis and the Right of Mental Patients to Refuse Treatment"，*W. L. Review*，1981，p. 381.

〔5〕 戴庆康、李波："精神障碍患者非自愿住院医疗法律规制之原则"，载《医学与哲学（人文社会医学版）》2013 年第 7 期。

重，我国《精神卫生法》确立了精神障碍患者自愿住院治疗的原则[1]。但如果出现确有必要进行医疗的情况，基于父权思想的考量，此时有必要对患者的自由进行一定程度的干预，即强制治疗。精神障碍患者强制住院需要同时满足两个条件：第一个条件是患有严重精神障碍。所谓严重精神障碍，即疾病症状严重，导致患者社会适应等功能严重损害、对自身健康状况或者对现实不能完整认识，或者不能处理自身事务的精神障碍[2]。通常患者对于自身病情、自身精神状况会有一定的认识，如果不能判断自己是否有病、精神是否正常，对自身行为缺乏辨别能力和控制能力，那么就说明患者的病情比较严重，为了患者的健康，有必要进行治疗。如果病情严重到一定程度，强制住院治疗是更好的选择，医院有齐全的设备和专业的医护人员，对于治疗患者有很大帮助。第二个条件是存在伤害自身或他人的行为或存在这种危险。也就是所说的自、他伤危险性，指为了防止精神障碍患者对社会秩序造成危害，必须在患者具有明显危险性时，强制其住院治疗。[3]

2. 精神障碍患者强制治疗的送治主体及决定主体。

（1）送治主体。谁有权将疑似精神障碍患者送去医疗机构进行强制治疗？我国《精神卫生法》为了保障精神障碍患者得到确诊和治疗，针对不同情况规定出不同主体协助患者入院诊断。第一类主体是患者近亲属。对于疑似精神障碍患者，其近亲属可以将其送进医院进行检查以确定是否需要进行治疗。第二类主体是公安机关或其所在单位。针对存在危害自身或他人安全的行为或危险的严重精神障碍患者，可以由公安机关或其所在单位采取一定措施将其送入医院。第三类主体是民政部门。针对特殊患者比如找不到其近亲属的流浪人员，由民政部门将其送入精神病医院进行检查。有学者认为，不应把送治权交给监护人或家属，因为他们可能与精神病患者存在利益上的冲突；也有学者认为，强制医疗限制了

---

[1]《精神卫生法》第 30 条："精神障碍的住院治疗实行自愿原则。诊断结论、病情评估表明，就诊者为严重精神障碍患者并有下列情形之一的，应当对其实施住院治疗：①已经发生伤害自身的行为，或者有伤害自身的危险的；②已经发生危害他人安全的行为，或者有危害他人安全的危险的。"

[2] 汪姿："精神病人强制医疗制度研究"，西南政法大学 2013 年硕士学位论文。

[3] 王丽莎："精神障碍强制治疗如何判定"，载《中国卫生》2017 年第 11 期。

精神病患者的人身自由，必须由司法机构做出审查，非经法院裁决，不得强制收治[1]。实践中确实存在这类案例，收治机构只把送治人作为唯一的决定人，而对患者的其他亲属提出的异议则选择置之不理。从制度设计层面讲，无论送治主体是谁，均存在侵害被送治人合法权益的可能，因此必须通过层层严格的程序把关。

（2）决定主体。我国《精神卫生法》规定，由精神病院的精神科执业医师做出的诊断书作为依据，但具体应当由几名医生作出诊断书，《精神卫生法》并未明确，综合其他法律规定，1 名精神科执业医师即可，显然这样的规定不合理，因为诊断医师有可能受到利益影响而做出错误的结论导致原本没有精神障碍的患者被确认为精神障碍患者而进行强制治疗。对此可以借鉴域外的规定设置独立的第三方审查机构以确保审查的客观性和正确性。比如，英国的心理卫生法令委员会、德国的精神疾病强制鉴定机构等。我国可以进行借鉴，设立独立的审查会，审查委员会的成员包括精神科医师、心理治疗师、社会工作人员、法学专业人员，并设定相关任职要求。

3. 诊断异议、再诊及精神鉴定的规定。我国《精神卫生法》确立了"一再诊一鉴定"的制度以避免误诊。《精神卫生法》第 32 条[2]规定，医院在做出患者需要强制治疗的诊断结论时，患者或监护人若对该结论有异议可以提出再诊及鉴定的要求。要求再诊的，患者或监护人应当向原医疗机构或者其他具有合法资质的医疗机构提出再诊请求。医疗机构应当指派 2 名精神科的执业医生进行再诊，并严格遵守回避原则，即初次诊断的医生不得参与再诊。患者及其监护人还可以向鉴定机构申请进行医学鉴定。精神病的症状复杂多样，精神科医生在诊断

---

〔1〕 文永莲："精神病患者强制医疗制度的国内外立法比较与启示"，载《中国民康医学》2011 年第 16 期。

〔2〕《精神卫生法》第 32 条："精神障碍患者有本法第 30 条第 2 款第 2 项情形，患者或者其监护人对需要住院治疗的诊断结论有异议，不同意对患者实施住院治疗的，可以要求再次诊断和鉴定。依照前款规定要求再次诊断的，应当自收到诊断结论之日起 3 日内向原医疗机构或者其他具有合法资质的医疗机构提出。承担再次诊断的医疗机构应当在接到再次诊断要求后指派 2 名初次诊断医师以外的精神科执业医师进行再次诊断，并及时出具再次诊断结论。承担再次诊断的执业医师应当到收治患者的医疗机构面见、询问患者，该医疗机构应当予以配合。对再次诊断结论有异议的，可以自主委托依法取得执业资质的鉴定机构进行精神障碍医学鉴定；医疗机构应当公示经公告的鉴定机构名单和联系方式。接受委托的鉴定机构应当指定本机构具有该鉴定事项执业资格的 2 名以上鉴定人共同进行鉴定，并及时出具鉴定报告。"

过程中需要结合被诊治人的行为、语言等多个因素进行判断，具有主观性。由于医疗资源的紧缺以及医疗技术的局限性和医生职业道德的局限性，实践中还是不可避免地出现对于精神障碍疾病的误诊，因此，需要通过完善制度、设置科学的程序来规范医生的诊断行为，以减少误诊的情况发生，维护患者的合法权益。

4. 临时留院措施和临时性约束保护措施。《精神卫生法》第 35 条第 3 款对初次诊断、再次诊断和鉴定期间的临时留院措施作出了相关规定："在相关机构出具再次诊断结论、鉴定报告前，收治精神障碍患者的医疗机构应当按照诊疗规范的要求对患者实施住院治疗。"《精神卫生法》第 40 条规定，医疗机构在精神障碍患者有发生伤害自身或伤害他人的行为或危险时，如果没有其他可替代的措施，那么医疗机构和医务人员可以实施临时性约束保护措施，比如隔离等，但禁止利用该保护性医疗措施惩罚精神障碍患者。

5. 出院检查评估。住院治疗的精神障碍患者出院分为两种不同的情况：对于自愿住院的患者可以随时要求出院；对于存在伤害他人或自身的行为或危险的患者，精神病医院应当组织专业医生进行相应的评估，如果确实不需要继续强制治疗，应当通知患者本人或其监护人，可以出院。

6. 医疗机构的禁止性规定。《精神卫生法》对医疗机构的诊疗行为进行了严格的约束。①禁止医疗机构拒绝诊断疑似精神障碍患者。除非患者不配合治疗或医务人员人身权利遭到威胁或存在危险，医疗机构可以拒绝诊疗。②禁止医疗机构采用强制性措施惩罚精神障碍患者，比如约束、隔离等。根据《精神卫生法》的规定，强制措施只有在满足以下两个条件时才能使用：一是患有严重精神疾病；二是精神障碍患者发生伤害自身、危害他人安全的行为，或者有伤害自身、危害他人安全的危险。即使采取措施的目的也是防止精神障碍患者伤害自身或伤害他人，目的不在惩罚而在于保护。③除以诊断、治疗为目的外，禁止对精神障碍患者使用药物；除以治疗其精神障碍为目的外，禁止对精神障碍患者实施实验性临床医疗；禁止对强制住院的精神障碍患者实施以治疗精神障碍为目的的外科手术。④禁止医疗机构强迫精神障碍患者从事生产劳动。为了治疗或康复的需要，医务人员可以要求患者从事一定的劳动，但不能强迫其劳动，患者拥有自主选择权。

7. 住院期间精神障碍患者权利保护。

（1）平等权。平等权是《宪法》所确认的公民的基本人权，指人与人之间在人格上是平等的，任何人都不得对他人有歧视。《精神卫生法》第 5 条规定，或者任何组织个人不得歧视、侮辱、虐待精神障碍患者，不得非法限制精神病障碍患者的人身自由。新闻报道和文学艺术作品等不得含有歧视、侮辱精神障碍患者的内容。但该条款并未对侵害精神障碍患者的人格尊严等行为所应承担的法律责任做出明确规定，需要今后的立法加以完善。

（2）健康权。健康权是公民的基本权利，遗憾的是《精神卫生法》并未对鉴定过程中被检查者的该项权利进行细致的规定，造成其健康权得不到有效的保护。"被精神病"的患者有可能在尚未明确诊断为精神障碍患者的情况下而进行先行治疗。正常人如果长期服用精神障碍治疗的药物会产生精神萎靡或亢奋易怒等情况，严重影响其身心健康。

（3）隐私权。《精神卫生法》第 4 条[1]对精神障碍患者的各种权利进行了规定，其中包括隐私权。《精神卫生法》第 23 条第 4 款规定[2]，心理咨询人员应当尊重接受咨询人员的隐私，并为其保守秘密。医疗机构医务人员除了以治疗需要为目的会对部分人公开患者信息以外，必须对患者的相关信息进行保密。但在实践中，患者的隐私权经常会受到侵害，比如为了保证人身安全，精神病医院会在患者的住所、卫生间、日常活动场所安装探头，监控患者的一举一动；又如患者被迫居住在集体病房或单独隔离，严格限制患者与外界的通信，即使患者的家属前来探望，医务人员也会相伴左右。[3]

（4）知情同意权。《精神卫生法》第 37 条[4]规定，精神障碍患者在诊断、

---

〔1〕《精神卫生法》第4条："精神障碍患者的人格尊严、人身和财产安全不受侵犯。精神障碍患者的教育、劳动、医疗以及从国家和社会获得物质帮助等方面的合法权益受法律保护。有关单位和个人应当对精神障碍患者的姓名、肖像、住址、工作单位、病历资料以及其他可能推断出其身份的信息予以保密；但是，依法履行职责需要公开的除外。"

〔2〕《精神卫生法》第23条，"心理咨询人员应当提高业务素质，遵守执业规范，为社会公众提供专业化的心理咨询服务。心理咨询人员不得从事心理治疗或者精神障碍的诊断、治疗。心理咨询人员发现接受咨询的人员可能患有精神障碍的，应当建议其到符合本法规定的医疗机构就诊。心理咨询人员应当尊重接受咨询人员的隐私，并为其保守秘密"。

〔3〕郝兴财："强制医疗精神病人民事权利保护研究"，吉林财经大学2012年硕士学位论文。

〔4〕《精神卫生法》第37条："医疗机构及其医务人员应当将精神障碍患者在诊断、治疗过程中享有的权利，告知患者或者其监护人。"

治疗期间享有知情权。第 43 条[1]规定医疗机构对患者实施导致人体器官丧失功能的外科手术或实验性临床治疗时需要征得患者的同意。知情权是患者所享有的基本权利，医疗机构及医护人员应当保障并正确履行告知义务，及时向患者或监护人告知并解释关于患者病情、治疗等情况。

8. 我国精神障碍患者强制医疗制度的问题。

（1）决定主体错位。我国《精神卫生法》构建的精神障碍患者强制医疗制度停留在"医疗模式"。从强制入院的初步决定到正式决定程序都是医疗机构，医疗机构既是运动员又是裁判，在精神障碍患者强制医疗过程中容易发生危害患者合法权益的情况，缺少司法机关的干预，是该制度设计的一大缺憾。

（2）程序规范比较粗糙。《精神卫生法》缺乏定期复查制度的规定，亦未规定具体的诊断和住院期限，同时强制医疗的诊断均由医疗机构操作，没有司法机关或独立的第三方的参与，容易造成"被精神病"的情况。

（3）救济乏力。精神障碍患者或者监护人如果认为患者在接受强制治疗的过程中合法权益受到了侵害，有权向法院提起诉讼。然而法院在实际审理"被精神病"案件时通常会以医疗机构出具的诊断书作为判定被送治人是否是精神障碍患者的唯一依据。如果诊断书出错，那么被送治人将会被法院认定为无民事行为能力或限制民事行为能力人，影响患者诉权的行使。因此法院不能片面地以精神诊断报告作为唯一的依据，而应当结合其他证据比如精神鉴定结论进行综合判断。另外，法院往往把审理的重点放在被送治人是否患有精神障碍，而不是送治人的送治行为和医疗机构的收治行为是否违反法定程序，是否存在侵权行为，应不应当承担相应的法律责任等。

（三）强制治疗相关主体的法律责任

1. 送治人的法律责任。

（1）民事责任。为了防止被送治人非自愿的接受强制治疗，《精神卫生法》第 27 条及第 35 条分别确立了精神障碍患者诊疗自愿原则和精神障碍患者入院治

---

[1]《精神卫生法》第 43 条，医疗机构对精神障碍患者实施下列治疗措施，应当向患者或者其监护人告知医疗风险、替代医疗方案等情况，并取得患者的书面同意；无法取得患者意见的，应当取得其监护人的书面同意，并经本医疗机构伦理委员会批准：①导致人体器官丧失功能的外科手术；②与精神障碍治疗有关的实验性临床医疗。实施前款第一项治疗措施，因情况紧急查找不到监护人的，应当取得本医疗机构负责人和伦理委员会批准。禁止对精神障碍患者实施与治疗其精神障碍无关的实验性临床医疗。

疗自愿原则。《精神卫生法》第 78 条[1]规定，将非精神障碍患者故意作为精神障碍患者送入医疗机构治疗，造成其人身、财产或者其他损害的，依法承担赔偿责任。在部分"被精神病"案件中，送治人为了实现自身利益，明知受害人没有精神障碍或者不需要到精神病医院进行强制治疗，仍以强制的方式将受害人送入精神病医院，限制了受害人的人身自由，此时送治人的行为构成了对被送治人人身自由权的侵犯，应当承担相应的赔偿责任。

（2）刑事责任。精神障碍患者住院治疗实行自愿原则，只有在诊断结论、病情评估明确就诊者是严重精神障碍患者，并且已经发生伤害自身或者他人安全的行为，或者有伤害自身或他人安全的危险的时候才可以实行强制治疗。送治人将被害人送进医院进行强制治疗的行为，违背了被害人的主观意愿，严重侵犯其人身自由，情节严重的将构成非法拘禁罪，[2] 处 3 年以下有期徒刑、拘役、管制或者剥夺政治权利，具有殴打、侮辱情节的，从重处罚，致人重伤的，处 3 年以上 10 年以下有期徒刑；致人死亡的，处 10 年以上有期徒刑。

2. 医疗机构及涉案医务人员的法律责任。

（1）民事责任。《精神卫生法》第 27 条规定，精神障碍的诊断应当以精神健康状况为依据。除法律另有规定外，不得违背本人意志进行确定其是否患有精神障碍的医学检查。第 35 条规定，再次诊断结论或者鉴定报告表明，不能确定就诊者为严重精神障碍患者，或者患者不需要住院治疗的，医疗机构不得对其实施住院治疗。同时《侵权责任法》第 57 条规定，医务人员在诊疗活动中未尽到与当时的医疗水平相应的诊疗义务，造成患者损害的，医疗机构应当承担赔偿责任。精神障碍强制治疗涉及被送治人的人身自由等一系列权利，因此精神病医院对收治对象进行诊断、鉴定时其注意义务应当高于普通的医疗机构，以保证被送治人的合法权利不受侵害。如果在此过程中医疗机构及其医务人员未尽到相应的

---

　　〔1〕《精神卫生法》第 78 条："违反本法规定，有下列情形之一，给精神障碍患者或者其他公民造成人身、财产或者其他损害的，依法承担赔偿责任：①将非精神障碍患者故意作为精神障碍患者送入医疗机构治疗的；②精神障碍患者的监护人遗弃患者，或者有不履行监护职责的其他情形的；③歧视、侮辱、虐待精神障碍患者，侵害患者的人格尊严、人身安全的；④非法限制精神障碍患者人身自由的；⑤其他侵害精神障碍患者合法权益的情形。"

　　〔2〕 根据《刑法》第 238 条，非法拘禁罪是指以拘押、禁闭或者其他强制方法，非法剥夺他人人身自由的犯罪行为。非法拘禁罪侵犯的客体是他人的身体自由权。

注意义务构成了侵权，必须要承担相应的赔偿责任。

（2）行政责任。针对"被精神病"案件中的医疗机构及其医务人员的侵权行为，《精神卫生法》第75条[1]规定了三类行政责任：①由县级以上人民政府卫生行政部门责令改正；②对直接负责的主管人员和其他直接责任人员依法给予或者责令给予降低岗位等级或者撤职的处分；③对有关医务人员，暂停6个月以上1年以下执业活动；情节严重的，给予或者责令给予开除的处分，并吊销有关医务人员的执业证书。

（四）我国精神障碍患者强制医疗制度的完善建议

1. 转变立法理念，切实保障精神障碍患者基本权利。精神卫生是公共卫生领域的重要问题，我们可以借鉴美国精神立法强调维护精神病患者的自身权利，提倡患者的自由决定权，而不是强调社会防卫功能，总体上遵循为精神病患者"自己利益"医疗的原则[2]，完善我国立法，贯彻平等保障、程序正义的原则，从国家层面宏观上增强投入，建立专业的机构，培养专业的人员，建立全面有效的救助体系切实保障患者合法权利。

2. 加强程序设置的合理性和专业性。

（1）设立独立的第三方审查机构作为决定主体。我国现行决定主体由医疗机构包办，应当在借鉴国际上司法机关介入的基础上结合我国的实际情况，设立独立的具有司法性质的第三方审查机构负责做出最终决定。具体包括患者是否需要进行强制医疗，定期复查是否需要继续住院治疗以及强制医疗措施的解除。该机构由医学专家、法律专家及其他相关专业人士组成，保证决定的专业性及权威性。

（2）建立精神障碍专家库。由卫生行政部门牵头组建全国精神障碍专家库，

---

　　[1]《精神卫生法》第75条规定，医疗机构及其工作人员有下列行为之一的，由县级以上人民政府卫生行政部门责令改正，对直接负责的主管人员和其他直接责任人员依法给予或者责令给予降低岗位等级或者撤职的处分；对有关医务人员，暂停6个月以上1年以下执业活动；情节严重的，给予或者责令给予开除的处分，并吊销有关医务人员的执业证书：①违反本法规定实施约束、隔离等保护性医疗措施的；②违反本法规定，强迫精神障碍患者劳动的；③违反本法规定对精神障碍患者实施外科手术或者实验性临床医疗的；④违反本法规定，侵害精神障碍患者的通讯和会见探访者等权利的；⑤违反精神障碍诊断标准，将非精神障碍患者诊断为精神障碍患者的。

　　[2] 卜素："强制医疗制度背景中精神障碍患者的人身权保障"，载《贵州社会科学》2015年第8期。

制定科学的鉴定流程，汇集全国精神疾病领域的医学专家，确保鉴定的专业性。还可以借助发达的网络平台实现异地鉴定，资源共享。

3. 畅通司法救济途径。精神障碍的诊断不仅仅是医学问题也是法律问题。强制医疗制度一旦被滥用，被侵权人的人身和财产权益皆有可能受到损害。在我国精神障碍强制医疗制度尚不完善的情况下，必须要畅通司法救济途径。正所谓"没有救济就没有权利"，建立完备的事前、事中和事后救济制度，切实保障公民合法权益。只要精神障碍患者或其监护人认为其合法权益受到了侵害，无论是决定住院阶段、住院期间以及出院以后均可以提出异议，继而向法院起诉维权，对强制医疗的程序、限制等问题进行审查。同时，可以借鉴国际标准，健全其他程序性保障。比如联合国《保护精神病患者和改善精神卫生保健的原则》第 18 条规定病人有权选择和任命 1 名律师，在任何申诉和上诉程序中代表自己，如果病人无力支付律师服务的费用，可以免费提供 1 名律师。

四、结语

目前，我国精神障碍患者强制医疗法律制度在立法和实践层面均存在不足。为了更好地保障精神障碍患者的权利，实现现代法治，关键在于立足于我国国情，适当吸收精神障碍患者强制医疗方面的国际做法，从而有效平衡维护公共秩序，保障患者合法权益及患者自由意志，给被强制医疗的患者提供适当的程序保障。对相关问题进行更加深入、细致的研究，完善精神障碍患者强制医疗法律制度，避免"被精神病"案件的再发生。

案例 18

医疗大数据利用和保护的法律规制分析
——*Steinberg v. CVS Caremark CORP.* 案[1]

一、案例简介

原告 Steinberg 是处方药购买者，他控告宾夕法尼亚州（以下简称宾州）的连锁药房 CVS Caremark Corp.，将购买者的处方签信息贩卖给资料分析公司（data miners）。在此，我们需要了解一些背景资料。在美国，药厂要行销药物，会对医生采取所谓的 "detailing"（详细介绍）行销方式。药厂业务人员会到医院或诊所拜会医师，说服他们开立处方，使用自家药厂的药物。同时，他们会携带试用药品给医师，并详细说明他们家药品的优点。药厂业务人员若能事先知悉各医师的用药习惯，其将能知道哪位医师对哪种药品较可能感兴趣，且知道如何有针对性地提交药品营销信息，这将大大提高 "detailing" 行销方式的效率。"detailing" 行销是一种昂贵的行销方式，药厂通常使用这种方式来推销获利最高的品牌药（受专利保护）。另外，在美国，药房基于联邦法或各州州法的规定，会保留医师处方签记录。许多药房都会将这些资料卖给资料分析公司，这些处方签资料已经将病患姓名匿名化处理，但保留医师姓名，故能作出针对具体医师用药习惯的分析报告。资料分析公司将这些资料，授权给药厂使用，约定药厂必须保密。药厂业务人员会使用这些分析报告，协助他们进行 "detailing" 行销。本案中，原告 Steinberg 正是基于被告连锁药房 CVS Caremark Corp. 搜集、利用和贩卖其处方签信息的行为而将其告上法庭。原告主张，药房的以下行为侵犯了其数据控制权和隐私权：①药房在收取药厂的对价后，直接寄信给病人的医师，建议他

---

[1]　参见杨智杰："美国医疗资讯保护法规之初探——以 HIPAA/HITECH 之隐私规则与资安规则为中心"，载《军法专刊》2014 年第 5 期。

们可开立别种药物；②药房在收取对价后，药房将去识别化的处方签信息直接寄给药厂和资料分析公司。[1]

宾州东区联邦地区法院在审理之后直接驳回该案，认为该案欠缺诉权，而且，法院认为，基于本案案情，《个人可识别健康信息隐私标准》（*Standards for Privacy of Individually Identifiable Health Information*，以下简称《隐私规则》）根本没有限制被告的行为。

二、案例述评

根据美国现行法律法规及判例规则，法院做出上述裁判，主要基于以下理由：

（一）去识别化医疗数据

《隐私规则》只规范可识别的医疗数据，亦即可识别出特定个人的医疗数据，因此，该规则并未禁止相关机构揭露去识别化医疗数据给第三人，包括揭露给研究者。相关机构可以使用受保护的健康数据，去创造无法识别出个人的健康数据，或为了此种目的向企业伙伴揭露此一受保护的健康数据。符合《隐私规则》164.514（a）和（b）所定删除特定识别信息的医疗数据，即为去识别化医疗数据，不受《隐私规则》的调整。本案中，原告指控被告所为的第②种行为，亦即药房销售给药厂和资料分析公司的资料，已是去识别化的处方签信息，无法识别出病人身份，其将个人姓名、生日、社会安全号码删除，而只保留治疗病史、所开立药物、开立日期、诊断、医生姓名，故该等信息并不受《隐私规则》的保护。

（二）私人无诉权

法院指出，《隐私规则》并未提供私人诉权，因此，个人不能直接根据HIPAA（*Health Insurance Portability and Accountability Act of* 1996，HIPAA）提起诉讼。事实上，该案中的原告，也知道无法根据 HIPAA 直接起诉，故乃依据宾州的《不公平交易运作和消费者保护法》以及一般普通法上的不当得利与侵害隐私进行起诉，理由为被告有欺骗消费者的行为。但法院认为，该案事实本质

---

〔1〕 参见杨智杰："美国医疗资讯保护法规之初探——以 HIPAA/HITECH 之隐私规则与资安规则为中心"，载《军法专刊》2014 年第 5 期。

为医疗数据的利用和保护行为，原告欠缺诉权，仍予驳回。

三、法理探析

世界已经悄然进入大数据时代，数据成为战略性资源，是"未来的新石油"[1]，大数据的运用正在广泛而深刻地改变着我们的生活。一般来说，大数据（big data）是指数量太大、产生或更新速度太快、内容太复杂而难以用人工处理的大规模数据。然而，到底需要多少数据量才能算作大数据，并无定论，大数据更多代表的是信息革命发展的新阶段、新理念。通说认为，大数据具有 4V 特性，即巨量性（volume）、时效性（velocity）、多样性（variety）和真实性（veracity）。[2]

医疗数据是数据中重要且特殊的类别。医疗数据涉及个人最私密、最敏感的健康信息，同时，其运用往往关涉疾病的研究和诊治、药物开发、公共卫生治理、群体健康维护等公共利益。医疗数据的形式和来源非常广泛，包括医学文献、电子病历、临床记录、检验结果、医保记录、医疗网站和 APP 的信息搜集存储、社群媒体的聊天留言记录等。[3] 各国均十分重视医疗大数据事业的发展，并通过专门立法予以引导。美英法德意加日俄八国于 2013 年共同签署了《数据开放先章》，并将医疗健康作为重点和优先开放领域[4]；美国并无一般性的数据立法，但却于 1996 年通过了专门规范医疗数据的《健康保险可携性和责任法》（HIPAA），1998 年，美国健康和人类服务部（U. S. Department of Health and Human Service，HHS）根据 HIPAA 的授权制定了《隐私规则》和《受保护电子健康信息安全标准》（*Security Standards for the Protection of Electronic Protected Health Information*，以下简称《资安规则》）[5]；日本除制定有一般性的《个

---

〔1〕 ［美］埃里克·托普：《颠覆医疗——大数据时代的个人健康革命》，张南、巍薇、何雨师译，电子工业出版社 2014 年版，第 3 页。

〔2〕 参见刘星、王晓敏："医疗大数据建设中的伦理问题"，载《伦理学研究》2015 年第 6 期。

〔3〕 参见王灵芝、郝明："医疗大数据的特征及应用中的伦理思考"，载《医学与哲学》2017 年第 4 期。

〔4〕 参见许诊、梁芝铭："大数据法律：国家治理能力现代化的'关键一招'"，载《宁夏社会科学》2016 年第 3 期。

〔5〕 See J. Frazee, M. Finley, JJ Rohack, "Mhealth and Unregulated Data: Is This Farewell to Patient Privacy", *Indiana Health Law Review*, Vol. 13, 2016, pp. 384–414.

人资料保护法》外，主管机关还针对医疗领域制定了多项伦理指针，包括《染色体、遗传基因解析伦理指针》《疫学研究伦理指针》《临床研究伦理指针》等，通过间接规制的方式引导医疗数据的开放和利用；[1] 英国除制定有《1998 年资料保护法》（*Data Protection Act* 1998）外，其卫生部还组织专家制定了《一般电子医疗记录良好运作方针》（*Good Practice Guidelines for General Practice Electronic Patient Records*）等。

Steinberg v. CVS Caremark Corp. 案深刻揭示了大数据时代医疗数据利用和保护之间的矛盾关系。这也给了我们一个很好的启示，我们需要重新认识和定位知情同意原则，并通过对医疗数据的适当区分，框定医疗数据保护法的调控范围，以平衡数据利用和保护之间的关系。

（一）医疗大数据的利用与传统知情同意原则之间的冲突

知情同意原则是个人自主权的体现，是医疗领域最重要的指导原则，贯穿于医疗活动的各环节、各领域。[2] 在医疗信息的搜集、利用领域，亦应通过知情同意原则保护个人隐私、维护个人尊严。我国《侵权责任法》第 62 条规定："医疗机构及其医务人员应当对患者的隐私保密。泄露患者隐私或者未经患者同意公开其病历资料，造成患者损害的，应当承担侵权责任。"一般来说，传统的知情同意原则包括以下含义：其一，医务人员应对患者进行充分、及时、单独的告知，确保病人知晓作出决定的所有重要信息；其二，通常情况下，只有经患者明示同意后，医务人员方可采取相应的医疗措施；其三，医务人员只能在患者许可的目的范围内使用个人信息、采取医疗措施，不可超越授权范围。[3]

知情同意原则有助于患者个人数据的保护，但在大数据时代，知情同意原则的执行会遇到各种困难和障碍：其一，经济成本过高。医疗大数据的搜集和利用动辄涉及数十万条的数据记录和绝对量极大的患者群体，若按照传统方式进行告知并征询同意，经费和人力支出过高。其二，时间成本过高。即便经费充裕，传统知情同意程序的实施也极可能造成时间的过度拖延，这明显有悖大数据的时效

---

[1] 参见范姜真媺："医学研究与个人资料保护——以日本疫学研究为中心"，载《科技法学评论》2013 年第 1 期。

[2] 参见孙福川、王明旭主编：《医学伦理学》，人民卫生出版社 2013 年版，第 90 页。

[3] 参见樊民胜、张金钟主编：《医学伦理学》，中国中医药出版社 2009 年版，第 63 页。

性（velocity）特征。其三，可获得的授权比例有限。平心而论，我国民众对医疗数据的重视程度还不高，即使被告知和征询意见，也很可能漠然视之、放任不管，真正愿意主动进行授权的比例十分有限，这又会影响大数据的分析利用，有悖大数据的巨量性（volume）特征。其四，二次利用的困扰。医疗大数据的利用方式和目的在数据搜集后可能会发生新的变化，数据搜集者往往无法全面、准确告知数据提供者数据的后续用途，而个人也难以同意这种未知的用途，然而，这却是医疗大数据的最大价值所在。正如学者所言："大数据的价值不再单纯来源于它的基本用途，而更多来源于它的二次利用，很多数据在收集的时候并无意作其他用途，而最终却产生了很多创新性的用途。"[1] 例如，为治疗疾病而从患者身上割除之病变器官、组织等，后续作为研究使用；或虽已告知研究用途，但却在研究中超出或改变了原先告知范围；等等。医学研究本来具有与时俱进之特质，当初特定之研究目的因新病毒之发现或研究方法之改进而有所改变并非特例，且利用原先已保存之检体或资料等贵重资源，既未侵袭研究对象之身体，又能充分发挥其医学上价值，似不须拘于上述原则亦无需再取得研究对象之同意。

（二）缓和医疗数据的利用和知情同意原则之冲突的方法考证

对医疗数据进行周全保护十分必要，而知情同意原则则是保护患者数据控制权的重要方式，但医疗数据的保护和利用并非绝对冲突，知情同意原则也并非必然妨害数据的利用：一来我们可以更加灵活的理解和运用知情同意原则，二来我们也可以寻找其他替代性或补充性的保护机制，在实现保护目标的同时，尽量促进对医疗数据的利用。这在各发达国家或地区的医疗数据立法中已有生动体现。

1. 知情同意原则的多元解释和灵活运用。知情同意原则实质上包括知情和同意两个阶段，而知情和同意又有不同的表现形式，我们应当更加灵活、多元地理解知情同意原则。

就知情和同意的不同组合方式而言，知情同意既包括传统的既进行告知又征询同意，也包括在特殊情况下仅进行告知而不再征询同意，还包括告知后仅给予同意与否的机会而不必正式取得个人同意，甚至还包括无需告知的情形等。以美

---

[1] ［英］维克托·迈尔-舍恩伯格、肯尼斯·库克耶：《大数据时代》，盛杨燕、周涛译，浙江人民出版社 2013 年版，第 197 页。转引自刘星、王晓敏："医疗大数据建设中的伦理问题"，载《伦理学研究》2015 年第 6 期。

国《隐私规则》为例，该法规定了多种知情同意方式，包括既进行事前充分告知又需得到特别授权的情形、应进行事前告知但仅需给予同意或不同意之机会的情形、需告知但无需征询同意的情形以及无需告知的情形等。[1] 再如日本，其伦理指针除规定有传统的知情同意方式外，还规定了简略式和免除知情同意的情形，前者指仅需进行告知而无需征询同意，后者指既无需征询同意也不必进行事前告知。[2]

就知情和同意的不同表现形式而言，告知既包括口头告知，也包括书面告知；既包括一一告知，也包括公告告知；既包括事前告知，也包括事后说明。以日本法为例，其细致区分不同情形，分别规定了书面告知、口头告知、单独告知、公告告知、事前告知和事后说明等告知形式，告知方式异常多元、丰富。[3] 同意既包括书面同意，也包括口头同意；既包括明示同意，也包括默示同意，即患者若不进行明确反对，即推定其同意，如美国、日本、英国等都规定有 OPT-OUT 即选择退出制度，数据提供者在得知其个人信息被搜集、利用后，可主动选择退出，但若未作表示则默示其同意。

不同的表现形式和组合方式可以让知情同意原则有更加丰富的实施形式，而且可以在实现保护目标的同时最大限度地促进对数据的搜集、分析和利用。以各国广泛使用的一种知情同意方式为例，在特定情形下，医疗数据的搜集利用者经本机构伦理审查委员会审查通过和行政首长审核同意后，在将数据利用计划和目的公告告知后，即可搜集和利用该等数据，同时，数据提供者具有随时选择退出（OPT-OUT）的权利。这种知情同意方式就很好地迎合了对医疗数据的搜集和利用需求，也在一定程度上保障了数据提供者的自决权。

2. 替代性或补充性保护机制的运用。知情同意原则是保护患者医疗数据的重要方式，但绝非唯一方式，除此之外还有很多替代性或补充性的保护机制。

（1）明确数据保护责任人员，强化后端威慑。例如，美国《隐私规则》和

---

〔1〕 参见洪子洵："外国法与'我国'健保资讯应用之比较——以美国医疗保险可携性及责任法（HIPAA）为鉴"，载《医事法学》2013 年第 2 期。

〔2〕 参见［日］友冈史仁："日本政府资料开放法制之建构及其课题"，林美凤译，载《月旦法学杂志》2017 年第 3 期。

〔3〕 参见范姜真媺："医学研究与个人资料保护——以日本疫学研究为中心"，载《科技法学评论》2013 年第 1 期。

《资安规则》要求医疗数据利用机构需指定 1 人担任资安官（security official），负责制定并执行上述规则中的政策和程序[1]；日本法明确规定数据利用机构的行政首长负有维护数据安全之职责，应对接触和分析数据的人员为必要、适当之监督，数据安全之保护责任由行政首长全权承担[2]；等等。

（2）建立完善的内部资安体系，有效应对数据安全突发事件。例如，美国《资安规则》明确要求数据利用机构建立科学合理的授权和监督机制，层层授权，层层限制，并需制定适当的惩处政策，确保内部员工遵守数据安全准则[3]；《资安规则》还要求相关机构建立数据安全突发事件应对机制，即当发生或怀疑发生资安事件时，及时有效应对，减轻损害；日本法也明确要求数据利用机构订立完善的内部管理规则，并制定事故发生时的应急处理办法[4]；等等。

（3）设立严密细致的程序，确保数据利用行为的安全、透明。例如，美国《隐私规则》和《资安规则》虽然为医疗数据的利用制定了大量例外规则，但也设置了颇多的限制性程序，如虽然准许为了研究而利用医疗数据，但是申请人必须先经伦理审查委员会的审查，且法律对审查委员会的审查标准和流程进行了细致规定；所有数据利用机构必须遵循《资安规则》确定的资讯管理程序，以避免、侦测和更正违反数据安全的情形[5]；日本法也制定了大量确保数据安全的程序性规范，如各机构必须设置伦理委员会，且对其定位、组织构成、职权、运作方式进行了详细规定，研究申请必须经伦理委员会审查通过；为保障数据利用的安全、透明，日本法规定，即使是简略式或免除知情同意的情形，仍须以公报方式，告知研究对象数据之搜集、处理状态及利用目的[6]；等等。

---

〔1〕　See W. Nicholson Price, "Big Data, Patents, and the future of medicineMEDICINE", *Cardozo Law Review*, Vol. 37, 2016, pp. 1401–1452.

〔2〕　参见范姜真媺："医学研究与个人资料保护——以日本疫学研究为中心"，载《科技法学评论》2013 年第 1 期。

〔3〕　See J. Frazee, M. Finley, JJ Rohack, "MHEALTH AND UNREGULATED DATA: IS THIS FAREWELL TO PATIENT PRIVACY", *Indiana Health Law Review*, Vol. 13, 2016, pp. 384–414.

〔4〕　参见［日］友冈史仁："日本政府资料开放法制之建构及其课题"，林美凤译，载《月旦法学杂志》2017 年第 3 期。

〔5〕　参见杨智杰："美国医疗资讯保护法规之初探——以 HIPAA/HITECH 之隐私规则与资安规则为中心"，载《军法专刊》2014 年第 5 期。

〔6〕　参见范姜真媺："医学研究与个人资料保护——以日本疫学研究为中心"，载《科技法学评论》2013 年第 1 期。

（4）设置严密的物理空间和技术保障机制，确保数据安全。例如，美国《资安规则》明确规定了物理空间和技术保障机制，各机构必须遵循，如关于受保护健康数据禁区、异地电脑备份、资料储存的规定，关于通过安全软件、监控设备等进行数据保护的规定等[1]；日本法也细致规定了物理空间和技术保障机制，如进入或退出数据保管场所的人员管理、电脑装置等的物理上的防灾（水灾、火灾等）保护机制、接触数据人员的识别和认证机制、电脑软件程序装置的防入侵机制[2]；等等。

（5）设置兜底性原则，降低数据使用风险。例如，美国《隐私规则》设置了"最小必要资讯"原则（Minimum Necessary Information），即在揭露或使用数据时，只能为达到使用目的而揭露最低的信息量，亦即在提供数据时，应确保该健康数据系达成该使用或揭露目的的最小必要范围。因此，数据利用机构在内部使用受保护健康数据时，其必须对内部的工作人员进行区分，哪些人在工作职务上需要接触健康数据及其需要接触健康数据的类别，以及在何种情况下需要接触该等数据。英国法也规定了"必须知道"原则（Need-To-Know），即相关人员在获取医疗数据时，仅以该人员之业务相关者为限，可以提供其知悉，避免个人医疗数据的不必要揭露。[3] 上述两项原则均具有防止医疗数据不当揭露的兜底性功能，可在个案中予以适用。

（三）医疗大数据法律规制之基本理念：区分主义

医疗数据和普通数据相比，个性鲜明，既涉及个人最敏感最私密的信息，需进行特别保护，又关涉公共利益如疾病研究、公共卫生等，需进行适度开放，加之数据保护方式、强度的多样性，便决定了我们不能"一刀切"，必须坚持和贯彻区分主义的理念，协调平衡原则和例外的关系，对不同性质、不同类型、不同来源、不同功能、不同使用形式的医疗数据予以区别对待。这在各发达国家或地区医疗数据立法中已有生动体现。

---

〔1〕 参见杨智杰："美国医疗资讯保护法规之初探——以 HIPAA/HITECH 之隐私规则与资安规则为中心"，载《军法专刊》2014 年第 5 期。

〔2〕 参见范姜真媺："医学研究与个人资料保护——以日本疫学研究为中心"，载《科技法学评论》2013 年第 1 期。

〔3〕 参见张志伟："记忆或遗忘，抑或相忘于网络——从欧洲法院被遗忘权判决，检视资讯时代下的个人资料保护"，载《政大法学评论》2017 年第 2 期。

综观各国医疗数据立法，主要包括以下区分：

1. 去识别化医疗数据（De-Identified Information）和可识别医疗数据（Iden-tified Information）。前者又称匿名化数据、去连结数据，是指和个人身份信息失去连结、无法识别出特定个人的医疗数据；后者是指和个人身份信息相连、可识别出特定个人的医疗数据。这是医疗数据最重要的区分形式。一般认为，去识别化数据无害于个人隐私，无需进行专门保护，各国多将其排除于医疗数据法的保护范围之外。医疗数据保护立法的规制重点为可识别医疗数据。下文将专门论述去识别化医疗数据和可识别医疗数据。

2. 为公共利益而搜集利用医疗数据和为非公共利益而搜集利用医疗数据。为公共利益而搜集利用医疗数据的行为往往会得到立法的宽容对待。例如，根据美国《隐私规则》的规定，为了公共健康活动而使用和揭露医疗数据的行为无需进行事前告知和征询同意；[1] 日本伦理指针规定，为进行对社会具有高度重要性的医学研究（如死因统计、法定传染病通报等）而需使用公民的健康数据时，因该等医学研究方法、内容及其他理由而无法进行匿名化处理、预先公开或通知研究对象的，于伦理委员会审查通过和所属机构首长许可后，可直接使用，不必再履行知情同意程序。[2]

3. 特殊敏感的医疗数据和其他医疗数据。前者主要是指个人基因数据、性生活数据、心理诊疗记录等具有特殊敏感性的医疗数据，这类医疗数据涉及个人最重要的隐私，一旦泄露将极大地影响个人生活，因而需特殊保护。例如，美国《隐私规则》规定，使用当事人的心理诊断记录时，必须进行一一告知并获得当事人的特别授权。我国在未来立法时应对具有特殊敏感性的医疗数据进行明确列举并予特殊保护。

4. 侵袭性医疗数据和非侵袭性医疗数据。前者是指搜集时会对人体产生侵袭效果的医疗数据如血液采集，后者是指搜集时不会对人体产生侵袭效果的医疗数据如尿液采集。侵袭性医疗数据对人体具有一定的伤害性，应予更加严格的规

---

〔1〕 参见杨智杰："美国医疗资讯保护法规之初探——以 HIPAA/HITECH 之隐私规则与资安规则为中心"，载《军法专刊》2014 年第 5 期。

〔2〕 参见范姜真媺："医学研究与个人资料保护——以日本疫学研究为中心"，载《科技法学评论》2013 年第 1 期。

制，如根据日本伦理指针的规定，搜集侵袭性医疗数据时，原则上应一一进行书面告知并一一征询书面同意，而搜集非侵袭性医疗数据时，原则上无需进行书面告知和征询同意（口头即可），只是事后应作成记录。

5. 既存医疗数据和非既存医疗数据。前者是指在进行搜集利用时已经存在的医疗数据，如医院保存之病例资料、研究计划作成后所搜集原本非用于该等研究目的的资料等。后者是指搜集利用时尚不存在的医疗数据。既存医疗数据通常数量庞大且年代久远，如再一一通知并征询同意，在时间、经济及物理上多数不可能，因此，各国立法一般适度放宽对既存医疗数据的利用行为。例如，根据日本伦理指针的规定，对于仅使用既存资料的利用行为，一般经伦理审查委员会审查通过及所属机构行政首长许可后，再配以研究资讯的公开及保障研究对象的OPT-OUT 权利后，即可使用；而搜集非既存资料时，一般要求进行告知并征询研究对象同意。[1]

除上述区分外，医疗数据还有其他区分形式，如自人体采取的医疗数据和非自人体采取的医疗数据、进行介入研究而搜集利用的医疗数据和进行观察研究而搜集利用的医疗数据、公务机关利用的医疗数据和非公务机关利用的医疗数据等。总之，我们应对医疗数据进行更细化的区分，并予区别对待，在引导医疗数据利用的同时，也对特定医疗数据进行专门保护。

（四）去识别化医疗数据的规制

1. 去识别化医疗数据的法律效果。各国一般认为去识别化医疗数据无害于个人隐私，均将其排除于医疗数据立法的保护范围之外。美国《隐私规则》只规范可识别个人的健康数据（Individually Identifiable health information），因此该规则并未禁止被涵盖机构揭露和利用去识别化的医疗数据[2]；日本伦理指针规定，若医疗数据中得识别特定个人的信息已被全部移除，代之以符号或号码，且不提供符号或代码与原始资料的对应表，则该等医疗数据不属于伦理指针的保护

---

〔1〕 参见范姜真媺："医学研究与个人资料保护——以日本疫学研究为中心"，载《科技法学评论》2013 年第 1 期。

〔2〕 参见洪子淘："外国法与'我国'健保资讯应用之比较——以美国医疗保险可携性及责任法（HIPAA）为鉴"，载《医事法学》2013 年第 2 期。

范围[1]；英国、德国及欧盟法虽然对去识别化医疗数据的界定有所不同，但均规定去识别化医疗数据不受个人资料保护法的保护[2]；等等。

2. 去识别化医疗数据的界定。各国关于去识别化医疗数据的界定并不相同。

欧盟的规定最为严格，其规定资料保有者在未删除原始可识别资料，而仅提供资料集的一部分时，即使该部分资料已无从识别出特定个人，仍属可识别数据。[3] 英国和德国国内法的规定相对宽松，只要原始资料保有者并未将对照表或解密方法等连结工具提供给资料接收者，并采取适当安全措施，使资料接收者无渠道及机会，重新识别资料当事人，则该等数据属于去识别化数据。[4] 此时，原始资料虽属可识别医疗数据而受保护，但去识别化后的资料已不受个人资料保护法的保护。日本法的规定与之类似。

美国法对去识别化数据的规定更加宽泛、细致、可执行。根据《隐私规则》的规定，去识别化数据是指无法识别出特定个人且没有合理理由相信该数据可以被用来识别出特定个人的医疗数据。具体判断标准为：①一位具有统计学与科学背景且知道如何将数据去连结的专家认定，该等数据被他人获得后，将其单独或与其他合理方法可取得的数据结合，只有非常小的风险可以识别出该等数据对应之特定个人；②该专家提供他的书面分析。[5] 此外，《隐私规则》还规定了安全港条款，即只要法定的 18 种[6] 识别信息被从数据中移除，就可被直接认定为

〔1〕 参见［日］友冈史仁："日本政府资料开放法制之建构及其课题"，林美凤译，载《月旦法学杂志》2017 年第 3 期。

〔2〕 See W. Nicholson Price, "Big Data, Patents, And The Future of Medicine", *Cardozo Law Review*, Vol. 37, 2016, p. 1401.

〔3〕 参见张志伟："记忆或遗忘，抑或相忘于网络——从欧洲法院被遗忘权判决，检视资讯时代下的个人资料保护"，载《政大法学评论》2017 年第 2 期。

〔4〕 参见张志伟："记忆或遗忘，抑或相忘于网络——从欧洲法院被遗忘权判决，检视资讯时代下的个人资料保护"，载《政大法学评论》2017 年第 2 期。

〔5〕 See J. Frazee, M. Finley, JJ Rohack, "Mhealth And Unregulated Data: Is This Farewell To Patient Privacy", *Indiana Health Law Review*, Vol. 13, 2016, pp. 384–414.

〔6〕 这 18 种识别信息为：姓名、所有比州单位还要小的地理位置、所有与个人有直接连结的资料元素（除了年份）、电话号码、传真号码、电子邮件信箱、社会安全号码、医疗记录号码、健康照顾计划受益人编号、账户号码、证书号码、车辆车别和序列号码、设备识别或序列编号、网页网址、通讯协议位置编号、生物识别、全脸照片或其他可比较影像及任何其他独特可识别之号码、特征及编号。参见杨智杰："美国医疗资讯保护法规之初探——以 HIPAA/HITECH 之隐私规则与资安规则为中心"，载《军法专刊》2014 年第 5 期。

去识别化数据。

（五）可识别医疗数据的规制

可识别医疗数据可以连结到特定个人，关乎公民个人隐私，因而成为各国数据保护立法的规制对象。但在大数据时代，为平衡数据保护和利用之间的关系，各国均通过多种方式进行保护，而不再恪守传统的知情同意原则。

例如，美国法规定了事前——告知且——授权、仅需告知且给予同意与否之机会、仅需告知而无需获得授权和无需告知等四种医疗数据保护方式，并明确了各种方式的适用范围，总的来说，传统知情同意原则的适用情形已十分有限。[1]再如，日本法除规定有传统的知情同意方式外，还规定了简略式知情同意和免除知情同意等方式，而且，传统的知情同意方式也有多种变通方式，这为医疗数据的利用提供了便利。[2]

总之，医疗数据的保护和利用处于天平之两端，过度强调保护则可能妨碍利用。各国均十分重视在大数据时代强占战略制高点，我国亦应顺应此趋势，创造条件，积极引导医疗数据的利用。一方面，我们应更加多元、灵活地理解和运用知情同意原则，通过知情和同意的不同表现形式和不同组合方式，协调数据利用和保护之间的关系，不再固守传统的唯一的知情同意方式；另一方面，我们也应通过替代性或补充性的保护方式进行灵活保护，以缓解公众对数据保护的担忧。此外，我们必须坚持和贯彻区分主义的理念，协调平衡原则和例外的关系，对医疗数据进行系统、适当的区分，尤其应对去识别化医疗数据和可识别医疗数据进行理性的区分，以便于相关机构对医疗大数据进行充分利用和价值挖掘。

四、结语

面对大数据时代难得的发展机遇，我国十分重视医疗大数据产业的发展，且已取得了一定的进展。目前全国已有超过 20 个省市申请了医疗健康大数据中心及产业园，医疗健康行业大数据占国内大数据市场规模的比重约为20%。国务院

---

〔1〕 See W. Nicholson Price, "Big Data, Patents, and The Future of Medicine", *Cardozo Law Review*, Vol. 37, 2016, pp. 1401–1452.

〔2〕 参见［日］友冈史仁："日本政府资料开放法制之建构及其课题"，林美凤译，载《月旦法学杂志》2017 年第 3 期。

于 2015 年 8 月向全社会印发了《促进大数据发展行动纲要》，国务院办公厅据此又专门制定了《国务院办公厅关于促进和规范健康医疗大数据应用发展的指导意见》。

应当指出，医疗数据的保护和利用处于天平之两端，过度强调保护则可能妨碍利用。我国应顺应时代趋势，抢占数据战略高点，确立"利用导向主义"的规制模式。不过，"利用导向主义"的规制模式并非忽视对医疗数据的保护，而只是强调保护方式和理念的变化，主张以一种更加有助于引导数据利用的方式进行保护。一方面，我们应更加多元、灵活地理解和运用知情同意原则，通过知情和同意的不同表现形式和不同组合方式，协调数据利用和保护之间的关系，不再固守传统的唯一的知情同意方式；另一方面，我们也应通过替代性或补充性的保护方式进行灵活保护，以缓解公众对数据保护的担忧。

此外，构建"利用导向主义"的规制模式必须坚持和贯彻区分主义的理念，协调平衡原则和例外的关系，对医疗数据进行系统、适当的区分，尤其应区分对待去识别化医疗数据和可识别医疗数据，其中，医疗数据保护法的规制对象通常仅限于可识别医疗数据，而并不专门保护去识别化医疗数据，*Steinberg v. CVS Caremark Corp.* 案即为一个很好的例证。

第三篇　生命科技案例

案例 19

人体器官捐献的法律规则
——匡某雨器官捐献案

一、案例简介

2010 年 9 月 16 日，15 周岁的湖南第一师范学院学生匡某雨，在军训时突然晕倒后送往医院治疗。经过半个月，病情日益恶化。在匡某雨得知病情将会继续恶化时，用笔表达了她想捐献器官的意愿。匡某雨的父亲为了完成女儿的遗愿，联系了湖南省红十字会。10 月 8 日，匡某雨的爸爸、妈妈、姐姐、叔叔、舅舅、姨妈等整个大家庭都表示尊重匡某雨的遗愿，填写了人体器官捐献登记表。2010 年 10 月 8 日，匡某雨在心跳和呼吸停止后，被推进了手术室，捐献了双侧肾、胰腺和脾脏。匡某雨成为湖南省人体器官捐献试点以来器官捐献第一人。[1]

二、案例评析

随着医学技术的进步，器官移植成为目前治疗终末期器官衰竭患者的最佳途径。然而，世界各国都面临器官来源短缺的困境。巨大的供需差距，催生了贩卖人体器官的地下市场的猖獗。为了规范我国的器官移植活动，2007 年国务院通过了《人体器官移植条例》，2010 年 3 月中国红十字会总会接受原卫生部委托，在全国试点启动公民逝世后器官捐献试点工作，2013 年 2 月在全国全面推开。2015 年我国实现了器官来源的根本转型，人体器官捐献成为唯一合法的器官来

---

〔1〕 案例来源：湖南省红十字会。

源渠道。该案是我国人体器官捐献试点工作启动后，全国第一例未成年人器官捐献事例。《人体器官移植条例》第 8 条规定："捐献人体器官的公民应当具有完全民事行为能力。公民捐献其人体器官应当有书面形式的捐献意愿，对已经表示捐献其人体器官的意愿，有权予以撤销。公民生前表示不同意捐献其人体器官的，任何组织或者个人不得捐献、摘取该公民的人体器官；公民生前未表示不同意捐献其人体器官的，该公民死亡后，其配偶、成年子女、父母可以以书面形式共同表示同意捐献该公民人体器官的意愿。"据此规定，捐献人体器官的公民应当具有完全民事行为能力。从反面解释来看，不具有完全民事行为能力的未成年人，显然不是器官捐献的适格主体。本案中，匡某雨年龄为 15 周岁，尚未达到 18 周岁的法定成年年龄。根据《人体器官移植条例》第 8 条第 1 款的规定，作为限制民事行为能力人，匡某雨不适合作为捐献主体。尽管其在临终前书面表达了捐献器官的意愿，但该意思表示违背了行政法规的强制规定，因而应当认定为无效。匡某雨死亡后，其父母在人体器官捐献登记表上签字，看似执行的是匡某雨生前的捐献器官意愿，实际上表达的是父母捐献死者匡某雨器官的意志。该行为符合《人体器官移植条例》第 8 条第 2 款的规定，因而是合法有效的。质言之，该人体器官捐献并不是真正意义上的未成年人器官捐献，而是未成年人生前未明确表示不愿意捐献器官的情况下，其父母作为近亲属，共同表示捐献死者器官。

三、法理探析

（一）自然人本人表示捐献器官

我国《人体器官移植条例》第 8 条第 1 款规定，"捐献人体器官的公民应当具有完全民事行为能力"。2012 年制定的《江西省遗体捐献条例》第 10 条规定，生前表示捐献意愿的具有完全民事行为能力的自然人，可以到登记机构登记捐献器官。2014 年制定的《湖北省人体器官捐献条例》第 14 条也规定，自愿捐献其人体器官的公民，应当具有完全民事行为能力。《民法总则》第 17 条规定："18 周岁以上的自然人为成年人。不满 18 周岁的自然人为未成年人。"第 18 条第 1 款规定，成年人为完全民事行为能力人，可以独立实施民事法律行为。这意味着，在我国，自然人生前表示死后捐献器官时，应当达到成年年龄即 18 周岁，

18 周岁以下的未成年人要么为限制民事行为能力人，要么为无民事行为能力人，因而不能表达死后捐献器官的意愿。

从比较法角度来看，大多数国家和地区立法都允许未成年人捐献器官。例如，在美国，多数州的未成年人可申领驾驶执照，他们申领驾照时可在其上表达捐献器官意愿。法律承认该意思表示的效力，未成年人满 18 周岁后也无须再次确认其捐献意愿。[1]在加拿大，根据 1867 年《加拿大宪法》第 92 条第 7 款的规定，各省享有对健康保健相关事务的专属管辖权。这意味着各省有权处理与健康保健相关的一切事务，包括管理医疗专业人员、征收赋税、分配医疗资源以及制定与器官捐献相关的法律。各省都制定了器官捐献与移植的法律，彼此之间存续很多重叠部分。在死后器官捐献中，成年人可以书面或口头形式表示同意为医疗或科学目的捐献器官。各省界定成年人的年龄标准不一致，大多数省的立法要求自然人在 19 岁以上，[2] 有的省要求在 16 岁以上。[3] 加拿大《魁北克民法典》第 43 条规定，为医学或科学研究之目的，成年人或年满 14 周岁的未成年人可以捐献遗体或授权摘除此等遗体上的器官或组织。在苏格兰，12 周岁以上的未成年人可以书面形式表达死后器官捐献的意愿。[4]

（二）器官捐献不适用法定代理

如上所述，在我国现行法体系之下，无行为能力人或限制行为能力人所作的捐献器官的意思表示无效，那么，其监护人作为法定代理人，能否代理未成年人表达捐献器官的意愿？对此问题，我国目前尚无相关法律规定。如何认识这一问题，实际上与本人表示捐献器官的理论依据有关。从学者所持观点来看，本人表示捐献器官的理论依据主要有以下几种学说：其一，器官捐献权说。有学者认为，对于自然人而言，他对自己的某项器官有权决定在生前或者死后用于医学目的而向他人捐献，该项权利即为器官捐献权。器官捐献权是一种特殊人格权，与其他人格权相比，最大的特点就是器官捐献权的客体的具体化，具体到了某项器

---

〔1〕 Uniform Anatomical Gift Act, Section 4（1）（B）.

〔2〕 Human Tissue Act, RSNL1990, c. H-15; Human Tissue Act, RSNWT1988, c. H-6; Human Tissue Gift Act, RSA2000, c. H-15; Human Tissue Gift Act, SNB2004, c. H12.5; Human Tissue Gift Act, RSS1978, c. H-15; Human Tissue Gift Act, RSY2002, c. 117.

〔3〕 Human Tissue Gift Act, CCSM1987, c. H180; Human Tissue Donation Act, RSPEI1988, c. H-12.1.

〔4〕 Sections 8, 9 and 10, Human Tissue（Scotland）Act 2006.

官，而其他人格权都是抽象意义上的人格尊严、人格自由等伦理价值要素。自然人有权对于自己死后的遗体做出处分。虽然人的意思表示只能在其生存期间做出，但该意思表示也对其死后的遗体发生效力。[1]其二，器官权说。该说认为，无论器官是否与人体脱离，主体对它都享有器官权。器官权跨越人身权与物权两大领域，兼有完整的人格权与绝对的所有权的属性，未与躯体分离的器官权在活体是人身权，在尸体是物权；已与躯体分离的器官权在活体、尸体均为物权。其三，自我决定权说。自然人生前表示捐献器官，为自我决定权的体现。其四，身体权说。自然人对自己的器官，可以有限度地捐献给他人，救助他人的生命，是正当行使身体权的行为。[2]

比较分析上述学者观点，身体权说更值得赞同，其理由如下：其一，从器官捐献权说、器官权说与自我决定权说的内容来看，器官捐献权、器官权与自我决定权本质上都属于人格权。人格权具有法定性，从我国人格权法权威学者的论述来看，都承认这一点。如王利明教授认为，人格权在性质上属于法定权利而不是自然权利，因为若无法律的确认和保护，人格利益是不能成为主体实际享有的民事权利的。人格权只有法定化，才能明确权利的边界，国家才能通过强制力对人格权进行保障。人格权虽然具有自然属性的特点，但如果没有法律的确认和保护，则人格利益不能成为主体实际享有的权利，所谓自然产生的人格权也将成为一句空话。人格利益受法律保护的范围在不同社会是不相同的，即使在西方国家的法律中，对人格权的保障也是有区别的。《民法总则》通过之前，《民法通则》即以专章确认了自然人的人格权，如生命健康权、名誉权、荣誉权等。自此以后，对人格权的保护日益受到重视，主体的人格权才得到了充分的保障，这些都表明不存在着所谓天赋人权，而只存在具体、法定的权利。这些权利不是抽象地自然产生的，而是法律确认的，所以人格权的取得和人格权的范围，都有赖于法律的明确规定。必须坚持法律规定的人格权。人格权不像物权那样，有一个物权法定原则，实行类型规定和内容固定，但人格权的种类也要受到法律约束，法律没有规定为具体人格权的其他人格利益，也不能认定为具体人格权，防止将人格权泛化，造成混乱。尹田教授指出，人之为人的那些属性或性质，例如生命、健

---

〔1〕　参见马俊驹：《人格和人格权理论讲稿》，法律出版社 2009 年版，第 311～313 页。
〔2〕　参见杨立新：《人格权法》，中国法制出版社 2006 年版，第 396 页。

康、身体、名誉等构成，当法律确认或者赋予自然人的人格时，此种地位及构成此种地位的全部要素即获得法律保障力，人格权即由此产生。[1] 姚辉教授指出，法定性是人格权的属性之一。所谓法定性，是指人格权的种类及侵害人格权的侵权行为形态原则上由法律规定。人格权之所以奉行法定主义，主要是因为人格权的对世、绝对权性质。享有人格权者，其权利可以对抗所有其他人，任何他人均得对其负有不得侵害或妨害的义务，此种性质的权利如果似合同般以意思自治原则任由当事人确定，则可能动辄得咎，过度限制社会成员的行为自由，反而不利于社会秩序之稳定和行为自由的保障。因此，人格权必须像物权一样奉行法定主义原则。[2] 从我国目前法律体系来看，尚没有法律承认器官捐献权、器官权与自我决定权，因而它们都不是我国民法上的人格权，不宜作为器官捐献的理论基础。其二，器官捐献权实际上是自然人身体权的具体权能，是自然人行使身体权的表现。不论从形式上还是从本质看，器官权均是身体权的细化，是身体权的类权利。身体权已经足以说明自然人捐献器官的理论依据，没有必要将其具体权能独立出来，上升为一项独立的人格权。

按照民法原理，身体权的行使具有一身专属性。这种专属性表现在两个方面：一方面，人格权由民事主体专属享有，其他组织不享有人格权；另一方面，人格权只能由每个民事主体单独享有，不得转让、抛弃和继承，也不受他人非法限制，不可与民事主体的人身相分离。本人表示捐献器官作为行使身体权的表现，当然也具有专属性，其性质如同立遗嘱，原则上具有自主性，性质上不得由他人代为意思表示。因此，在本人表示捐献器官场合，没有法定代理人代为捐献器官的适用余地。

除此之外，基于以下几点理由，也不应允许法定代理人代为捐献被代理人的器官。其一，监护人代理被监护人实施法律行为，实现和保护其合法权益是监护人的重要职责。允许监护人代理被监护人表达器官捐献意愿，被监护人不能从中受益，与民法设立监护制度的宗旨相违背。其二，法定代理制度的立法宗旨，在于补充被代理人行为能力的不足。被监护人本身不能实施的法律行为，其法定代

---

[1] 参见尹田："论人格权的本质——兼评我国民法草案关于人格权的规定"，载《法学研究》2003年第4期。

[2] 参见姚辉：《人格权法论》，中国人民大学出版社2011年版，第53页。

理人也不能代为实施。我国《人体器官移植条例》第 8 条要求捐献者应当具有完全民事行为能力，明确否定无行为能力人和限制行为能力人作为捐献者的资格，因而不存在监护人代理被监护人实施器官捐献行为的前提和基础。其三，根据学者通说，代理行为在性质上是代理人的行为，代理人实施代理行为时的意思表示是自己的意思表示。允许监护人代理被监护人捐献其器官，实质上是以自己的意思支配他人的身体，被监护人从法律主体沦为法律客体，与公序良俗原则不符。

（三）近亲属捐献死者器官

1. 遗体的法律属性。民法上的物，是指存在于人身之外，能够满足人们的社会需要而又能为人所实际控制或支配的物质客体。[1] 自然人死亡后，其身体转化为遗体。该遗体符合民法上物的各项特征，属于民法上的物的范畴。首先，遗体存在于人身之外。自然人死亡之后，其生命已经不复存在，承载自然人生命的身体，转变为人的身体之外的客观物质，不属于有生命的人体。其次，遗体具有使用价值，能满足人类的某些需要。传统社会人们对遗体的应用途径较少，基本上限于埋葬和祭祀，对于死者亲属祭祀死者、寄托哀思具有不可替代的作用。随着科学技术的发展，人们对遗体的应用途径越来越广泛。如遗体火葬后遗留的骨灰可以作为肥料，遗体可以作为标本进行展览，古代人的遗骨通常可以作为考古资料，医学院校学生解剖实习均使用遗体作为教具等。美国有许多人体组织库采集死者的骨头、软骨、皮肤、筋膜、心脏瓣膜、肌腱、韧带和血管，检查杀菌处理后加以保存，以供应医院的需要。随着高新技术和现代医学技术的进步，器官移植已经成为挽救器官衰竭患者生命的普通疗法，而供移植使用的器官最大的来源就是人类的遗体，有些器官只能从遗体上获取，如心脏移植所需器官就是如此。由此可见，遗体的全部或一部仍有使用的可能性，无法全面否定其使用价值。再次，遗体能够为人控制或支配。在现代社会，通过低温技术或防腐技术，遗体可以实现长期保存。遗体能被人占有、埋葬、火化，即在事实上为人力所及，又可被其他人控制。最后，遗体是有体物。人的每具遗体都是实体的，有自身特有的形状，是看得见摸得着的，能够被人类的感官感觉其存在，属于有体物范畴。人的遗体具有形体和质量，我们可以感知其存在，它确实属于有体物。当

---

[1]　参见魏振瀛主编：《民法》，北京大学出版社、高等教育出版社 2017 年版，第 133 页。

然，与普通物相比，遗体作为民法上的物有其特殊性，表现在以下几个方面：

（1）遗体不具有经济价值。普通物品作为商品，是交换价值和使用价值的统一，商品的交换价值可以通过货币衡量，甚至可以明码标价。与之不同，遗体不具有交换价值，更不可能按质论价。遗体之所以没有经济价值，根本原因在于遗体未经过人类劳动的加工，其并非人类创造的产物。根据经济学原理，价值来源于人的劳动，物体上凝聚的人的劳动越多，其经济价值就越大。遗体是由自然人的身体转化而来的物质形态，没有经过人的劳动的加工，不包含社会必要劳动时间这一价值因素，因而不具有财产性。因而，日本司法实务认为，挖掘他人坟墓，取得遗体后将其肝脏和脾脏卖与他人，不成立故买赃物罪。[1]

民法上的物依其融通性的不同，可区分为融通物与不融通物。融通物是指可以成为交易标的物。一般的物具有成为权利客体的能力，我们可以占有和转让该物。不融通物是指法律规定不得为交易标的之物。不融通物不具有交易能力，不得作为私权标的物，当然不得成为交易标的的物。区分融通物与不融通物的意义，在于以不融通物为标的物的买卖合同无效。人类的遗体不具有经济价值，因此不具有流通能力，不能作为私权交易的客体。即使有人订立了以买卖遗体为内容的合同，该合同由于标的物不适格而归于无效。由于遗体不能作为交易的标的，不能在市场上流通，决定了遗体上不能设定担保物权。因为担保物权为价值权，以担保物的交换价值担保债权的实现，遗体没有交换价值，因而也不能成为担保物权的客体。

（2）普通物品之上一般不会负载精神利益，但遗体与之不同，其上寄托着死者亲属的精神利益。人是一种需要精神寄托的高级动物，希望亲人遗体保持完整是人的本能，这种本能不能为他人剥夺。自然人生命结束后，遗体已脱离人的身体而物化，不是原本意义上的人。但遗体具有人类形象，寄托了亲属对死者的思念和情感。自然人死亡后的一定期间内，其形象仍然保留在家属头脑中，去世时间越短，留存在死者家属中的形象越清晰，家属的思念之情越强烈。这种精神利益虽然看不到也摸不到，但它确实客观存在着。因此，不能将遗体与普通物品等同视之。为避免伤害人类感情，将遗体做不同对待，符合一般人共同的期望。

---

〔1〕 〔日〕大判大正 4.6.24 刑录 21 辑 886 页。

（3）普通物品受到侵害时，一般不会对所有权人产生精神损害，但遗体上寄托着死者亲属的精神利益。生活经验告诉我们，残害或侮辱遗体的行为虽然不会使死者感到痛苦，但必然会使其亲属感到痛苦和气愤。死者亲属对遗体的精神利益受到法律保护，构成侵权责任法保护的客体，受到精神损害的死者亲属有权主张精神损害赔偿。我国《最高人民法院关于确定民事侵权精神损害赔偿责任若干问题的解释》第 3 条规定，非法利用、损害遗体、遗骨，或者以违反社会公共利益、社会公德的其他方式侵害遗体、遗骨的，死者近亲属可以向人民法院起诉，请求精神损害赔偿。该条规定正式确立侵害遗体的精神损害赔偿责任。我国《侵权责任法》第 22 条规定，侵害他人人身权益，造成他人严重精神损害的，被侵权人可以请求精神损害赔偿。该条规定明确将精神损害赔偿的适用，限定于侵害他人人身权益。按照这一规定，侵害死者遗体的行为，显然不是侵害他人人身权益，被侵权人请求精神损害赔偿似乎缺乏请求权基础。但按照该法第 5 条的规定，其他法律对侵权责任另有特别规定的，依照其规定。《最高人民法院关于确定民事侵权精神损害赔偿责任若干问题的解释》不妨视为《侵权责任法》之外的其他法律，关于侵害遗体的精神损害赔偿责任继续沿用。这就意味着，行为人不法侵害死者遗体场合，应负精神损害赔偿责任。当然，这种情形适用精神损害赔偿必须符合一定的条件，即侵害行为造成了对遗体的侵害，且行为人采取的方式已经违反了社会公序良俗。[1]

（4）现实生活中，普通物品的处分一般不涉及公序良俗问题。但遗体不同，尊重和妥善处理遗体，不仅对于安抚死者亲属的精神痛苦具有重要意义，而且对于维护良好的社会秩序也具有重要意义。遗体是人死亡后遗留下来的躯体，是人曾经存在于世界的证明，不仅是死者亲属表达哀思的寄托，而且也对社会伦理道德产生重大影响。我国自古以来就极为尊重死者遗体，古代社会里侵害遗体的行为要受到社会舆论的强烈谴责，甚至受到法律的严厉制裁。如《唐律疏议》卷十八《贼盗律》残害死尸条规定，诸残害尸及弃尸水中者，各减斗杀罪一等。即使在现代社会，人们也要对死者进行祭奠，以表示对亲属人的怀念，甚至还要供奉死者亡灵，重视程度往往不亚于对婚礼、寿辰或其他喜庆风俗。可以说几千

---

〔1〕　参见王利明：《人格权法研究》，中国人民大学出版社 2012 年版，第 405 页。

年来，人们对遗体的崇敬之情从未断绝，尊重遗体观念早已根深蒂固，维护公序良俗的要求早已融入对遗体的处分中。对于侵害他人遗体的行为，必然遭到社会舆论的严厉谴责。即使在今天，非法毁损、占有利用遗体，抛弃或者侮辱遗体，不仅伤害死者亲属的感情，而且破坏人类善良的民族习惯和传统，有害社会风化，严重扰乱社会秩序。因此，无论是本人生前决定如何处分自己的遗体，还是死者意愿欠缺时，由其亲属决定处分遗体的方式，都不得不受到公序良俗的限制。以遗体安葬为例，按照社会一般观念，安葬死者遗体时应尽考虑到当地的传统习俗，遵守现有法律法规如《殡葬管理条例》的规定，对遗体做出合理的安葬。遗体的所有权人不得以放弃所有权为由，拒绝履行安葬死者的义务。

2. 遗体所有权的归属。民法上的物皆有其归属，即有明确的所有权人，否则无法确定物的支配主体。遗体作为民法上的特殊物，虽然具有特殊性，但本质上未脱离物的属性，因而也应有明确的所有权人。关于遗体所有权的归属，我们认为应属于死者的近亲属。其一，从法律关系角度来看，自然人从出生到死亡，以身份为基础的法律关系主要发生在近亲属之间。如自然人出生后，与其父母发生亲子关系，父母是其当然监护人，没有父母或父母没有监护能力的，由其他近亲属担任监护人，例外情况下才由其他非近亲属担任监护人。自然人结婚后，与其配偶发生夫妻关系，生育子女后产生亲子关系；自然人死亡后，发生继承关系，继承人主要也是死者的近亲属。因此，自然人死亡后其遗体也顺理成章地归其近亲属所有。其二，从血缘联系来看，由于近亲属与死者存在着血缘联系，他们之间的物质利益关系和精神利益关系更为密切，近亲属一般会主动保护死者遗体，而不会损害死者遗体。同时，血缘联系越密切，损害死者遗体的行为对其造成的精神痛苦越重大，近亲属有保护死者遗体的要求。其三，从生活经历来看，近亲属与死者一般有过共同生活的经历，特别是夫妻之间朝夕相处，他们往往更为了解死者在处分遗体上的真实态度，避免发生违背死者意愿处分其遗体的行为。因此，由死者近亲属保护其遗体是最合适不过的人选。其四，从社会经验来看，自然人在临终时往往要对其身后事务进行一定的安排，这些安排一般都是交由近亲属来实施的。这种传统做法已经使人们形成了一种心理惯性，人们已经习惯将身后事务交由近亲属处理。其五，从我国现有法律规定来看，有的省市制定了关于遗体捐献的地方性法规，大都规定在本人生前未表示捐献遗体的场合，由其近亲属决定捐献死者遗体。如 2000 年 12 月 15 日，上海市人大常委会通过了《上海市遗体捐献条例》，该条例第 2 条规定，生前未表示是否捐献遗体意愿的自然人死亡后，可由其近亲属将遗体的全部或者部分捐献给医学科学事业。《最高人民法院关于确定民事侵权精神损害赔偿责任若干问题的解释》第 3 条规定，他人非法利用、损害遗体、遗骨，或者以违背社会公共利益、社会公德的其他方式侵害遗体、遗骨，其近亲属遭受精神痛苦的，可以向人民法院起诉请求精神损害赔偿。该条规定虽然没有正面规定遗体归近亲属所有，但可以认为从反面承认了近亲属对遗体享有所有权。

3. 拥有决定权的近亲属范围。死者生前只有一名近亲属时，只需要该名近亲属同意即可。若死者生前有多名近亲属时，则应取得所有近亲属的同意，还是取得部分近亲属的同意即可？

我国《深圳经济特区人体器官捐献移植条例》第 35 条规定，本条例所称死者近亲属范围及顺序如下：第一顺序：配偶、子女、父母；第二顺序：兄弟姐妹；第三顺序：祖父母、外祖父母、孙子女、外孙子女。但国务院制定的《人体器官移植条例》第 8 条没有确立顺序原则，只赋予了死者的配偶、成年子女和父母有捐献死者器官的权利。这一规定严格限制近亲属的范围，适应了政府管制器官捐献的立法目的，具有一定的时代价值。但随着人们社会观念的进步，特别是人体器官捐献事业的深入开展，该条规定已经越来越不适应实践的需要，甚至阻碍了器官捐献事业的开展。因为器官捐献实践中，大量的捐献者并没有配偶、父母和子女，但有其他近亲属。其他近亲属有捐献意愿时，协调员碍于《人体器官移植条例》第 8 条的规定，担忧缺乏法律依据，往往不敢为其办理捐献手续。如此一来，不仅堵塞了表达爱心的渠道，也不适当地减少了器官来源。借鉴英美国家的立法经验，我国《人体器官移植条例》第 8 条的规定应予完善。具体办法是，首先，立法应明确死者近亲属才有权捐献死者器官排除其他个人或组织的捐献权利；其次，将死者近亲属划分为两个顺序，实行顺序原则。第一顺序的近亲属同意捐献器官的，协调员无需再取得第二顺序近亲属的同意；没有第一顺序近亲属时，由第二顺序近亲属作出同意捐献器官的决定。这样的顺序设计，既能保护死者近亲属的权益，也能兼顾器官获取的时间要求，最大限度地保障器官的质量。

若死者只有一名近亲属时，只要该近亲属表示同意，该例器官捐献就能实现。若同一顺序的近亲属人数较多时，应如何做出意思表示？从我国《人体器官移植条例》第 8 条的规定来看，显然采取了全部同意原则，这一规定是恰当的。首先，每一近亲属的权利都是平等的，剥夺某一近亲属的权利是不妥当的。其次，死者的遗体属于民法上特殊的物，该物不能分割，属于不可分物。遗体上不存在近亲属的份额，因而属于近亲属共同共有。依《中华人民共和国物权法》（以下简称《物权法》）第 97 条规定，处分共有的不动产或者动产以及对共有的不动产或者动产作重大修缮的，应当经占份额 2/3 以上的按份共有人或者全体共同共有人同意，但共有人之间另有约定的除外。因此，近亲属决定捐献死者器官的，应取得全部近亲属的同意。

四、结语

关于人体器官捐献，我国《人体器官移植条例》第 8 条只作了框架性规定，具体内容有待进一步填充和完善。在未成年人表示器官捐献方面，不妨参考英美国家的成熟经验，适当降低作出捐献器官意思表示的未成年人年龄。在死者表示器官捐献方面，宜明确近亲属有权捐献其器官，并确立相应的同意顺位，从而扩大人体器官的来源，救治更多的器官衰竭患者。

案例 20

我国脑死亡立法的紧迫性与可行路径
——"千里送心"事件引发的思考

一、案例简介

2014 年 5 月,我国发生了一起"千里送心"的生命接力事件,引起社会各界广泛关注。21 岁的广西青年叶某因病被判定为脑死亡,其家属决定捐献其心脏、肝脏、肾脏和眼角膜。随后,捐献的心脏被送往北京某医院,移植给一位 12 岁男孩,挽救了其生命。该事件经媒体报道后,舆论普遍赞颂叶某家属的爱心之举。与此同时,也有法学专家发表不同意见,指出这场生命接力和爱心行动背后,潜藏着能否通过脑死亡标准,认定他人死亡的重大法律问题。[1] 无独有偶,2015 年 6 月,赵某大学毕业后为减轻家庭负担外出打工,却不幸从 6 米高处坠落致脑死亡。面对丧子剧痛,赵某父母含泪决定捐出儿子器官,成功移植给 1 名肝功能衰竭患者、2 名尿毒症患者,使 3 个生命得以重生。[2]

二、案例评析

为进一步规范人体器官移植,保障人民群众的健康权益,中国红十字会总会、卫生部于 2010 年 3 月 25 日在上海联合宣布启动建立人体器官捐献体系,并在我国 10 个省、市开展人体器官捐献试点工作。目前,试点工作已经顺利结束,人体器官捐献工作在全国范围内展开。2011 年 4 月 26 日原国家卫生部发布了《卫生部办公厅关于启动心脏死亡捐献器官移植试点工作的通知》(卫办医管发〔2011〕62 号),该通知的附件一为《中国心脏死亡器官捐献分类标准》,将我国

---

〔1〕 温蓓等:"脑死亡=真死亡?'千里送心'引争议",载《新京报》2014 年 5 月 7 日,第 A08 版。
〔2〕 石闯:"小伙打工发意外脑死亡 家属捐出器官至少救 3 人",载《郑州晚报》2015 年 6 月 13 日,第 A07 版。

现阶段公民逝世后心脏死亡器官捐献分为三类：中国一类（C-I）：国际标准化脑死亡器官捐献（Donation After Brain Death，DBD），即脑死亡案例，经过严格医学检查后，各项指标符合脑死亡国际现行标准和国内最新脑死亡标准，由通过卫生部委托机构培训认证的脑死亡专家明确判定为脑死亡；家属完全理解并选择按脑死亡标准停止治疗、捐献器官；同时获得案例所在医院和相关领导部门的同意和支持。中国二类（C-II）：国际标准化心死亡器官捐献（Donation After Cardiac Death，DCD）。中国三类（C-Ⅲ）：中国过渡时期脑—心双死亡标准器官捐献（Donation After Brain Death Plus Cardiac Death，DBCD），即虽已完全符合 DBD 标准，但鉴于对脑死亡法律支持框架缺位，现依严格程序按 DCD 实施。其具体操作过程是，发现潜在捐献者后，由有资质的神经内科副主任医师和 ICU 副主任医师，依据卫生部脑死亡判定标准起草小组制定的《脑死亡判定标准（成人）（修订稿）》和《脑死亡判定技术规范》，判定潜在捐献者脑死亡。家属决定终止治疗，签署终止治疗知情同意书并同意进行器官捐献，协调员与家属签署器官捐献志愿书。举行默哀仪式后，重症监护室医生宣布撤除呼吸机，经过约 6 分钟左右心跳停止，血压降为 0。心电消失后观察 2~5 分钟无自主心跳时，由主治医师宣布临床死亡，留取心电图记录，获取小组切取器官。

众所周知，我国目前尚未制定脑死亡立法，刑事司法实务中均采用心死亡标准判定人的死亡。在刑法上，脑死亡者仍然属于故意杀人罪的保护对象。[1] 获取脑死者心脏的行为，应被评价为从活人体内获取心脏，从而导致脑死者依心死亡标准被宣告死亡。在此意义上，我国人体器官捐献实践中，除第二类国际标准化心死亡器官捐献（DCD）没有法律争议外，第一类国际标准化脑死亡器官捐献（DBD）的合法性即存在疑问，脑—心双死亡标准器官捐献（DBCD），也不无可议之处。

这种类型的器官捐献与国际标准化器官捐献相比，两者的共同之处在于，都强调尊重脑死者家属的意愿，只有获取脑死者家属同意之后，才可以考虑获取其器官。两者的差异在于，在脑—心双死亡标准器官捐献场合，患者被判定脑死亡后，并不立即实施器官捐献，而是增加了一项环节，即等待脑死者心跳停止后观

---

〔1〕 参见黎宏：《刑法学》，法律出版社 2012 年版，第 635 页。

察 2~5 分钟，然后宣布患者死亡（心死亡），进而开始获取其器官。如此一来，脑—心双死亡标准器官捐献形式上坚持了传统的心死亡标准，同时辅以供体器官维护措施，能够保障器官的质量。在我国脑死亡立法缺失的背景下，这一做法不失为一项具有中国特色的创举。从民法角度审视脑—心双死亡标准器官捐献，由于医务人员事前已经取得家属的同意，因而其破坏尸体完整的行为排除了违法性，不至于引发医患纠纷。但从刑法角度而言，自然人的生命权是最基本的人权，任何人包括家属都无权处分脑死者的生命权，因而脑死者家属终止治疗的承诺并没有法律效力。造成上述法律困境的根本原因在于，我国目前尚未制定一部脑死亡法。同时，上述案例也凸显了我国脑死亡立法的必要性和紧迫性。

三、法理探析

（一）脑死亡立法概况

所谓脑死亡，一般是指包括大脑、小脑、脑干在内的全部机能完全而不可逆的停止，即全脑死亡。脑死亡原发于脑组织严重外伤或脑的原发性疾病，其特征是脑功能不可逆地全部丧失，它同心跳和呼吸停止一样，是自然人生命现象的终止，是个体死亡的一种类型。[1]

从医学角度来看，人的心脏停止跳动以后，血液循环和呼吸活动停止，人体细胞因缺氧而逐渐坏死，中枢神经系统功能也随之终止。临床医生遂以心死亡为标准判定自然人死亡，心死亡标准是世界各国一直沿用的传统死亡标准。1959 年，法国医生莫拉雷特和古朗恩在第 23 届国际神经学会上首次提出过度昏迷的概念。他们的报告指出，凡是被诊断为过度昏迷的病人，其苏醒的可能性几乎为零，并且使用脑死亡一词描述这一现象。[2] 以此报告为契机，人类对脑死亡的认识开始进入医学科学的视野。1968 年，在第 22 届世界医学大会上，美国哈佛大学医学院脑死亡审查特别委员会提出了世界上第一个脑死亡诊断标准，即哈佛标准。1970 年，美国堪萨斯州颁布法律承认脑死亡标准，规定患者符合其中之一标准，即可被宣布死亡。[3] 1981 年，美国统一州法委员会通过《统一死亡判

---

〔1〕 参见吴崇其主编：《中国卫生法学》，中国协和医科大学出版社 2011 年版，第 350 页。
〔2〕 参见黄丁全：《医疗法律与生命伦理》，法律出版社 2007 年版，第 49 页。
〔3〕 Kan. Stat. Ann. δ 77-202.

定法案》，建议各州采纳以下条款：任何人患有呼吸和循环不可逆停止或大脑全部功能不可逆丧失就是死人。死亡的确定必须符合公认的医学标准。迄今为止，该模范法已被大多数州采纳。随着器官移植技术的发展，脑死亡标准为越来越多的国家和地区承认。

20 世纪 80 年代，我国医学界开始探讨脑死亡问题。1986 年 6 月在南京召开的心肺脑复苏座谈会上，与会专家草拟了我国第一个《脑死亡诊断标准（草案）》。1999 年 5 月，中国器官移植发展基金会、中华医学会器官移植分会和中华医学杂志编委会，召开《脑死亡标准（草案）》专家研讨会，对我国《脑死亡标准（草案）》进行了认真仔细的讨论和修改。2002 年 10 月，中国器官移植年会对脑死亡问题再次展开讨论，并首次对外公布《中国脑死亡判定标准（成人）（第三稿）》。2003 年 4 月，《中华医学杂志》刊登《我国脑死亡判定标准（成人）征求意见稿》及《脑死亡判定技术规范》，征求医疗界对脑死亡判定标准的意见。卫生部脑死亡判定标准起草小组委托首都医科大学宣武医院，对脑死亡判定的可行性和安全性进行了深入扎实的研究，并结合实践，提出了《脑死亡判定标准（2009 版）》和《脑死亡判定技术规范（2009 版）》。由此可以看出，脑死亡标准已经获得我国医学界的普遍认同。但在我国法学界特别是刑法学界，脑死亡标准受到普遍反对。如周光权教授认为，我国目前医患关系比较紧张，医疗机构的社会公信力受到很大怀疑，在这样的社会大背景下，要求国民认同脑死亡标准不太现实；所以，在刑法上暂时还没有重新检讨人的死亡标准的问题。在经过相当长的时期后，可以考虑脑死亡与心脏死亡两种标准并行。但至少在目前，在刑法上否定心脏死亡标准，采用脑死亡标准的必要性并不存在。[1] 张明楷教授认为，脑死亡的认定标准还具有不确定性，脑死亡的概念要被一般国民接受也需一个过程，采用脑死亡概念还特别要求有一整套防止恶意利用脑死亡概念非法剥夺他人生命的有效措施。因此，我国目前不宜采用脑死亡标准。[2] 正是基于这样的认识，在我国刑事司法实践中，对于生命终止于何时，目前仍采心脏停跳说。[3] 在临床实践中，医务人员为了避免承担刑事责任，也沿用心死亡标

---

〔1〕 参见周光权：《刑法各论》，中国人民大学出版社 2011 年版，第 14 页。

〔2〕 参见张明楷：《刑法学》，法律出版社 2011 年版，第 757 页。

〔3〕 参见陈兴良主编：《罪名指南》（下册），中国人民大学出版社 2008 年版，第 659 页。

准判定自然人的死亡。

在立法层面，我国还没有一部法律承认脑死亡标准。2003 年 7 月召开的卫生部器官移植管理立法专家论证会上，提交给与会代表讨论的《人体器官移植管理条例（讨论稿）》第 16 条曾规定，尸体器官摘取，应符合以下条件：①捐献者已经死亡（包括脑死亡）；……这是脑死亡标准首次出现在立法文本上。但 2007 年国务院制定的《人体器官移植条例》没有采纳讨论稿的规定，而是删除了关于脑死亡的表述。近年来，随着我国人体器官捐献事业的推进，地方人民代表大会纷纷制定了地方性法规，如 2012 年 12 月天津市制定了《天津市人体器官捐献条例》，2012 年 11 月江西省制定了《江西省遗体捐献条例》，2014 年 9 月湖北省制定了《湖北省人体器官捐献条例》。上述条例中也没有关于脑死亡标准的内容。

（二）脑死亡立法学说

在人体器官捐献的社会背景下，脑死亡立法日益凸显其紧迫性。如何制定我国的脑死亡立法，法学界主要有两种学说，即二元死亡标准说与一元死亡标准说。

1. 二元死亡标准说。二元死亡标准说是我国学者较早提出的一种观点，在法学界和医学界都有较大的影响。该说认为，充分考虑一般民众的传统习惯，在判定死亡的标准上，给公民以适当的选择余地。如果患者及其亲属选择心死亡标准，那就尊重其意愿，脑死之后医院继续维持治疗，在其心跳与呼吸未停止的情况下，不得作为尸体处理，不能摘取其器官作移植之用；如果他们选择脑死亡标准，则在脑死亡之后，心跳尚未停止时医院终止治疗，在符合器官移植的条件下，可以摘取其器官作移植之用。这种立法形式比较灵活，容易为社会公众所接受。[1] 有学者对二元死亡标准说进行了修正，可称为修正的二元死亡标准说。该说鉴于我国各级各类医疗单位存在技术、设备、诊疗水平等方面的差异，主张将这两种死亡标准并行的情况严格限定在民事领域，而在刑事领域则单采脑死亡标准。具体来说，在民事方面，应允许脑死患者或其家属自主选择以脑死亡或心死亡作为自己的死亡判定标准。在医生判定患者脑死亡时，是否继续救治，应依患者生前所选定的死亡标准或患者家属（在患者死后）的意愿而定，如果患者

---

[1]　参见刘维新：《医事刑事法初论》，中国人民公安大学出版社 2009 年版，第 201 页。

生前选择以脑死亡为自己的死亡判定标准或患者家属在患者生前未明确表态时同意以脑死亡标准作为其死亡判定标准，则医生可以放弃对脑死患者继续救治，否则应当继续救治，但该继续救治不应当给第三者的利益带来损害。在刑事方面，规定脑死亡为判定人死亡的唯一法定标准，即在刑事犯罪领域统一地对被害人（犯罪嫌疑人）依据脑死亡标准作为认定死亡的标准。如果被害人（犯罪嫌疑人）已经脑死亡，则应当认定其已经死亡，并依此来判定被害人（犯罪嫌疑人）是否应当承担刑事责任以及应当承担何种刑事责任。[1]

值得肯定的是，二元死亡标准说充分考虑了一般民众的传统习惯，给公民以选择死亡标准的余地，尊重了社会公众的意志。但不可否认的是，二元死亡标准存在明显的缺陷。其一，人的死亡是一种客观事实，法律规定的死亡标准应该遵循科学规律，并且应该统一，不能因人的认识不同而有所不同，也不能因场合不同而有差别。如果采取二元死亡标准，不仅导致死亡认定结果的相对化，而且也使死亡标准、死亡认定和死亡后果不具有客观性，死亡认定成为可以由人的主观意志左右的事情，因此即使在民事领域适用二元死亡标准，刑事领域适用一元死亡标准也是不恰当的。其二，采取二元论的立法形式，还有可能出现司法上的不合理现象。例如，患者及其亲属选择心脏死的判定标准，但医生在其脑死亡的情况下，撤掉了人工呼吸机等维持生命装置、停止了治疗，这是否构成不作为形式的杀人罪？如果医生摘取其心脏等器官移植给了其他患者，这又是否构成作为形式的杀人罪？按二元论的观点，回答自然是肯定的。因为在患者未死亡的情况下，医生有救治的义务而不救治，或者摘取其心脏等器官，故意导致其死亡，这无疑是杀人行为。反过来，如果患者及其亲属接受脑死亡的观念，则医生的行为不构成犯罪。同样性质的行为，由于行为人之外的第三者认识不一，出现罪与非罪两种完全不同的结论。[2] 其三，若采取二元死亡标准，则在行为人致人脑死亡案件的审理中，控辩审三方如果持有不同的死亡标准，将使案件审理根本无法进行下去，刑法适用也将变得异常艰难甚至寸步难行。

2. 一元死亡标准说。该说认为，脑死亡立法具有重要意义，我国应单独制

〔1〕 参见刘长秋："刑法视野下的器官移植"，载《现代法学》2008 年第 6 期。

〔2〕 参见刘明祥："脑死亡若干法律问题研究"，载《现代法学》2002 年 4 期。

定脑死亡法。[1] 这种学说脱离了我国现阶段的国情，值得商榷。在我国，传统心死亡标准已经沿用了几千年，普通民众无论在感情上还是在伦理上，都已经接受了这一死亡标准。脑死亡标准确立之所以困难，在于它需要充分考虑我国民众的社会文化、伦理道德和思想观念。几千年来，我国深受儒家伦理影响，具有深厚的宗族观念和先人崇拜意识。患者被判定脑死亡后，在人工呼吸机的支持下，其呼吸和心跳还能维持几个小时到几天的时间。脑死者的家属很难将仍有体温、心脏仍然跳动的脑死者视为死者。因此，在死亡标准的选取问题上，立法者必须尊重民意，只有尊重民意的法律才能为人们尊重和执行。反之，即使制定了脑死亡法，必然因为没有深厚的民意基础而无异于一纸空文，也不会受到公众心悦诚服地遵守。从社会现实来看，脑死亡与心死亡的博弈，还会持续很长时间，在立法上确立脑死亡标准仍将任重道远。现阶段，比较务实的做法是加强宣传教育，普及脑死亡知识，逐步改变人们的传统观念，待时机成熟时再制定脑死亡法。这将是一个漫长的过程，可能需要几十年甚至上百年的时间。但如前所述，我国目前开展的人体器官捐献事业已经出现了合法性危机。如何制定符合我国国情的脑死亡法，已经成为立法者必须面对和解决的现实问题。在我国全面推进人体器官捐献事业的背景下，如何制定符合我国国情的脑死亡立法，不妨参考借鉴与我国有着相同文化背景的日本和韩国的脑死亡立法经验。

（三）日本和韩国的脑死亡立法经验

《日本刑法典》上，并没有关于死亡时间的明确规定。[2] 日本刑法理论上，关于人的死亡时点，有脉搏停止说、呼吸停止说和三症候说。脉搏停止说认为，脉搏不可逆地停止的时候为人的死亡。呼吸停止说认为，呼吸不可逆地停止的时候为人的死亡。三症候说以呼吸、脉搏不可逆地停止以及瞳孔散大这三种症状为基础，进行综合判断，故又称为综合判断说，为刑法学界的通说。[3] 1968 年 8 月，日本发生了著名的和田事件。札幌医科大学的和田医生，将捐献者的心脏移植到重度心脏病患者体内，后该名患者出现排斥反应死亡。和田医生以涉嫌杀人罪被提起公诉，后控方以证据不足为由免于起诉。受和田事件的影响，日本国民

---

〔1〕　参见陈名校、杜伯伦：“刍论中国脑死亡立法”，载《行政与法》2010 年第 4 期。

〔2〕　参见 [日] 川端博：《刑法各论讲义》，成文堂 2011 年版，第 12 页。

〔3〕　参见 [日] 斋藤信治：《刑法各论》，有斐阁 2009 年版，第 7 页。

对医生的不信任感增强，普遍反对脑死亡标准。

随着日本器官移植技术的发展，器官移植立法提上议事日程，脑死亡再度成为热门话题。在日本《器官移植法》制定过程中，法学界围绕脑死亡问题发生激烈争论，主要形成三种观点。第一种观点为脑死亡肯定说。第二种观点为脑死否定说与慎重论。在法律家中间，对于是否采纳脑死说存在犹豫。大多数人还是持维系传统的三症候说的态度。有人批评脑死说将死亡局部化。此外，也有人认为，以心脏为中心的三症候说已经在社会一般人的意识中长久地固定下来，变更死亡的概念，以脑死作为人的死亡的社会合意还没有形成。有学者提出了能否完全确定脑机能的不可逆地丧失，以及是否与社会观念和国民感情相适应的疑问。日本辩护士联合会意见也对脑死说提出了批评，维系了不改变三症候说的立场。第三种观点是患者自己决定与选择说。这是重视患者、家属意见的观点。在日本医生生命伦理恳谈会的报告书中，规定了要求患者本人或者家属同意的内容。在法律家中间，也有人持积极态度，其要旨是，在大多数情况下，三症候说还是妥当的，但是，在通过人工呼吸进行治疗的过程中，要在脑死阶段询问家属的意见，如果家属知晓并接受这一事实，可以在这一阶段中确定死亡，如家属同意就可以摘除器官。对这种想法，无论从脑死说的立场出发，还是从三症候的立场来看，客观的脑死亡概念被相对化了。根据患者、家属的意思和选择，做出是否为死亡的方式，有可能导致法律的不稳定性和法的不平等性。虽然这种看法被认为存在着不可克服的矛盾，但因为其缓和与回避了脑死争论中的对立问题，所以最终作为一种现实的解决方法，被写入了《器官移植法中》。[1] 1997 年 7 月，《器官移植法》在国会获得通过，在一定条件下将脑死者器官捐献合法化了。根据《器官移植法》第 6 条的规定，①死者生前书面表示同意捐献器官场合，被告知这一情况的死者家属对获取死者器官不表示反对，或者死者没有家属时，医生可以从死者遗体（包含脑死者的身体）上获取器官。②前项规定的脑死者的身体，是指为了获取其器官供移植用，经过判定包含脑干在内的全脑机能已不可逆性停止者的身体。③脑死亡判定，只能在死者生前书面同意根据前项规定做脑死判定，并且其家属被告知后也不反对做脑死亡判定或者死者无家属时，才能施行。

---

[1]　参见［日］中山研一：《器官移植与脑死亡——日本法的特色与背景》，丁相顺编译，中国方正出版社 2003 年版，第 99 页。

为配合该法的实施，日本厚生劳动省发布了《器官移植法律适用指南》，规定脑死亡判定获取器官时应遵守一定手续，如为使家属了解脑死亡与器官移植事项，宜由主治医师以外的医师向其家属作出说明，口头或书面形式均可以；在判定脑死亡之前，应对患者尽到最好的努力，即使捐献者本人有捐献器官的意思，也应确认其家属对于脑死判定与器官捐献是否有拒绝的意思；为保证家属承诺的任意性，不得进行强迫；在说明过程中如果家属拒绝说明，也应尊重其意思；如果家属提出希望某位医师参与脑死亡判定时，也应使其参加。综合分析日本《器官移植法》第 6 条和《器官移植法律适用指南》，可以得出两点结论：①日本法上的器官捐献特别强调尊重本人的意愿，必须事先获得本人的书面同意，没有本人事先书面同意场合，其家属不得自主决定捐献死者器官。②日本的脑死亡判定与器官捐献是相辅相成的，脑死亡判定仅适用于器官捐献领域，器官捐献领域之外仍维持传统的综合判断标准。而关于脑死亡判定，需要具备以下要件：一是本人生前书面同意实施脑死亡；二是脑死者家属不拒绝实施脑死亡或者家属不存在。只有这样，以捐献者自己决定权为根据，脑死说在器官捐献领域得以适用。[1]

日本《器官移植法》以捐献者的自我决定权为理论基础，强调必须获得捐献者本人捐献器官与脑死亡判定的书面同意，具有两个明显的弊端：①忽略了本人生前没有做出器官捐献意思表示场合，可否由其家属决定捐献其器官。②根据《器官移植法律适用指南》的规定，捐献者的意思表示与民法上的遗嘱能力相关，因此以书面形式表示捐献器官的意思时，15 岁以上的自然人的意思表示才有效。换言之，15 岁以下的未成年人因为无遗嘱能力而不能为其做脑死判定，也不得作为捐献者。收到上述两方面弊端的制约，日本器官来源增长缓慢。截至 2009 年，日本脑死者器官移植仅 81 例，15 岁以下器官衰竭患者不得不去国外寻求器官移植。为改变这种状况，促进本国器官移植技术的发展，《器官移植法》于 2009 年进行了修正。根据修正后的第 6 条的规定，本人捐献器官的意思表示不明确时，家属书面同意摘除器官也是可以的。对于与器官移植相关的脑死亡判定，本人生前脑死判定的意思不明确场合，其家属书面表示承诺时，也可以进行脑死判定。新法继续以综合判断标准为前提条件，只是在器官移植场合，脑死亡

---

〔1〕　参见［日］内藤谦：《刑法原论》，岩波书店 1997 年版，第 171 页。

才视为人的死亡，且不满 15 岁脑死者器官移植也成为可能。[1]

在韩国，脑死亡问题被正式提出是在 20 世纪 70 年代。韩国医学界普遍支持以脑死亡作为死亡判定标准，大韩医师协会从 20 世纪 80 年代开始致力于脑死亡的立法化，1999 年《韩国器官移植法》的通过与此有直接的关系。[2] 韩国《器官移植法》中确立了脑死亡标准，规定只有应患者家属请求，或者没有家属请求时应患者的主治医师请求，才可为其做脑死亡判定。换言之，脑死亡标准在韩国并不是普遍适用的标准，而是严格限定在器官获取时才能适用。相反，心死亡标准传统上一直被视为人的死亡。脑死亡标准虽然已经合法化，但未获得与心跳停止作为死亡相同的法律地位。脑死亡判定只有为了器官捐献目的才能实施。

综合分析日本与韩国的脑死亡立法，可以看出其具有以下特点：①两种死亡标准在立法上并存，脑死亡标准和心死亡标准均可作为判定人死亡的依据。②两种死亡标准分别适用于不同的领域，即脑死亡标准仅适用于器官捐献领域，心死亡标准适用于器官捐献以外的领域。③在器官捐献领域，脑死亡判定必须得到家属的同意。④脑死亡标准在法律上确立，其具体操作程序授权行政主管部门制定并发布。

（四）我国脑死亡立法构想

为了化解我国人体器官捐献的合法性危机，必须加快制定我国脑死亡立法。我国学界存在的二元死亡标准说与一元死亡标准说，在理论上存在不可克服的缺陷，不应为我国立法者采纳。如何将脑死亡标准合法化，不妨借鉴东亚国家和地区的脑死亡立法经验：①限定脑死亡标准适用领域，即脑死亡标准仅限于器官捐献领域，其他领域仍适用传统的心死亡标准。②死亡标准是人的生死界限，决定自然人民事权利能力的消灭与否，属于基本法律的范畴。按照《立法法》第 7 条的规定，只有全国人民代表大会有权限制定和修改刑事、民事、国家机构的和其他的基本法律。因此，应废止现行《人体器官移植条例》，由全国人民代表大会制定《人体器官移植法》，从中确立脑死亡标准。③脑死亡判定程序属于临床操作技术规范，不必在《人体器官移植法》中规定，而是授权卫生行政主管部门

---

〔1〕 参见［日］西田典之：《刑法各论》，刘明祥等译，弘文堂 2010 年版，第 12 页。

〔2〕 参见莫洪宪、李颖峰："韩国器官移植法对我国的启示"，载《复旦学报（社会科学版）》2010 年第 6 期。

制定并发布。④脑死亡的判定必须经过本人生前书面同意；如本人生前没有做出书面同意，必须经过其近亲属书面同意。我国民法上近亲属的范围非常广泛，应将近亲属分为两个顺序，即第一顺序的近亲属为配偶、父母和子女，第二顺序的近亲属为其他近亲属。脑死亡判定实施时，必须首先取得第一顺序近亲属的同意；没有第一顺序近亲属时，必须取得第二顺序近亲属的同意。若第一顺序近亲属不同意脑死亡判定，即使第二顺序近亲属同意的，医务人员也不得实施脑死亡判定。这样的顺序设计，既能保护死者近亲属的权益，也能兼顾获取器官的时间要求，最大限度保障器官的质量。同一顺序的近亲属只有一人场合，只需取得其一人同意即可。若同一顺序的近亲属有多人场合，应取得同一顺序近亲属的一致同意。因为近亲属的法律地位是平等的，不能优先保护某一部分近亲属的权利，而剥夺持反对态度的近亲属的权利。⑤脑死亡标准在法律上确立后，应扩大移植医院伦理委员会审查事项，将脑死亡判定过程纳入其审查范围，确保脑死亡判定医师遵循判定规范，保护患者的生命权。同时，为避免角色冲突，保证脑死亡判定的客观公正，判定脑死亡的医师不得参与器官获取与移植手术。

四、结语

心死亡标准一直支配着我国的临床判断和司法实务。脑死亡标准客观上有利于增加人体器官的来源，保障器官移植的质量，但两者之间并不存在必然的联系，认为脑死亡标准的提出就是为了更好地获取人体器官的观点是不正确的。我国制定一部统一的脑死亡法在可预见的时期内是不现实的。为化解脑死亡与器官捐献的矛盾，比较合理且务实的路径，即是通过立法的方式，承认脑死亡标准仅在器官捐献领域的合法性，除此之外，临床判定和审判实务中继续坚持心死亡标准。

案例21

民法视角下冷冻胚胎的法律属性与处分规则
——冷冻胚胎监护案分析

一、案例简介

江苏宜兴的沈某与刘某婚后因自然生育困难，于 2012 年 8 月在南京鼓楼医院施行体外受精—胚胎移植手术，冷冻了 4 枚受精胚胎。施行冷冻胚胎植入手术前几天，沈某夫妇不幸遭遇车祸死亡。后沈某父母于 2013 年 11 月诉至法院，请求法院判决其行使冷冻胚胎的监管权和处置权。2014 年 5 月 15 日，宜兴市人民法一审判决驳回原告的诉讼请求。沈某父母不服，向无锡市中级人民法院提出上诉。无锡市中级人民法院于 9 月 17 日撤销一审判决，改判冷冻胚胎由双方父母共同监管和处置。[1] 沈某父母取出冷冻胚胎后带至老挝，找到当地一名女性实施代孕手术。2017 年 12 月 9 日，该老挝籍代孕妈妈在中国境内生下一名男婴。

二、案例评析

自从路易斯·布朗出世以来，生育技术有了突飞猛进的发展。目前，试管婴儿技术已成为治疗不孕不育的有效手段。这一技术的原理是，首先需要从夫妻体内提取精子和卵子，然后在培养皿中完成受精过程，形成冷冻胚胎。冷冻胚胎是分裂为 4~8 个细胞的受精卵，它们含有人类全部遗传物质。在这一阶段，细胞还未分化，医生将冷冻胚胎植入母体子宫，具有发育为人体任何细胞的潜能。随着冷冻技术的发展，可以将受精卵长期加以保存，待需要时再将其解冻植入不孕

---

[1] 参见张圣斌、范莉、庄绪龙："人体冷冻胚胎监管、处置权归属的认识"，载《法律适用》2014 年第 11 期。

妇女体内。由此衍生出很多法律问题：冷冻胚胎是财产吗？如果配偶离婚、一方死亡或者双方死亡，冷冻胚胎如何处理？继承人能否主张继承冷冻胚胎？等等。

本案例即涉及上述诸多法律问题之一，即如何认定冷冻胚胎的归属？一审法院认为，冷冻胚胎具有发展为生命的潜能，是含有未来生命特征的特殊之物，不能如同一般物品那样任意转让或继承，不适合作为继承的标的，因而驳回了原告的诉讼请求。二审法院充分考虑到伦理和情感因素，认为沈某夫妇遗留的冷冻胚胎是双方家族血脉的唯一载体，承载着哀思寄托、精神慰藉和情感抚慰等人格利益。因此，冷冻胚胎交由双方父母共同监管和处置，及合乎人伦，又可以减轻其丧失子女的痛楚，故而改判为双方父母共同监管和处置。这一判决思路回避了冷冻胚胎能否继承的难题，尊重了双方父母对于血缘和人伦朴素而又浓厚的情感，值得肯定。本案还引发了代孕行为在我国是否合法的问题。从我国现行法律体系来看，并没有一部法律和行政法规对代孕明确作出禁止性规定。2001 年卫生部（现国家卫生健康委员会）的《人类辅助生殖技术的管理办法》规定，"医疗机构和医务人员不得实施任何形式的代孕技术"。但该规范性文件在效力位阶上属于行政规章，只是针对从事相关医疗机构及其工作人员，不具有限制人民权利的效力，不能作为禁止代孕的法律依据。

三、法理探析

（一）冷冻胚胎的法律属性界定

在大陆法系民法语境下，冷冻胚胎的法律属性如何界定呢？对此问题，我国学界的认识存在分歧，主要有主体说、客体说与折中说三种观点。[1] 我们认为，冷冻胚胎符合民法上物的诸项特征，可以被认定为民法上的物。所谓民法上的物，是指除人之身体外，凡能为人力所支配，独立满足人类社会生活需要的有体物与自然力。民法上的物必须具备以下特征：①物存在于人身之外。②物能满足人们的社会需要。③物能为人所实际控制或者支配。④物不以有体物为限。冷冻胚胎完全符合物的上述特征：首先，精子与卵子在培养皿中完成受精后，放置于低温设备中保存，称之为冷冻胚胎。它明显存在于人体之外。其次，冷冻胚胎植

---

[1]　参见张圣斌、范莉、庄绪龙："人体冷冻胚胎监管、处置权归属的认识"，载《法律适用》2014年第 11 期。

入母体之后,能够发育成为胎儿,能满足受术夫妻生儿育女的需要。再次,冷冻胚胎处于医务人员的控制之下。随着冷冻保存技术的发展,冷冻胚胎在在低温下可以长期保存。最后,冷冻胚胎虽然微小,但并非不具有一定形体。因此,冷冻胚胎本质上属于民法上的物。

当然,冷冻胚胎与民法上的普通物相比,具有其特殊性,主要表现在以下几个方面:其一,普通物有的具有生命,有的没有生命,而冷冻胚胎从产生之时起即具有生命。其二,普通物无论有无生命,都没有发展为人的可能性。而冷冻胚胎含有人类基因,有发育为胎儿的潜能。其三,普通物之上一般不会负载精神利益,但冷冻胚胎由人的精子和卵子结合而来,且有发育为人的可能,人们特别是受术夫妻对冷冻胚胎充满了感情和期待。这种精神利益虽然看不到摸不着,但它确实存在着。为防止伤害人类感情,将冷冻胚胎进行特别对待,符合一般人共同的期望。其四,普通物受到毁损或灭失后,往往不会导致所有权人精神损害。但冷冻胚胎上由于寄托着受术夫妇的精神利益,如果他人非法销毁冷冻胚胎,必然造成受术夫妻精神痛苦。根据《侵权责任法》第 2 条的规定,受术夫妻的这种精神利益属于侵权责任法的保护范围。侵权人不仅应赔偿受术夫妻遭受的物质损失,还应当对其遭受的精神痛苦予以赔偿。其五,普通物的处分往往不涉及公序良俗,但冷冻胚胎如果处分不当,势必造成人们的愤慨,引发社会公众心理恐慌,即关乎社会公序良俗。其六,普通物具有经济价值,能够在市场上流通,通过买卖等途径获得。但按照社会一般观念,冷冻胚胎不具有经济价值,不能在市场上自由流通。从世界范围来看,各国立法都普遍禁止买卖人类胚胎。我国原卫生部发布的《人类辅助生殖技术管理办法》,也明文禁止以任何形式买卖胚胎。正是由于冷冻胚胎具有上述特殊之处,可以将其称为民法上的特殊物。

我国有学者反对将冷冻胚胎视为物,其主要理由在于:其一,倘若把冷冻胚胎视为物,则意味着当事人可以随意制造或处分人类胚胎。这既严重浪费医疗资源,也容易导致伦理或法律纠纷。其二,体外胚胎被视为物后,就具有财产属性和自由转让性,进而导致冷冻胚胎商业化,违背人类伦理。[1] 我们认为,这一观点是值得商榷的。首先,冷冻胚胎具有特殊之处已如上述,它们决定了法律应

---

[1] 参见徐海燕:"论体外早期人类胚胎的法律地位及处分权",载《法学论坛》2014 年第 4 期。

当对冷冻胚胎提供特殊保护，设计特殊的法律保护规则，但并不因而遮蔽其为民法上之物的本质属性。其次，否认冷冻胚胎的物之属性，无非是担心有人买卖冷冻胚胎，违背公序良俗原则，但这些担忧是不必要的。因为按照民法原理，在现代社会，所有权人行使所有权受到一定限制，只能在不违反法律强制性规定或公序良俗的前提下，才能行使其所有权。在我国现阶段的社会观念下，人们尚不能接受冷冻胚胎的有偿处分，因此，任何使冷冻胚胎商业化的处分，都因为违反社会公序良俗而归于无效。此外，通过完善刑事法律，对于以营利为目的，制造、买卖或者组织买卖冷冻胚胎的行为，加以刑事制裁，发挥刑罚的威慑机能，也能杜绝冷冻胚胎商业化现象的发生。

（二）冷冻胚胎的权利归属

如前所述，冷冻胚胎本质上属于民法上的物，其上可以成立所有权。有疑问的是，冷冻胚胎的所有权归属于何人？冷冻胚胎来源于人类精卵，所以欲厘定冷冻胚胎的权利归属，须先弄清楚其前身——人类精卵的权利归属。在现代民法上，生存中人的全部或一部，不得视为物，否则人将变成商品或奴隶。虽为人体生理的一部分，如其分离不伤害人体健康且不违背公序良俗，不论分离的原因为何，也得于分离后成为一般的物。[1] 我国大陆地区民法学者认为，从人体上分离的物体，应认为可以成为民事法律关系之客体，亦可成为民法上之物。[2]

可以看出，大陆法系国家和地区的学者通说认为，精子或卵子与自然人身体分离之前，属于身体的组成部分；但精子或卵子与人体相分离后，即获得了独立性，属于民法上的物。既然精子或卵子从人体分离之后，可以成为民法上的物，那么其上可以成立所有权。有疑问的是，其所有权人为谁？我们认为，精卵从人体分离出来时，提供精卵的自然人依据先占规则，取得精卵的所有权。医疗机构虽然事实上支配精卵，但其职责在于协助自然人提供精卵，处于占有辅助人的地位，不是精卵的所有权人。

冷冻胚胎由男方的精子与女方的卵子结合而成，基于公平原则与平等原则，应归属于夫妻双方共有，而不能由任何一方单独享有所有权。根据《物权法》第 93 条的规定，民法上的共有包括按份共有和共同共有。那么，夫妻对冷冻胚

---

〔1〕 参见史尚宽：《民法总论》，中国政法大学出版社 2000 年版，第 250 页。

〔2〕 参见魏振瀛主编：《民法》，北京大学出版社、高等教育出版社 2017 年版，第 133 页。

胎的所有权属于按份共有抑或共同共有？有学者认为应认定为按份共有，在男女双方对冷冻胚胎所有权的份额上，认为一般要看精子和卵子谁的价值高。通常情况下，由于卵子数量少且取出过程复杂，所以卵子的提供者对该胚胎可以主张较高的所有权比例，但如果精子有特殊价值或特殊遗传物质，精子所有人也可以主张较高的所有权比例。[1] 但按照社会一般观念，精子与卵子并不具有经济价值，所以难以区分何者价值高何者价值低，也就不能确定夫妻双方在冷冻胚胎中的所有权份额。冷冻胚胎形成过程中，夫妻双方承受的风险的确存在很大差异，但缺少任何一方，冷冻胚胎都无法形成。因此，很难说应由哪一方享有较高的所有权比例。根据《物权法》第103条的规定，共有人对共有物没有约定为按份共有或者共同共有，或者约定不明确，原则上视为按份共有，但共有人具有家庭关系的除外。据此规定可知，无论夫妻双方是否约定冷冻胚胎归双方共同共有，由于双方存在家庭关系，冷冻胚胎均应认定为夫妻双方共同共有。

实践中可能有一种情况，即夫妻一方不能产生精子或卵子，而与医疗机构签订人工生殖协议，使用医疗机构提供的精子或卵子。在这种场合，医疗机构开始实施体外受精时，完成精子或卵子的交付，精子或卵子的所有权即归夫妻双方共同共有，从而产生的冷冻胚胎的所有权也归属于夫妻双方共同共有。

（三）冷冻胚胎的处分规则

从各国人工生殖立法与实践来看，冷冻胚胎的处分方式，主要有销毁、捐献等方式，但不得买卖、抛弃。我国目前尚未制定相关法律予以规范，下文分别探讨不同情形下冷冻胚胎的处分规则。

1. 夫妻双方协商一致场合。按照《物权法》第97条的规定，共同共有物处分时，应当经全体共同共有人同意，但共有人之间另有约定的除外。冷冻胚胎既然为夫妻双方共同共有，则夫妻一方处分冷冻胚胎时，应当经过另一方的同意，当然另有约定的除外。若夫妻双方达成的合意不违背公序良俗原则，就应当予以尊重。例如，夫妻双方可决定放弃人工生殖，将冷冻胚胎销毁或者捐献给科研机构、医疗机构。由于夫妻双方决定实施人工生殖之前，往往经过了深思熟虑，中途放弃人工生殖的情形并不多见。实践中更为普遍的是，受术夫妻人工生殖成功

---

[1] 参见王利明：《民法学》，中国人民大学出版社2003年版，第143页。

后，将剩余的冷冻胚胎销毁或者捐献给科研机构、医疗机构。

受术夫妻选择将冷冻胚胎捐献给医疗机构场合，从民法角度而言，受术夫妻与医疗机构之间成立赠与合同关系，不妨适用《合同法》关于赠与合同的相关规定。但由于冷冻胚胎属于民法上的特殊物，其特殊性决定了不能完全适用赠与合同的相关规定，具体表现在以下几个方面：

（1）冷冻胚胎捐献应坚持双盲原则。受术夫妻与医疗机构签订人工生殖协议时，可以约定将冷冻胚胎捐献给医疗机构，帮助其他不孕夫妇实现生育子女的心愿。有疑问的是，受术夫妻能否将冷冻胚胎捐献给特定的不孕夫妇？例如，受术夫妻甲乙，能否指定将冷冻胚胎捐献给不孕夫妇丙丁？基于私法自治原则，法律上似乎没有予以禁止的理由。其实不然。这种所谓的定向捐献行为，其背后的动机是复杂的。有的受术夫妻出于帮助他人生儿育女的善意，不求任何物质回报；但也有可能以冷冻胚胎捐献为幌子，掩盖其私下进行的金钱交易。受赠夫妻出于感激之情，往往给予受术夫妻一定物质利益表示感谢，此时很难将其与买卖冷冻胚胎区分开来。因此，为了贯彻冷冻胚胎无偿捐献原则，防止变相买卖冷冻胚胎的现象发生，应禁止受术夫妻将冷冻胚胎捐献给特定不孕夫妻。

（2）受术夫妻任意撤销权不受限制。根据《合同法》第186条的规定，具有社会公益、道德义务性质的赠与合同，以及经过公证的赠与合同，赠与人在赠与物交付之前，不得主张撤销，是为赠与人的任意撤销权。受术夫妻将冷冻胚胎捐献给医疗机构，以满足其他不孕夫妇生儿育女的愿望，可以视为具有社会公益性质的行为。有疑问的是，受术夫妻在冷冻胚胎交付之前，能否撤销该捐献协议？或者受术夫妻与医疗机构签订捐献协议并进行了公证，在冷冻胚胎交付前，还能否主张撤销捐献协议？我们认为，冷冻胚胎捐献协议与一般赠与合同有所不同，捐献者的任意撤销权不应受到限制。首先，若受术夫妻将冷冻胚胎捐献给为其实施人工生殖的医疗机构，由于冷冻胚胎自始即由该医疗机构占有，捐受双方达成捐献协议时，医疗机构即可依简易交付取得冷冻胚胎所有权，此时不存在所谓任意撤销权的问题。若受术夫妻将冷冻胚胎捐献给实施人工生殖的医疗机构以外的医疗机构时，接受捐献的医疗机构为取得冷冻胚胎的占有，只能通过申请人民法院强制执行的方式才能达到目的。这种方式显然过于激烈，势必激化捐受双方的矛盾，酿成不必要的纠纷，也有违于公序良俗原则。其次，冷冻胚胎与其他一般物不同，其上负载着受术夫妻的精神利益，不允许其任意撤销捐献协议，势必造成捐献者精神痛苦，使其他有捐献意愿的夫妻产生畏惧心理，不愿捐献冷冻胚胎，最终使其他不孕夫妇生儿育女的愿望无法实现。从这个角度讲，强制捐献者交付冷冻胚胎，违反了社会公共利益，不应允许其发生。

（3）受术夫妻享有返还请求权。在一般赠与合同，赠与物交付于受赠人后，其所有权发生转移，赠与人不得请求返还赠与物。医疗机构接受冷冻胚胎捐献后，若已植入其他患者体内，事实上不能返还原物，捐献者当然没有返还请求权。有疑问的是，若冷冻胚胎尚未植入其他患者体内，捐献夫妻能否请求返还？我们认为，原则上捐献夫妻不得请求返还，但如果出现流产或婴儿夭折等特殊情形，应赋予原捐献夫妻返还请求权。当然，医疗机构保存冷冻胚胎期间支出的合理费用，有权请求原捐献夫妻偿还。

（4）受术夫妻不负瑕疵担保责任。按照《合同法》第191条的规定，赠与人故意不告知瑕疵或者保证无瑕疵，造成受赠人损失的，应当承担损害赔偿责任，是为赠与人的瑕疵担保责任。有疑问的是，医疗机构使用捐献的冷冻胚胎移植给其他不孕妇女，出生的子女患有遗传疾病，捐献冷冻胚胎的夫妻是否负有瑕疵担保责任？我们持否定见解。首先，医疗机构使用捐献的冷冻胚胎，植入不孕患者体内之前，需要进行严格的医学检查，排除可能携带的病毒等瑕疵。若出生的人工生殖子女有先天缺陷，往往是可归责于医疗机构的事由造成的，应由医疗机构负损害赔偿责任。其次，赠与人负物的瑕疵担保责任，是因为其往往长期使用赠与物，对赠与物的性能和瑕疵比较了解。而冷冻胚胎的捐献则不同，捐献冷冻胚胎的夫妻作为自然人，他们没有知识和设备，以检测冷冻胚胎是否有瑕疵。换言之，他们对损害的发生没有过错，不应由其负损害赔偿责任。最后，对捐献冷冻胚胎的夫妻科以瑕疵担保责任，会降低具有专业知识和设备的医疗机构的检验义务，增加缺陷婴儿出生的概率，对不孕夫妇造成伤害。

2. 夫妻双方不能协商一致场合。夫妻关系存续期间，夫妻双方可能就冷冻胚胎处分无法协商一致，如丈夫主张放弃人工生殖，而妻子主张植入冷冻胚胎，或者一方主张销毁冷冻胚胎，另一方主张捐献冷冻胚胎，又或者一方丧失民事行为能力，等等。由于夫妻关系尚未消灭，双方不能对冷冻胚胎进行分割，且冷冻胚胎事实上也不能进行分割，否则会导致其死亡。在此场合，适当的处分方式是将冷冻胚胎予以销毁。有学者认为,应当尊重主张捐献冷冻胚胎一方的决定。因为这是使得冷冻胚胎得以实现其产生目的的最佳途径,同时也可以满足其他不孕夫妻为人父母的愿望,是对人类情感及人类尊严最好的尊重。[1] 但冷冻胚胎属于夫妻双方共同共有,服从于一方的意志,无异于剥夺另一方的所有权,有违共同共有法理。

3. 婚姻关系消灭场合。夫妻婚姻关系存在无效事由而归于无效,或者一方受胁迫结婚而被撤销,或者双方离婚,都可导致婚姻关系消灭。此时,共同共有关系消灭,应分割夫妻共同生活期间积累的共同财产。冷冻胚胎虽然属于原夫妻双方共同共有,但由于不具有经济价值,因而不属于财产范畴,不能对其进行分割。此时如何处分冷冻胚胎,首先应尊重双方的共同意志,由双方共同决定予以销毁、捐献给医疗机构或科研机构。如果双方不能达成协议时,应将其予以销毁。

4. 夫妻一方死亡场合。夫妻一方死亡时,原共同共有关系消灭,冷冻胚胎归属于生存一方配偶单独所有。生存配偶可以将冷冻胚胎销毁,或者捐献给医疗机构或科研机构。有疑问的是,若生存一方为妻子,其能否将冷冻胚胎植入自己体内生育子女?我们持否定见解。首先,按照《中华人民共和国继承法》(以下简称《继承法》)第 28 条的规定,遗产分割时,应当保留胎儿的继承份额。丈夫死亡时,该人工生殖子女还没有受胎,依法不应为其保留继承份额。然而,不可否认的是,该子女确实在客观上与死者存在血缘联系,与死者生前其他子女一样,在血缘上都是死者的后代。死者生前子女有继承权,死后人工生殖子女则没有继承权,这显然不够公平。其次,继承制度的目的之一,在于使未成年人获得一份财产,为其成长提供物质保障。不允许死后人工生殖子女享有继承权,一方面使其丧失发展的物质基础,另一方面得不到父亲的扶养,显然对子女的身心健康成长不利。最后,按照原国家卫生部发布的《人类辅助生殖技术规范》的规定,禁止对单身妇女实施人工辅助生殖技术。从文义解释角度看,生存妻子属于单身妇女范畴,禁止为其实施胚胎移植手术。因此,无论从子女最佳利益出发,还是根据现有法律规定,都不应允许妻子植入冷冻胚胎,而应将冷冻胚胎捐献给

---

〔1〕　参见王丽莎:"体外早期胚胎的物权保护规则",载《广西政法管理干部学院学报》2011 年第 4 期。

医疗机构或科研机构，或者予以销毁。反之，如果生存配偶为丈夫，由于我国目前不允许实施代孕，只能将冷冻胚胎捐献给医疗机构或科研机构，或者予以销毁。

5. 夫妻双方死亡场合。夫妻双方死亡场合，核心问题在于，冷冻胚胎能否由死者继承人继承？有学者持肯定见解，认为冷冻胚胎的所有权人死亡之后，该冷冻胚胎必然成为被继承人的遗产，成为继承人行使的继承权的客体。[1] 我们认为，这一观点是值得商榷的。根据《继承法》第 3 条的规定，遗产是公民死亡时遗留的个人合法财产。冷冻胚胎属于民法上的特殊物，没有经济价值，不属于财产范畴，因而不能列入遗产范围之内。因此，夫妻双方死亡场合，无论哪一方先死亡，哪一方后死亡，或者双方同时死亡，冷冻胚胎都不能作为遗产，由死者继承人继承。此时冷冻胚胎的所有权人不复存在，冷冻胚胎成为民法上的无主物，占有该冷冻胚胎的医疗机构依先占规则，取得其所有权。医疗机构虽然取得冷冻胚胎所有权，并不意味着其可以任意将冷冻胚胎处分，而应根据受术夫妻生前与医疗机构签订的协议，将冷冻胚胎用于其他不孕夫妇，或者用于科学研究，或者予以销毁。如果受术夫妻生前未与医疗机构约定处分方式，有学者认为，可由医疗机构代为行使所有权，予以科学研究或者销毁。[2] 我们认为，这一观点是值得商榷的。首先，受术夫妻死亡，其对冷冻胚胎的所有权归于消灭，医疗机构依先占规则取得冷冻胚胎所有权，行使的是自己所享有的所有权，而非代为行使所有权。其次，原卫生部发布的《人类辅助生殖技术规范》明确规定，禁止在患者不知情的情况下，将冷冻胚胎转送他人或进行科学研究。从文义解释角度看，夫妻双方死亡属于患者不知情的情形之一，医疗机构不得将冷冻胚胎转用于其他不孕夫妻，也不得用于科学研究，而应当将其予以销毁。

6. 超过最长保存期场合。在现有技术水平下，冷冻胚胎可以实现长期保存，但长期保存冷冻胚胎存在以下弊端：首先，冷冻胚胎活性将有所降低，对未来出生的人工生殖子女的质量造成不良影响。其次，随着保存时间的延长，女性的年龄增加，其身体状况可能不再适合孕育子女。再次，时隔多年以后，冷冻胚胎通

---

[1] 参见杨立新："人的冷冻胚胎的法律属性及其继承问题"，载《人民司法》2014 年第 13 期。

[2] 参见王丽莎："体外早期胚胎的物权保护规则"，载《广西政法管理干部学院学报》2011 年第 4 期。

过人工生殖技术发育为胎儿，其父母往往年龄已高，未必有足够的能力照顾其健康成长。复次，如果在人们去世几十年甚至上百年后，其子女的冷冻胚胎解冻，兄弟姐妹可以相隔数代之后才出生，人伦关系和血统辈分将发生紊乱。最后，医疗资源作为稀缺资源，需要在社会上公平公正地分配，冷冻胚胎长期保存，将不合理地消耗医疗资源。考虑到存在的上述弊端，英国允许冷冻胚胎保存 5 年，期满后可以申请续期一次。10 年后，冷冻胚胎必须销毁、用于科研或提供给其他不孕夫妇使用。我国大陆地区目前尚无类似规定，未来完善相关立法时，应对冷冻胚胎的保存期间进行限制，确定合理的最长保存期间。超过最长保存期间，由受术夫妻决定冷冻胚胎的处分方式，由于客观原因不能取得受术夫妻意见时，法律应赋予医疗机构销毁权，但不得将其转用于其他不孕夫妇，或者用于科学研究。

7. 人工生殖服务关系终止场合。从医疗机构实施人工生殖的实践来看，医疗机构往往事先与受术夫妻签订知情同意书，明确冷冻胚胎的保存期限、保管费的支付，以及剩余胚胎的处理等问题。从民法角度来看，双方成立人工生殖服务合同关系，受术夫妻应按时支付冷冻胚胎的保存费。现实生活中，多数患者在签订协议的几年内，能够按时履行支付保存费的义务。但协议签订几年后，缴费的人数逐渐减少。有的患者出于保护自己隐私权的考虑，更换地址或联系方式后，不通知医疗机构，致使医疗机构无法催促其支付保存费；有的受术夫妻离生殖机构较远，来往不方便；有的受术夫妻在孩子出生后无暇顾及；等等。在这种场合，医疗机构往往陷入两难境地：一方面，医疗机构已无需继续履行保存义务，继续保存冷冻胚胎会增加医疗机构负担；另一方面，医疗机构擅自处理冷冻胚胎，嗣后受术夫妻可能与其发生法律纠纷。从民法角度而言，受术夫妻迟延支付保存费时，医疗机构应催告其在合理期限内，履行支付保存费义务。该催告于到达相对人时生效。受术夫妻在合理期限内仍未支付保存费，或者收到催告通知时明确拒绝支付保存费的，医疗机构有权解除人工生殖服务合同。同时，立法应赋予医疗机构销毁权。相应的，医疗机构只能按照法律规定，将冷冻胚胎予销毁，而不得转用于其他不孕夫妇，或者用于科学研究。

受术夫妻更换联系方式后，未及时通知医疗机构，医疗机构事实上不能催告其支付保存费，解除合同的通知无法到达相对人，人工生殖服务合同关系不能解除。在这种场合，医疗机构应继续履行保存义务，直至双方约定的保存期限届满。此时人工生殖服务合同关系因保存期间届满而归于消灭。从民法理论上而言，由于无法与受术夫妻取得联系，生殖机构应将冷冻胚胎进行提存。但提存机关显然不具备保存冷冻胚胎的设备和技术，导致事实上不能将冷冻胚胎提存。这种情况下，法律也应赋予医疗机构销毁权，许可其将冷冻胚胎予以销毁。相应的，医疗机构只能将冷冻胚胎销毁，而不得转用于其他不孕夫妇，或者用于科学研究。

四、结语

冷冻胚胎技术是现代生命科技发展的产物，衍生出诸多法律问题。本案系全国第一例人体冷冻胚胎监护案，且当前关于人体冷冻胚胎的法律规定存在空白，该案的判决并不能简单地将其理解为潘多拉魔盒的开启，这种观点实际上是漠视了生殖科技的发展和当前社会对人工生殖需求的增加。从民法角度来看，人体冷冻胚胎宜认定为民法上特殊的物，冷冻胚胎符合民法上物的特征，本质上属于物的范畴，但有着诸多特殊之处，不可与普通之物的处分规则等同视之，而应受到法律规定和公序良俗的严格限制。该案主要涉及冷冻胚胎的归属问题，与之相关的问题，如冷冻胚胎是否属于民法上的物，如何对冷冻胚胎进行处分，我国目前的卫生法律体系尚付阙如，需要制定专门的《人工生殖法》加以应对。

案例 22

丈夫废弃冷冻胚胎侵权赔偿的法律问题
—— 王某和孙某冷冻胚胎案

一、案例简介[1]

2010 年王某与孙某登记结婚，2014 年双方合意在美国某州立医院做了辅助生殖手术，医院从孙某体内提取了 13 个卵子，经人工授精共存活 6 个胚胎，孙某移植一枚胚胎后因体质等方面的原因不幸流产，之后 5 个胚胎双方委托医院储存保管由国外居住的王某支付保管费用。2015 年孙某独自回国工作。2016 年 7 月孙某起诉离婚，法院未准许双方离婚。2017 年 6 月，孙某再次起诉要求离婚。在案件审理过程中，孙某意外得知王某一年前未经其同意终止续费，废弃了冷冻胚胎，严重侵犯自己权益，孙某为此要求王某支付抚慰金 5 万元。2018 年 2 月 22 日，江苏省南京市玄武区人民法院一审判决生效，孙某获赔 5 万元抚慰金。

二、案例评析[2]

因自然生育的承担者只能为女方，故实践中一般不存在男方废弃胚胎的问题。但随着现代生殖技术的发展，男方在某种情况下也具备了废弃冷冻胚胎的可能性，即丈夫擅自废弃冷冻胚胎，法律是否认定是对女性生育权的侵犯。

通过本案可以看出，丈夫不当处置冷冻胚胎的行为，法院最终认定为构成了对女方身体权、健康权和生育知情权的侵害，应当承担赔偿责任，其理由如下：

1. 婚姻家庭法中，妊娠包括自然生殖和人类辅助生殖等多种情形，均发生妊娠的法律后果。胚胎移植所生子女应视为夫妻双方的婚生子女，不仅在出生之

---

〔1〕　江苏省南京市玄武区人民法院（2017）苏 0102 民初 4549 号民事判决书。
〔2〕　参见陈文军："丈夫废弃冷冻胚胎案件中的侵权责任认定"，载《法律适用》2018 年第 9 期。

后取得相同的法律地位，在出生之前就应该得到同等的对待。

2. 女方怀孕后，丈夫不得基于不愿生育而强迫女方堕胎，因为怀孕的行为本身表明丈夫以默示的方式行使生育权，丈夫不得强迫女方不生育，否则仍然是侵犯女方的人身权。

3. 由于男女生理上的差异，相较于取精，取卵过程伴有风险和痛苦，对身体有负面影响。女方出于对生育的渴望，自愿忍受身体的伤害做辅助生殖手术。女方的这种付出，系以得到健康的下一代为目的。在女方付出巨大的代价后，丈夫违背合意，废弃冷冻胚胎，使女方的目的落空。

4. 譬如合同法领域，一方违约应承担违约责任，赔偿违约损失。在婚姻案件中，双方存在身份关系，不能简单地用合同法的原理来理解双方在家事契约中产生的权利义务以及女方受到的损害和应当取得的赔偿。但合同法的理论为本案中由于丈夫违反契约给女方可能造成的损失的处理提供了一些指引。

5. 丈夫应当知道做辅助生殖手术对女方身体有一定的伤害。丈夫单方废弃胚胎，使女方在服药促排卵以及取卵过程中的痛苦和损害不能得到回报。丈夫不得强迫女方堕胎，就是避免女方身体的损害，而废弃冷冻胚胎的损害始于服药促排卵时。在人工辅助生殖手术中，排取卵过程对女方有身体上的伤害，双方应以谨慎的态度决定是否实施该项手术。

6. 从对行为自由的保护进行分析，侵权责任法不仅要保护民事权益，而且要保护人们的一般行为自由。如果民事利益的受保护程度过高，就会使得人们的行为自由受到不当的限制。本案中，如双方未能就废弃冷冻胚胎一事达成一致意见，丈夫继续交纳保管费或提醒女方续费，对丈夫的行为自由并不构成太多的妨碍。

7. 从双方相互之间的依赖性分析，丈夫应当预料到废弃冷冻胚胎会对女方造成精神上的困扰和伤害。在考虑受保护利益的范围时，应当考虑当事人之间的密切关系，以及他们之间的依赖性。这主要是考虑行为人对损害的发生是否具有预见性，如果行为人与受害人关系密切，其就可以预见到损害的发生，受害人就更有可能受到保护。在我国，大部分家庭的夫妻财产制采取的是婚后所得共同制，夫妻为生活共同体，夫妻一体的观念深厚，双方均应维护和促进对方的利益。女方出于对生育的渴望，忍受"身体权、健康权"的伤害，自愿做辅助生殖手术，基于配偶的身份，女方有理由相信丈夫会履行"生育契约"，善待冷冻胚胎，珍惜妻子在手术中的付出。婚姻是社会力量造成的，有复杂的历史原因。费孝通先生说过，婚姻的目的是"确定社会性的父亲"。《礼记》中有中国婚姻最古老、最典型的定义："婚姻者合二姓之好，上以事宗庙，下以继后世。"由此可见，婚姻最初的目的是传宗接代。在婚姻中，生育利益是很重要的一种利益，无论基于中国传统观念还是个人的情感需求或现实需求，这种利益对女性来说都具有更为重要的意义。婚姻中的女人，都渴望成为母亲。本案中，双方委托医院保管冷冻胚胎，说明丈夫对自己的生育权已经做出了某种程度的处分，基于夫妻关系，女方对冷冻胚胎享有可期待的利益，这种利益带有绝对权的性质，任何人都不得加以侵犯，是一种精神性的人格利益，在权利位阶上高于财产利益，司法应予倾斜保护。

8. 从男方的主观心态和行为方式上分析，夫妻合意做辅助生殖手术，可以推定双方签订了事实上的"生育契约"，就应当按照当初的生育合意履行义务。如果丈夫想解除"生育契约"，应当通过协商来解决分歧，也应珍视在医院储存的冷冻胚胎，但其仍以"生米煮成熟饭"的方式造成冷冻胚胎被废弃的事实，使女方的可期待利益落空，应当受到负面评价。

9. 根据伦理、一般观念和司法政策，即使夫妻关系出现裂痕，丈夫对婚姻前途缺乏信心，也应尊重女方的付出，照顾女方的感受。而且感情是变化的，废弃冷冻胚胎的行为难以保证是一方冷静状态下的慎重决定，有时也不一定符合废弃方本人的利益。

三、法理分析

（一）妻子废弃冷冻胚胎一般不构成侵权

《根据最高人民法院关于适用〈中华人民共和国婚姻法〉若干问题的解释（三）》〔以下简称《婚姻法》司法解释（三）〕第9条的规定"夫以妻擅自中止妊娠侵犯其生育权为由请求损害赔偿的，人民法院不予支持"。因此，丈夫不能依此为由请求损害赔偿，其主要理由有：①生育对女性利益的影响大于男性；②丈夫实现生育权的成本和对生活现状的影响都比妻子小很多；③生育行为不仅需要具备一定生理、健康条件而且存在生育风险。因此，当夫妻生育权发生冲突时，侧重对妇女特殊权益的保护。

根据法律规定，夫妻双方均享有生育权，基于生理及身体上的特殊性，妇女承担了更多的生理风险及心理压力。所以，当夫妻生育权发生冲突时，侧重于妇女权益的特殊保护，怀孕及生育后子女的抚养主要由女方承担，虽然《婚姻法》司法解释（三）规定男女双方均有生育权，但女方有生育决定权，女方可以自主地决定是否生育，其终止妊娠或废弃冷冻胚胎不构成侵权。

（二）女性生育权的特别保护

本案中丈夫废弃冷冻胚胎被认定为构成侵权，其实质是侵犯了女方的生育权。《人口与计划生育法》第17条规定了公民有生育权，这是被赋予了夫妻双方的一项法定权利。生育权，是指自然人拥有的依法决定是否生育子女以及如何生育子女的一种资格或自由，包括生育的自由、不生育的自由和选择生育方式的自由。作为基本人权的生育权，在性质上属于人格权而非身份权，它是人的一项基本权利，体现了人的意志自由、身体自由和行为自由。生育权与配偶身份并无必然关系，如《吉林省人口与计划生育条例》规定，单身女性可以人工授精的方式行使生育权，无须结婚。生育权具有人格权的属性，任何人负有不侵害他人生育权的法定义务，因此生育权是一种对世权、绝对权。但生育权的享有与生育权的实现是两回事，具备一定条件的公民才能实现生育权。夫妻双方中任何一方生育权的实现都需要对方配合。这是自然生育条件下限定生育权的实现，并不能因此而否认生育权本身的绝对权属性。

生育权一般又包括生育知情权、生育方式选择权、生育请求权、生育决定权、生育调节权、生育隐私权、生育健康权和生育保障权。生育知情权包括以下几个方面：其一，得知性伙伴是否有生育意愿的权利；其二，通过医疗检查或确认配偶是否具有生育力、是否有生育障碍的权利；其三，了解性伙伴是否采取安全措施和采取何种措施的权利；其四，得知自己是否怀孕以及孕期的身体健康状况的权利。夫妻双方都有生育知情权，夫妻一方有权了解对方与生育有关的一切信息，如身体状况、是否生育、依法律和政策能否生育等。生育知情权是生育权行使的一项重要权能，公民只有通过对自己以及对方生育情况的了解与认识，才能更好地行使生育决定权。夫妻有相互扶助义务，均应维护和促进对方的利益。本案中，女方回国后，旅居国外的丈夫有便利的条件照管胚胎，加之此前的续费亦是其交纳的，女方有理由相信丈夫会妥善处理胚胎储存问题。丈夫在未通知女方的情况下终止交费，等同于单方废弃冷冻胚胎，损害了女方的生育知情权。

（三）侵权损害赔偿的法律依据

我国离婚损害赔偿制度，主要规定在《婚姻法》第 46 条 "有下列情形之一，导致离婚的，无过错方有权请求损害赔偿：①重婚的；②有配偶者与他人同居的；③实施家庭暴力的；④虐待、遗弃家庭成员的"。因一方重婚或有配偶者与他人同居而导致离婚的，主要涉及对精神损害的赔偿。实施家庭暴力或虐待、遗弃家庭成员会涉及人身伤害，还可能发生财产损害，受害人都可以请求赔偿。由于《婚姻法》第 46 条没有兜底条款，规定的过错范围很窄，实践中当事人由于存在举证困难等原因，离婚损害赔偿的运行效果并不理想，很难为当事人提供救济。

婚姻关系中的侵权行为远不止《婚姻法》第 46 条规定的四种情形，在这些非《婚姻法》第 46 条的情形中，是否应当对当事人提供救济以及如何救济，法官能否突破法律适用瓶颈进而支持当事人的主张，是否存在运用自由裁量权、扩大适用离婚损害赔偿的事由，审判的思路和逻辑又是什么，都是值得思考的问题。

司法实务中，有依据《婚姻法》第 4 条 "夫妻应当互相忠实" 而进行判决的，也有依据《侵权责任法》第 22 条 "侵害他人人身权益，造成他人严重精神损害的，被侵权人可以请求精神损害赔偿" 判决精神损害抚慰金的。也有不少判决是直接根据一方有私生子的事实即认定符合《婚姻法》第 46 条第 2 项的构成要件，至于一方是否与他人 "不以夫妻名义，持续稳定地共同居住"，法院并未加以考察。也有法院以情理或法理作出判决 "婚内私生他人子女的行为，必然致使其丈夫的人格利益受到侵害，遭受精神痛苦，女方的行为虽不属于《婚姻法》第 46 条规定的离婚损害赔偿事由，但女方仍应承担侵权赔偿责任"。也有直接依据《婚姻法》第 46 条 "导致离婚的，无过错方有权请求损害赔偿"，并且有意在引用法条时略去 "有下列情形之一" 的限定语，扩大了条文的适用范围。

由此可见，面对同样的婚外私生子问题虽然做到了 "同案同判"，但各个法院的理由却不同，这说明法院都觉得 "通奸是侵害配偶权的违法行为，其损害应当包括精神损害赔偿"。而本案丈夫废弃冷冻胚胎侵权案件中，考虑到《婚姻法》第 46 条的限制，法院则是依据《侵权责任法》第 6 条和《最高人民法院关于精神损害赔偿的司法解释》第 10 条等侵权法条款作出了判决。

（四）关于本案请求权基础的确定

由于婚姻的隐私性与封闭性，夫妻之间有着更频繁的利益冲突。当一方造成的损害超过了另一方的容忍程度以及道德允许的边界时，法律应当介入，对有过错的一方追究侵权责任。考虑到夫妻之间的侵权行为的特殊性，应要求该侵权必须有严重或实质性的损害，从严掌握起诉的门槛。《婚姻法》第 46 条确立了离婚时过错赔偿制度，目的是制裁实施重婚、姘居、家庭暴力等行为的有过错的当事人，保护无过错方的权益。代表性的观点认为，如果不建立离婚损害赔偿制度，许多无过错离婚当事人尤其是女性当事人因配偶重婚、与他人同居等侵害婚姻关系的行为而受到严重身心伤害，却无法得到法律救济。有必要填补这个"法律漏洞"，建立离婚损害赔偿制度。这是当时的立法背景。可以看出，能够主张精神损害赔偿的四种情况均为严重侵害配偶权益的行为，且没有兜底条款，说明立法采取了比较谨慎的态度，不允许当事人随意对一般的侵犯配偶权益的行为提出赔偿请求，以免影响家庭的和谐与稳定。故离婚损害赔偿具有更高的诉讼门槛，既有其特殊性，也有其必要性。因《侵权责任法》并未明文规定婚内侵权不受其调整，故对严重侵犯配偶权益的行为，可适用《侵权责任法》进行判决。

当然，也有学者提出我国应构建婚内侵权赔偿制度，对夫妻间一般的侵权行为给予救济。但该观点有待商榷，因为《婚姻法》第 46 条考虑了婚姻的伦理性，在立法上采取严格限制离婚损害赔偿事由的做法，方向是正确的，还应当继续坚持。而且我国的婚姻家庭的状况整体上平稳有序，不具有改造现有离婚损害赔偿制度的紧迫性。如前所述，对被严重侵犯配偶权益的被侵权人，法院可以根据《婚姻法》第 46 条的立法目的，对侵权行为进行利益衡量和价值判断，适用《侵权责任法》给予保护。

四、结语

自人工辅助生殖技术被广泛地运用，冷冻胚胎作为一种人与物之间特殊存在的中间体，其法律属性及处置规则给传统民法带来了全新的挑战，2014 年在江苏省无锡市就出现了我国首例冷冻胚胎继承案件，在学界对冷冻胚胎的法律属性和继承规则尚未形成统一的观点而广泛争议时，2018 年在江苏省发生了我国首例因丈夫在婚姻危机期间单方废弃冷冻胚胎而引起的侵权赔偿案件，由此带来更为复杂的法律适用问题，通过上述的介绍可以看到，司法机关在现有法律框架下，对丈夫单方废弃冷冻胚胎是否构成侵权、女方对冷冻胚胎享有何种权利或利益、女方提起损害赔偿的依据等法律问题进行了尝试型的解读。

案例 23

异质授精人工生殖法律问题分析

——李某、郭某阳诉郭某和、童某某继承纠纷案

一、案例简介

1998 年 3 月 3 日,原告李某与郭某顺登记结婚。2002 年,郭某顺以自己的名义购买了涉案建筑面积为 45.08 平方米的 306 室房屋,并办理了房屋产权登记。2004 年 1 月 30 日,李某和郭某顺共同与南京军区南京总医院生殖遗传中心签订了人工授精协议书,对李某实施了人工授精,后李某怀孕。2004 年 4 月,郭某顺因病住院,其在得知自己患了癌症后,向李某表示不要这个孩子,但李某不同意人工流产,坚持要生下孩子。5 月 20 日,郭某顺在医院立下自书遗嘱,在遗嘱中声明他不要这个人工授精生下的孩子,并将 306 室房屋赠与其父母郭某和、童某某。郭某顺于 5 月 23 日病故。李某于当年 10 月 22 日产下一子,取名郭某阳。原告李某无业,每月领取最低生活保障金,另有不固定的打工收入,并持有夫妻关系存续期间的共同存款 18 705.4 元。被告郭某和、童某某系郭某顺的父母,居住在同一个住宅小区的 305 室,均有退休工资。2001 年 3 月,郭某顺为开店,曾向童某某借款 8500 元。南京大陆房地产估价师事务所有限责任公司受法院委托,于 2006 年 3 月对涉案 306 室房屋进行了评估,经评估房产价值为19.3 万元。

江苏省南京市秦淮区人民法院于 2006 年 4 月 20 日作出一审判决:涉案的306 室房屋归原告李某所有;李某于本判决生效之日起 30 日内,给付原告郭某阳33 442.4 元,该款由郭某阳的法定代理人李某保管;李某于本判决生效之日起 30日内,给付被告郭某和 33 442.4 元、给付被告童某某 41 942.4 元。一审宣判后,

双方当事人均未提出上诉，判决已发生法律效力。[1]

二、案例评析

本案争议焦点有二：一是郭某阳是否为郭某顺和李某的婚生子女；二是在郭某顺留有遗嘱的情况下，案涉房屋应如何继承。关于争议焦点一，最高人民法院1991 年 7 月 8 日针对河北省高级人民法院的《关于夫妻离婚后人工授精所生子女的法律地位如何确定的请示报告》，作出《关于夫妻离婚后人工授精所生子女的法律地位如何确定的复函》，指出"在夫妻关系存续期间，双方一致同意进行人工授精，所生子女应视为夫妻双方的婚生子女，父母子女之间权利义务关系适用《婚姻法》的有关规定"。本案中，郭某顺因无生育能力，与妻子李某共同与医疗机构签订人工生殖协议，清晰地表达了同意使用他人精子使其妻子怀孕的内心意思。根据上述最高人民法院的复函，只要在夫妻关系存续期间，夫妻双方同意通过人工授精生育子女，所生子女均应视为夫妻双方的婚生子女。郭某顺知自己患了癌症后，向李某表示不要这个孩子，实际上是意欲单方面解除该人工生殖协议。《民法通则》第 57 条规定："民事法律行为从成立时起具有法律约束力。行为人非依法律规定或者取得对方同意，不得擅自变更或者解除。"据此规定，郭某顺在遗嘱中否认其与李某所怀胎儿的亲子关系无效，应当认定郭某阳是郭某顺和李某的婚生子女。关于争议焦点二，案涉房屋虽然登记在郭某顺名下，但由于系在郭某顺与李某婚姻关系存续期间取得，故应认定为夫妻共同财产。郭某顺死亡后，该房屋的一半应归李某所有，另一半才能作为郭某顺的遗产。郭某顺在遗嘱中，将案涉全部房产处分归其父母，侵害了李某对房屋的所有权，该部分遗嘱应属无效。《继承法》第 19 条规定："遗嘱应当对缺乏劳动能力又没有生活来源的继承人保留必要的遗产份额。"郭某顺在立遗嘱时，没有为胎儿保留必要的遗产份额，该部分遗嘱内容无效。《继承法》第 28 条规定："遗产分割时，应当保留胎儿的继承份额……"因此，在分割遗产时，应当为该胎儿保留继承份额。综上，在扣除应当归李某所有的财产和应当为胎儿保留的继承份额之后，剩余财产才属于郭某顺的遗产，按照遗嘱处理。

---

〔1〕　最高人民法院指导案例 50 号：李某、郭某阳诉郭某和、童某某继承纠纷案。

三、法理探析

人类传统的生育方式是自然生殖，即通过男女两性的结合而自然怀孕生子。人工生殖技术突破了这一传统生育方式，它通过现代医学技术代替人类自然生殖过程中的某一或全部步骤。人工生殖技术包括人工授精、人工体外授精—胚胎移植（俗称试管婴儿）、代孕三种。其中，人工授精（Artificial Insemination，AI）是人工体内授精的简称，根据精子来源的不同，可分为同质人工授精（Artificial Insemination by Husband，AIH）与异质人工授精（Artificial Insemination by Donor，AID），前者是用丈夫的精液注入妻子子宫腔内，后者是将捐献者的精液注入妻子的子宫腔内。异质人工授精涉及的法律问题主要有二：夫妻同意施行 AID 手术的意思表示形式及其效力；丈夫未同意施行 AID 手术或同意没有法律约束力的情况下，亲子关系如何认定。对此问题，我国尚未制定专门的人工生殖法予以规范，只能在现有法律体系框架内，参酌域外立法经验并依据民法原理进行探讨。

（一）丈夫同意实施异质授精的形式及其效力

1. 书面形式同意的意思表示及其效力。丈夫同意妻子实施 AID，是将其内心欲与 AID 子女建立父子关系的效果意思表达出来，构成民法上的意思表示。有的国家立法要求该意思表示必须采取书面形式。例如，《美国统一亲子法》规定，在 AID 情况下，丈夫必须作出书面承诺，并要求夫妻双方签字。美国大多数州的立法要求丈夫同意的意思应当采用书面形式，并且有夫妻双方的签名，否则他对出生的子女不负有扶养义务，子女也无权要求继承该丈夫的财产。[1] 瑞典《人工授精法》规定，丈夫的同意应于事前以书面为之，并送达实施手术的医师。[2] 丈夫作出同意的意思表示时，可能受到欺诈、胁迫或者发生错误认识，导致该意思表示自始存在瑕疵，AID 子女的身份关系将处于不稳定状态，也会给婚姻稳定与家庭和睦造成危害，后果不可谓不严重后果。《民法总则》第 135 条规定，民事法律行为可以采用书面形式、口头形式或者其他形式；法律、行政法规规定或

---

〔1〕 Wis. Stat. Ann. §891.40（1）（West 2009）；Okla. Stat. Ann. tit.10, §553（West2007）Ark. CodeAnn. §9-10-202（b）；Idaho Code Ann. §39-5403（1）；Ohio Rev. CodeAnn. §3111.92Or. RevStat. §677.365（1）UtahCodeAnn. §78B-15-704（1）（2008）；Wyo. Stat. Ann. §14-2-904（a）.

〔2〕 International Encyclopedia of Laws, Medical Law, Volume4, Sweden, Kluwer Law International, 2006, p.89.

者当事人约定采用特定形式的，应当采用特定形式。据此规定，丈夫究竟采用何种形式表达其意愿，属于私法自治范畴，其可采用口头形式或书面形式。但在医疗服务实践中，医疗机构往往要求夫妻双方签署知情同意书。在此情况下，即使夫妻双方口头约定施行异质人工授精，该意愿最终也会落实到书面形式上。

公民具有生育权，有生育的自由，也有不生育的自由，任何人不能强迫他人做父母，否则就是干涉他人生育权。从这一角度来说，丈夫作出同意人工授精的书面表示后，可以随时将其予以撤销。如美国《统一亲子法》和科罗拉多州的立法都允许丈夫在实施人工授精前撤销该同意的意思表示，并负有举证责任。[1]《法国民法典》第 311-20 条规定，……或者在采用第三人协助的医学方法生育实施之前，如果男方或女方已向负责实施该协助方法的医生撤回所表示的同意，此项同意亦失去效力。[2]

在受术夫妻一方死亡情形，如允许原同意继续保持效力，则生存配偶可能主张实施死后人工生殖；如果生存配偶是男方，则其可能主张实施代孕。而死后人工生殖和代孕的弊端很大，目前大多数国家和地区都采取禁止的态度。我国学者也大多持否定态度；[3]在司法实践中，法院多以代孕协议违背善良风俗而判定其无效。[4] 所以，受术夫妻死亡的情形，原同意应终止其效力。在夫妻一方提出离婚的情形，由于受术人夫妻达成人工授精协议以婚姻关系稳定为前提条件，如果一方提出离婚申请，则原同意的基础丧失，不应使其继续保持其效力。此外，由于婚姻关系结局还不清晰，即使有一方主张实施人工生殖受术，也会遭到另一方的抗拒，实质上是撤销其原同意的意思表示，也最终导致原同意失去效力。对此，《法国民法典》第 311-20 条规定，……如果在实施由第三人协助的医学方法生育之前当事人死亡或者已提出离婚申请或别居申请，或者已经停止共同生活，其原先表示的同意失去效力……

2. 非书面形式同意的意思表示及其效力。丈夫未以书面形式表达其同意的

---

〔1〕　Unif. Parentage Act（amended 2002）§ 706（b），9B U. L. A. 65（Supp. 2009）；Colo. Rev. Stat. § 19-4-106（7）（b）（2008）.

〔2〕　参见罗结珍：《法国民法典》，北京大学出版社 2010 年版，第 94 页。

〔3〕　参见梁慧星：《民法总论》，法律出版社 2017 年版，第 208 页。

〔4〕　北京市朝阳区人民法院（2018）京 0105 民初 712 号民事判决书；深圳市中级人民法院（2018）粤 03 民终 9212 号民事判决书；北京市第二中级人民法院（2019）京 02 民终 13918 号民事判决书。

意思，其法律效力如何？这涉及书面形式的法律效力问题。法律要求丈夫的同意采用书面形式有两个目的：一是证据目的，即通过书面同意形式，消除对丈夫是否同意妻子实施人工授精的分歧；二是警戒目的，同意妻子实施人工授精意味着需要承担作为父亲的法律责任，立法者希望丈夫花时间认真考虑其是否做好了当父亲的准备，而书面形式的要求给丈夫更多时间认真思考同意的法律后果。准此以解，即使丈夫没有以书面形式表达同意，但以实际行动表明其是同意妻子实施 AID 的，也应具有法律效力，而不应拘泥于书面形式的刻板要求。美国 *Lane v. Lane* 一案就是针对书面形式要求的案例。1984 年 12 月，丈夫与妻子结婚。丈夫在婚前实施过输精管切除术而不能自然生育。为了满足生育子女的愿望，夫妻双方同意利用捐献者的精子实施人工授精，但丈夫没有签订任何形式的书面同意书。其后，丈夫表现很积极，送妻子做 AID 手术，孩子出生时也陪在产房，双方一致同意对孩子的身份保守秘密，对亲人和朋友说他是孩子的亲生父亲。此外，在孩子的出生证上也是由丈夫以父亲的名义签字。1991 年 5 月，丈夫提出离婚，主张孩子是他们的婚生子女，但妻子否认丈夫是孩子法律上的父亲。地方法院判决双方共同抚养该孩子，妻子不服提起上诉，主要理由是丈夫没有以书面形式表示同意实施人工授精，因而不是孩子法律上的父亲，无权与其共同享有监护权。上诉法院认为，书面形式可以存在多种表现形式，如果书面形式包含以下内容，就是符合法律精神的：①丈夫了解人工授精怀孕的事实；②丈夫同意作为出生子女法律上的父亲；③妻子同意丈夫作为所生子女法律上的父亲。最终，法院认为丈夫主张对孩子负有责任，妻子在书面答辩中也承认这一点，丈夫原意作为所生子女父亲的愿望表明他同意人工授精手术。所以，丈夫已经遵守了法律规定。[1] 该判决作出之后，有的法院声明丈夫的同意形式不限于书面形式，也可以从其行为中推定出来。[2] 有的州则在法律中规定，丈夫的同意不必特别要求采用书面形式。[3] 例如，在犹他州，只要丈夫对所生子女表现得像对待自己的亲生子女

---

〔1〕 Browne Lewis, *Two Fathers, One Dad: Allocating the Paternal Obligations Between the Men Involved in the Artificial Insemination Process*, Lewis & Clark Law Review, winter 2009, p. 8-9.

〔2〕 R. S. v. R. S. , 670 P. 2d 923 (Kan. Ct. App. 1983).

〔3〕 Tenn. Code Ann. §68-3-306 (2006); Mass. Gen. Laws Ann. ch. 46, §4B (West 2009); La. Civ. Code Ann. art. 188 (2007).

一样，丈夫就被确认为子女法律上的父亲。[1]

（二）异质人工授精中的亲子关系

1. 丈夫同意实施异质人工授精情形中的亲子关系。

（1）母子关系之认定。AID 出生子女的母子关系，世界各国和地区立法与司法判例比较一致，都认为分娩 AID 子女的女性为其母亲。英国 1990 年的《人工授精与胚胎法》规定，怀胎的女性是母亲。[2] 美国 2002 年的《统一亲子法》规定，出生子女的女性为母亲。[3]《德国民法典》第 1591 条规定分娩的女性为母亲。日本民法对如何认定法律上的母亲没有作出明确规定，但判例和学说上都确立了分娩子女的女性是子女的母亲这一原则。[4] 日本最高法院认为，母亲与非婚生子女间的亲子关系，原则上不需要经过认领，由分娩事实而当然发生。[5]

（2）父子关系之认定。对经过丈夫同意实施 AID 出生子女的父子关系，世界各国和地区立法与司法判例也比较一致，都认为作出同意的生母配偶为 AID 子女法律上的父亲。美国有的州，如堪萨斯州、康涅狄格州和乔治亚州制定了法律，规定在婚姻关系存续期间，经过丈夫同意实施人工授精所生子女与自然生育的子女法律地位相同，是其继承人，有权继承夫妇二人的财产，尽管子女与丈夫之间不存在生物学上的联系。[6] 美国法院在 *Anonymous v. Anonymous* 一案中认为，父子关系是法律、社会和政治上定义的关系，不是生物遗传事实形成的关系。[7] 在 *Laura G. v. Peter G.* 一案中，美国法院认为，子女在婚姻关系存续期间出生，即使子女与实施人工授精妇女的丈夫之间不存在生物上的联系，法院也判决要求丈夫承担扶养义务。[8]

（3）亲子关系否认之诉。丈夫同意妻子实施人工授精后，由于种种原因，可能主张否认人工授精所生子女为其婚生子女，该权利称之为否认权。丈夫行使

---

[1]　Utah Code Ann. §78B-15-704 (2) (2008).

[2]　HFEA1990, s27 (1).

[3]　UPA2002, s201a (1).

[4]　参见 [日] 高山奈美枝：“代理怀胎と法”，载《法学研究》2008 年第 84 号。

[5]　[日] 最二小判昭和 37·4·27，载民集 16 卷 7 号，第 1247 页。

[6]　Ark. Code Ann. §28-9-209 (c); Conn. Gen. Stat. Ann. §45a-777 (a); Ga. Code Ann. §53-2-5 (West 2003).

[7]　Anonymous v. Anonymous, 1991 WL 57753, at *2 (N. Y. Sup. Ct. Jan. 18, 1991).

[8]　Laura G. v. Peter G., 830 N. Y. S. 2d 496, 500 (N. Y. Sup. Ct. 2007).

否认权，将推翻婚生子女的推定，后果不可谓不大，应以诉讼方式提出，这称之为否认之诉。关于否认之诉，有以下问题需要探讨：

第一，在人工授精手术实施后，丈夫还能否反悔，提出否认之诉？例如，受术夫妻在术后因感情破裂而离婚，丈夫以 AID 子女与自己没有血缘关系为由拒绝扶养或支付扶养费。我们认为，在这种情况下不应赋予丈夫否认权。首先，丈夫同意妻子实施人工授精是其内心真意，其已经知道所生子女与自己没有血缘联系，而仍然同意施行人工生殖，则从其表达同意时起就发生法律效力，没有正当理由不得反悔，否则构成权利滥用，也违背诚实信用原则。其次，丈夫同意实施人工授精是一项重要的法律行为，它涉及对人工授精出生子女的扶养和教育以及财产继承等法律关系，不仅关系到自己的利益，还涉及所生子女的利益。如果允许丈夫否认所生子女为其婚生子女，则人工授精出生子女将丧失扶养来源，对其成长非常不利。再次，从人工授精与收养关系类比的角度看，在收养关系，养父母与养子女之间没有血缘联系，但当事人有收养的意愿，法律依据其内心意思，在养父母与养子女之间建立法定父母子女关系，称之为拟制血亲。与之类似，丈夫同意实施人工授精手术，表明其内心愿意与所生子女建立拟制血亲关系，该意思表示发生法律效力后没有正当理由不得撤销。最后，从比较法的角度看，目前世界各国人工生殖立法都认为表示同意的生母配偶是人工授精出生子女法律上的父亲。例如，《德国民法典》第 1600 条（5）规定，子女系经该男子和母允许，以人工授精方式借助于第三人的精子捐献而被孕育的，父亲身份不得以该男子和母撤销。《法国民法典》第 311-20 条规定：……对采用经他人协助的医学方法生育表示同意之后，禁止为确立亲子关系或者对亲子关系提出异议之目的提起任何诉讼…… 在美国的佛罗里达州和佐治亚州，丈夫书面形式同意妻子实施人工授精手术后，其同意的意思表示是不能推翻的。[1]

第二，如果丈夫在受到欺诈、胁迫的情况下表示同意，其能否撤销自己的意思表示，提起否认之诉？《民法总则》第 148 条规定，"一方以欺诈手段，使对方在违背真实意思的情况下实施的民事法律行为，受欺诈方有权请求人民法院或者仲裁机构予以撤销"。据此规定可知，丈夫可以受到欺诈后，撤销实施人工授

---

[1] Fla. Stat. Ann. §742.；1（1）（West 2005）；Ga. Code Ann. §19-7-21（2004）.

精的同意行为。当然，该撤销权受除斥期间的限制，根据《民法总则》第 152 条规定，丈夫应当在知道或者应当知道欺诈事由之日起一年，或者同意行为后 5 年内行使撤销权。

（4）亲子关系认领之诉。丈夫提出否认之诉胜诉时，丈夫与子女之间的婚生性被推翻，双方权利义务关系解除，该子女沦为非婚生子女。此时，妻子或该子女能否向捐精者提出认领之诉，请求捐精者认领该子女？日本学者认为，子女可以向捐精者提出认领请求，否则子女就是永远没有父亲的人。反之，捐精者不得主张认领该子女。[1] 我们认为，这种允许人工生殖子女提出认领之诉的观点不妥。首先，如果法律允许子女可以提出认领请求，则捐精者将被确认为该子女的父亲，对其负有扶养义务，这是捐精者不能预料到的风险。捐精者仅是出于好心，帮助完成不育夫妇实现生育而提供精子，自始没有成为所生子女父亲的意思。由捐精者承担丈夫意思表示不真实的风险，对其未免不公平。其次，这样做的后果，可能使潜在捐精者望而却步，不愿意捐献精子，导致精子来源减少，威胁人工授精的存在与发展，对广大不孕夫妇未必有利。最后，从操作层面来看，若赋予所生子女或其母亲向捐精者提出认领之诉，则需要有关部门公开捐精者资料，但目前各国立法规定公开捐精者资料的适用范围极其有限。例如，在西班牙，捐赠者的个人信息保存在国家捐献者登记中心（National Donor Register），只有在人工生育子女的生命受到威胁、侦查犯罪需要情形下，才予以公开。[2]。这样一来，所生子女或其母亲欲提起认领之诉存在法律障碍，事实上不能提起认领之诉。考虑到人工生殖技术的发展和存在的法律障碍，不宜允许人工生殖子女对捐精者提起认领之诉。

2. 丈夫未同意实施异质人工授精情形中的亲子关系。如果妻子未经过丈夫同意，隐瞒丈夫实施人工授精，则所生子女法律地位如何？日本学者认为，对没有经过丈夫同意出生的 AID 子女，丈夫有权提出婚生否认之诉。[3] 我们认为，如果允许丈夫与子女发生直系血亲关系，丈夫对该子女有扶养义务，丈夫死后，

---

〔1〕 参见［日］金川琢雄：《实践医事法学》，金原出版株式会社 2002 年版，第 21 页。

〔2〕 International Encyclopedia of Laws, Medical Law, Volume4, Spain, Kluwer Law International, 2006, p180.

〔3〕 参见［日］远腾浩等：《民法·亲族》，有斐阁双书 2000 年版，第 162 页。

该子女也可以直系血亲身份继承其遗产，这种结果对丈夫而言难以接受。此外，子女受胎时，不知情的丈夫并没有做父亲的意愿，任何人不能强迫他人做父亲。所以，为保护丈夫的合法权益，从尊重事实立场出发，应允许丈夫提起否认之诉。关于否认之诉，有以下几个问题需要探讨：

（1）否认之诉提起的主体。一般情况下，否认之诉的提起主体是未同意妻子实施人工授精的配偶。人工授精所生子女能否提出否认之诉？对此问题，各国和地区的人工生殖立法大多未作规定，但瑞士在2001年开始施行《生殖医疗法》中规定，人工授精出生子女是生母丈夫的子女，不承认所生子女具有否认权。[1] 我们认为，瑞士的立法例值肯定鉴，不宜承认人工授精所生子女具有否认权。因为人工生殖的目的，主要是为了协助不育夫妇实现生儿育女愿望，保持婚姻家庭的稳定以及保护受术夫妻的隐私。若允许所生子女提出否认之诉，就会危及婚姻家庭的稳定，侵犯受术夫妻的隐私。此外，所生子女提出否认之诉后，势必接着向捐精者提出认领之诉。如前所述，不宜赋予人工授精所生子女提出认领之诉。这样一来，所生子女提起否认之诉也存在制度障碍，使提起否认之诉没有可行性。

妻子能否提起否认之诉？在日本一项判例中，不孕夫妻实施人工授精手术后喜得贵子。不久，夫妻间感情破裂，经法院调解离婚。由于双方对谁能成为孩子的亲权人无法达成协议，而诉至法院分居期间，人工授精所生子女平时在家生活，周末回母家生活。一审法院认为，为了更好地保护孩子的身心健康，使其能够在现有环境下继续生活下去，法院指定孩子的父亲为亲权人。对此，人工授精出生孩子的生母向东京高等法院提出抗诉，主张其前夫与孩子之间不存在真实的血缘关系，法院指定其前夫为孩子的亲权人的理由不充分。东京高等法院裁决认为，在夫妇双方同意的前提下实施人工授精的场合，人工授精所出生子女推定为夫妇双方的婚生子女，即便是其生母也不得否认前夫与人工授精出生子女之间的亲子关系。[2] 我们认为，否认权是法律赋予丈夫的专属权利，以对其未表示同意的后果进行救济，避免强迫其作为父亲，其妻子无权主张否认权。

---

〔1〕 参见［日］川井健：《生命伦理法案》，商事法务2005年版，第124页。

〔2〕 参见顾祝轩："人工生殖辅助技术与民法上的亲子关系"，载渠涛主编：《中日民商法研究》（3），法律出版社2005年版，第362页。

在丈夫提起否认之诉前死亡，丈夫的其他继承人能否提起否认之诉？如果丈夫在提起否认之诉前死亡，该子女被推定为其婚生子女，将有权继承死者的财产，其他继承人的应继份势必减少甚至丧失。按照人们一般观念，与死者没有血缘关系的人，可以继承人身份继承死者财产，对其他继承人不够公平。在自然生育情形，法律可以允许继承权被侵害的人提起否认之诉，因为丈夫没有提起否认子女之诉，未必意味着其承认该子女为其子女，在财产权保护与发现真实血统之事实主义之考量下，为保护继承权被侵害人的利益，并贯彻丈夫生前遗志，应赋予继承权被侵害之人也有婚生否认权。但在人工授精生殖情形，若允许其他继承人提起否认之诉胜诉，该子女与死者的亲子关系消灭，进而将丧失继承权。为了保护捐精者的利益，也不宜允许该子女向捐精者提出强制认领之诉。如此一来，该子女将沦为没有父亲的孤儿，同时不能继承死者的财产，使其丧失很大一部分生活费，这对其成长十分不利。现代各国亲属法的发展趋势，是将保护子女最佳利益作为最高指导原则，从保护子女利益角度来看，不应允许其他继承人提起否认之诉。

捐献者能否提起否认之诉？允许捐精者提起否认之诉，势将破坏他人婚姻关系安定、扰乱他人家庭和谐以及影响子女身心发育。此外，捐精者提起否认之诉，不仅揭发他人婚姻关系的隐私，侵害他人隐私权，而且介入他人婚姻生活，与公序良俗原则不符。因此，从维护家庭生活和谐，维持婚姻关系稳定，同时保护子女利益角度来看，不宜赋予捐精者提出否认之诉。

（2）否认之诉的起诉期间。丈夫提起否认之诉应在一定期间内提起。该期间如何确定，各国或地区立法规定不一。《日本民法典》第 777 条规定，婚生否认之诉，自丈夫知道子女出生日起，须在 1 年以内提起。《德国民法典》第 1600b 条规定，父亲身份可以在 2 年以内在裁判上予以撤销。该期间自权利人知悉不利于父亲身份的情事时起算……根据美国特拉华州法律，如果丈夫没有同意妻子实施人工授精，则只能在丈夫知道或者应当知道孩子出生之后 2 年内提起否认之诉，田纳西州要求丈夫在 4 年之内提出否认之诉，路易斯安那州要求在 1 年内提出否认之诉。[1] 一般而言，妻子知悉该子女并非自丈夫精子受胎出生，而

---

〔1〕　Del. Code Ann. tit. 13, §8-705（a）（Supp. 2008）; Tex. Fam. Code Ann. §160.705（a）（Vernon 2008）; La. Civ. Code Ann. art. 189（2007）.

丈夫未必知悉，于子女出生数年后，丈夫才知悉的情形往往可能发生。若要求丈夫须在知悉子女出生之日起，而不是自知悉子女非用自己精子受胎之日起若干年内提起否认之诉，虽然有利于保护子女的利益，但对丈夫否认权的限制未免过于严酷。否认权是丈夫的权利，其可以行使也可以放弃。在该起诉期间之内，丈夫可以明确表示放弃否认权，与妻子共同抚养该子女，也可以用行动表示放弃否认权，如丈夫负担该子女的教育、扶养与居住安置、对外声称子女是其亲生子女，或在户口簿上登记子女的姓名等等。

上述起诉期间经过后，丈夫的否认权归于消灭，子女应视为亲生子女，即使有证据证明该子女与丈夫没有血缘上的联系，也不能举反证加以推翻。丈夫在起诉期间内提起否认之诉胜诉后，人工授精所生子女的婚生推定性被推翻，双方之间不发生任何法律关系。此时，所生子女或其母亲能否向捐精者提出认领之诉？与前述丈夫受到欺诈或胁迫情形，不宜承认所生子女得提起认领之诉原因相同，在此情形下，也不宜允许所生子女向捐精者提起认领之诉。

四、结语

数千年来，人类延续自身的生殖方式是自然生殖，即通过男女身体结合，精子与卵子在输卵管内完成受精过程，受精卵在子宫内着床、妊娠，发育为胎儿后分娩。然而，无论是国外还是国内，不孕不育夫妇都大量存在。拥有一个孩子，已成为众多家庭的渴望。随着科学技术的发展，人工生殖技术的发展与应用给不孕不育夫妇带来了希望和幸福。然而，与之相伴而生的还有诸多的法律问题。如何应对和解决上述难题，我国现行法律体系尚未给出明确的回答。与其他发达国家（地区）相比，我国的人工生殖立法较为落后，难以满足司法实践的需要。因此，制定一部专门的《人工生殖法》应当及早纳入立法机构的议事日程。

案例 24

代孕子女亲子关系的认定

——从全国首例代孕子女监护权归属案说起

一、案例简介

罗某甲、谢某某系夫妻，罗乙系二人之子。罗乙与陈某于 2007 年 4 月 28 日登记结婚，双方均系再婚。再婚前，罗乙已育有一子一女，陈某未曾生育。婚后，罗乙与陈某购买他人卵子，并由罗乙提供精子，通过体外授精联合胚胎移植技术，出资委托其他女性代孕。2011 年 2 月，一对异卵双胞胎罗某丁、罗某戊出生，并一直随罗乙、陈某共同生活。陈某办理了孩子的出生医学证明，登记生父为罗乙、生母为陈某，并据此申报户籍。2014 年 2 月 7 日，罗乙因病经抢救无效死亡，陈某携罗某丁、罗某戊共同生活。2014 年 12 月 29 日，罗某甲、谢某某起诉至法院，认为罗乙为罗某丁、罗某戊的生物学父亲，陈某并非生物学母亲；以非法代孕方式生育子女违反国家现行法律法规，陈某与罗某丁、罗某戊之间未形成法律规定的拟制血亲关系；罗某甲、谢某某系罗乙之父母，即罗某丁、罗某戊之祖父母，在罗乙去世而孩子生母不明的情况下，应由其作为法定监护人并抚养两名孩子。一审法院认为，陈某与罗某丁、罗某戊既不存在自然血亲关系，亦不存在拟制血亲关系，对其辩称为罗某丁、罗某戊的法定监护人的理由不予采信。在罗某丁、罗某戊的生父罗乙死亡、生母不明的情况下，为充分保护未成年人的合法权益，罗某甲、谢某某作为祖父母要求抚养罗某丁、罗某戊，并作为其法定监护人之诉请，合法有据，予以支持。一审法院据此判决，罗某丁、罗某戊由罗某甲、谢某某监护。原审判决后，陈某不服，提起上诉。二审法院采用分娩者为母原则，认为代孕者为罗某丁、罗某戊的法律上母亲；两名孩子出生后一直随罗乙、陈某夫妇共同生活近三年之久，罗乙去世后又随陈某共同生活达两年，陈某已完全将两名孩子视为自己的子女，并履行了作为一名母亲对孩子的抚养、保护、教育、照顾等诸项义务，故陈某与罗某丁、罗某戊已经形成有抚养关系的继子女关系。最终，二审法院支持了陈某的上诉请求，撤销了一审判决，驳回了罗某甲、谢某某的原审诉讼请求。[1]

二、案例评析

本案的争议焦点形式上是未成年子女监护权归属之争，实质上是代孕子女亲子关系认定之争，即陈某是否为罗某丁、罗某戊的法律上的母亲？如果回答是肯定的，则根据《民法通则》第 16 条第 1 款规定，"未成年人的父母是未成年人的监护人"，陈某当然是两子女的法定监护人，否则监护权即应归属于两未成年人的祖父母。一审判决的核心理由是，"罗某丁、罗某戊的生父罗乙死亡、生母不明的情况下，为充分保护未成年人的合法权益"。在这里，一审法院虽然没有言明，但实际上已经不自觉地运用了分娩者为母原则，即认定代孕者为代孕子女法律上的母亲。且不说适用这一原则是否妥当，即使该原则能够成立，依循一审法官的逻辑，也不能就此将监护权判归罗某甲、谢某某。这是因为，未成年人的父母是未成年人当然的法定监护人，只有父母已经死亡或者欠缺监护能力时，方可在其他人员中确定未成年人的监护人。而在本案中，罗某丁、罗某戊的生母并未死亡，也无证据显示其欠缺监护能力，生母下落不明并不是监护权转移的法定事由。一审法院据此支持罗某甲、谢某某作为法定监护人，属于适用法律错误，正确的裁判方式应是驳回原告的诉讼请求。二审法院正确地认识到，欲确定本案中监护权归属于何方当事人，首要问题是如何厘定陈某与罗某丁、罗某戊的身份关系。对此问题，二审法院列举了理论上认定代孕亲子关系的四种学说，即血缘说、分娩说、契约说与子女最佳利益说，并采纳了分娩说，这与一审法院的立场其实是完全一致的。不过，与一审法院的思路不同的是，二审法院并未就此止步，而是在此基础上，认为罗某丁、罗某戊为罗乙的非婚生子女，陈某与罗某丁、罗某戊长期共同生活，尽到了一位母亲应尽的扶养、教育职责，双方已形成了有抚养关系的继母子关系，与亲生母子关系具有同等的权利义务，继而将监护权判归陈某。应当说，在我国人工生殖立法缺失的背景下，二审法院的判决既没

---

[1] 上海市第一中级人民法院（2015）沪一中少民终字第 56 号民事判决书。

有突破现行《婚姻法》的规定，又贯彻了保护未成年人的法律原则，合情合理合法，值得赞同。不过，二审法院最后又运用子女最佳利益原则，从原被告双方的监护能力、孩子对生活环境及情感的需求、家庭结构完整性对孩子的影响等各方面考虑，认为监护权归陈某更有利于孩子的健康成长。这就与前面否定儿童最佳利益原则在本案中适用的立场自相矛盾，既显得多余，又有二审法院其实对自己的说理论证并不自信，以该原则进行亡羊补牢之嫌了。

三、法理分析

（一）代孕含义的界定

何谓代孕，我国现行法律并未作出明确界定。一般认为，代孕是妇女接受他人委托，代替特定女性完成孕育和分娩胎儿的行为。根据精子和卵子的来源不同，代孕可以表现为多种形式。其一，精子、卵子均来源于委托夫妻，由代孕母亲（以下简称代母）分娩，可简称为夫精妻卵型代孕；其二，精子来源于委托之夫，卵子来源于代母，由代母分娩，可简称为夫精代卵型代孕；其三，精子来源于委托之夫，卵子来源于代母之外的他人，由代母分娩，可简称为夫精他卵型代孕；其四，精子来源于他人，卵子来源于代母，由代母分娩，可称为他精代卵型代孕；其五，卵子来源于委托之妻，精子来源于他人，由代母分娩，可简称为他精妻卵型代孕；其六，精子与卵子均来源于委托夫妻之外的他人，由代母分娩，可简称为他精他卵型代孕；等等。

（二）代孕协议的法律效力

实践中，委托夫妻往往首先与代孕中介或者代母签订代孕协议，而后才开始实施代孕。代孕协议的法律效力如何，我国目前并没有法律、行政法规作出明确规定。原卫生部于 2001 年 2 月 20 日发布了《人类辅助生殖技术管理办法》（同年 8 月 1 日施行），其中第 3 条规定："……禁止以任何形式买卖配子、合子、胚胎。医疗机构和医务人员不得实施任何形式的代孕技术。"但是，并不能以该条款规定为依据，径直认定代孕协议无效。因为依我国《合同法》第 52 条的规定，违反法律、行政法规的强制性规定的合同无效。也就是，判定合同是否因违法而无效，其法律依据是法律、行政法规中的强制性规定，除此之外的规范性文件，如部门规章、地方性法规和地方性规章等，都不能作为判定合同无效的法律依据。《人类辅助生殖技术管理办法》性质上属于部门规章，仅强调医疗机构与医务人员不得实施代孕技术，以通过技术垄断与控制限制代孕的发生。因而，不能依据该办法第 3 条，认定代孕协议无效。

学界关于代孕协议的法律效力，认识上存在着分歧。无效说认为，代孕协议危害家庭关系，属于违反公序良俗的行为，因而无效。[1] 有效说认为，代孕协议并不违背公序良俗，应当认定为有效，其主要理由是：其一，委托方寻求代孕的目的，并非在于刻意贬低代母的人格尊严，而是为了弥补其不能正常生育的人生缺憾。其二，代母实施代孕不仅没有违背其真实意愿，反而在某种程度上实现了个人目的。[2] 其三，代孕协议不会对伦理造成大面积的冲击。[3] 分类认定说认为，商业代孕以营利为目的的，有中介机构介入，以产业化操作为特征，有将婴儿商品化之嫌，是违反人格尊严的行为，构成违反公序良俗，应属无效；非商业代孕属于意思自治的领域，不应否定其效力。[4] 部分有效说认为，失独家庭因遵守国家计划生育政策而承受了失独的不利后果，对其有限开放代孕并不违反伦理道德，在法理和情理上也有合理性。[5] 失独家庭遭遇生育权实现危机时，国家有义务采取补救措施，为这些限于困境的家庭提供救济。[6]

司法实践中，法院一般以代孕协议违背公序良俗为由，判定代孕协议无效。例如，在"李某林与谭某年合同纠纷"一案中，法院认为，"原告李某林与被告谭某年订立的代孕协议，是平等主体之间设立、变更、终止民事权利义务关系的协议，是合同关系；根据法律规定，当事人订立、履行合同，应当遵守法律、行政法规，尊重社会公德，不得扰乱社会经济秩序，损害社会公共利益；代孕涉及法律、伦理和社会问题，为维护正常的生育秩序，净化人类辅助生殖技术服务环境，国家现已严厉打击与代孕有关的行为和机构；原告李某林与被告谭某年订立

〔1〕 参见梁慧星：《民法总论》，法律出版社 2017 年版，第 208 页；魏振瀛主编：《民法》，北京大学出版社、高等教育出版社 2017 年版，第 29 页。

〔2〕 参见张融："代孕协议的法律效力研究"，载《江汉学术》2019 年第 1 期。

〔3〕 参见李雅男："代孕背景下亲子关系的确定"，载《法律科学》2020 年第 2 期。

〔4〕 参见徐文："甄别与分类：论代孕案件基础争议的解决进路"，载《河北法学》2019 年第 11 期。

〔5〕 参见郑英龙："失独家庭有代孕权利的国家保障"，载《浙江大学学报（人文社会科学版）》2019 年第 4 期。

〔6〕 参见朱晓峰："非法代孕与未成年人最大利益原则的实现——全国首例非法代孕监护权纠纷案评释"，载《清华法学》2017 年第 1 期。

的代孕协议，违反了公序良俗应当认定为无效的民事行为"。[1]

代孕是否违背公序良俗，在价值观多元化的当代社会，不同的人会作出不同的解读。随着社会的发展和人们价值观念的更新，未来社会公众未必不会接受代孕这一生殖方式，届时立法未尝不可以对之作出规范。然而，至少在当下甚至未来较长一段时期，代孕协议仍以认定为无效较妥当。首先，代孕有违人格尊严。在哲学家康德看来，人与其他生物的不同之处，在于人类具有智慧能力和实践理性，人是根据自己独特的信仰和意志而行动的。他认为，人类本身即是道德主体，提出了人是目的而非手段的著名命题："你的行动，要把你自己人身中的人性，和其他人身中的人性，在任何时候都同样看作是目的。永远不能只看作手段。"[2] 第二次世界大战结束后，康德的上述思想对各国立法活动产生了深刻影响。《德国基本法》第 1 条明确规定，人格尊严不受侵犯，对人格尊严的尊重与保护是所有国家权力的义务。《日本宪法》第 13 条规定，要尊重个人，第 24 条规定要保障婚姻、家族中的个人尊严。我国《宪法》第 38 条也规定，公民的人格尊严不受侵犯。《民法总则》第 109 条也规定，自然人的人格尊严受法律保护。在代孕场合，委托方向代孕中介支付高额费用，由后者安排代母为其怀孕生子，实际上是将代母当作"生产工具""孵化器"看待，将代母从一个具体的人贬低为客体，作为满足委托方私欲的手段，这已经侵害了代母的人格尊严。有学者认为，国家有必要禁止有偿代孕，以践行保护人格尊严的义务；但对于无偿代孕，由于其并未购买女性子宫的服务，并无侵犯人格尊严之嫌，可以适当予以放开。[3] 然而，委托方与中介机构可以恶意串通，签订形式上无偿的代孕协议，私下支付代孕费用，双方可以采用黑白协议方式，轻易规避法律的禁止性规定。所以，在难以辨识出代孕协议有偿与否的情况下，不宜对代孕协议的效力作出区别判断。其次，代孕有违公序良俗原则。我国《民法总则》第 8 条规定："民事主体从事民事活动，不得违反法律，不得违背公序良俗。"公序良俗原则是我国民法的基本原则之一，它包括公共秩序和善良风俗两个方面的内容，任何民事活动都不能违反公序良俗原则，否则该民事法律行为无效。就公共秩序而言，我国行

---

[1] 双峰县人民法院（2019）湘 1321 民初 5083 号民事判决书。

[2] 参见 [德] 康德：《道德形而上学原理》，苗力田译，上海人民出版社 2002 年版，第 47 页。

[3] 参见王贵松："中国代孕规制的模式选择"，载《法制与社会发展》2009 年第 4 期。

政部门一直对代孕持否定性立场，不时采取严厉打击措施。相关部门的打击对象中，并没有刻意区分部分代孕与完全代孕、无偿代孕与有偿代孕、亲属代孕与非亲属代孕，而是一律将之纳入打击的范围之内。自从 2001 年原卫生部颁布《人类辅助生殖技术管理办法》以来，国家一直对代孕市场保持高压态势。2015 年 4 月，为维护人民群众健康权益，维护正常计划生育秩序，着力解决代孕突出问题，国家卫生计生委等 12 部门成立全国打击代孕专项行动领导小组及办公室，并联合制定了《开展打击代孕专项行动工作方案》。在政府严格管制之下，医疗机构不得实施任何形式的代孕手术，已经构成一项公共秩序。医疗机构及其工作人员实施代孕手术，是对现有医疗秩序的挑战和背离，已经构成了违反公共秩序。就善良风俗而言，一方面，通过实施代孕，委托夫妻生儿育女的愿望得以满足，代母也获得了经济补偿，改善了生活状况，对双方都具有实意。但另一方面，代孕行为也有其负面影响，表现在它使基因关系、分娩事实、抚养事实三者之间发生了分裂，破坏了基本伦理；还可能导致代子受歧视、代母人身遭受损害，甚至催生代孕产业链等不良社会后果。早在 2013 年两会召开期间，原卫生部曾召集专家就代孕问题征集意见。为了解民意走向，广州社情民意研究中心于 2013 年 3 月在全国（港澳台除外）范围展开了专项调查，随机抽样 3000 位城镇居民进行了电话访问。对"女方不能生育的夫妻，找代孕妈妈生小孩"，67% 的受访者表示"不赞成"，赞成者为 19%，持"难说"态度者占 14%。不赞成者中，女性不赞成者占受访女性比例为 73%，男性不赞成者占受访男性比例为 62%。不赞成者的理由中，"违背社会道德"占比 58%、"不利于代孕孩子成长"占比 46%，"代孕妈妈的权利没保障"占比 39%，"妇女地位下降"占比 36%，"生育安全没保障"占比 33%，"其他"占比 10%。[1] 由此可见，代孕难以被我国目前主流的社会道德所支持和认可，不宜贸然认定代孕协议有效。代孕协议无效，意味着不能根据代孕协议的安排，当然地认定委托夫妻为代子的法律上的父母。由此产生的问题是，代孕中的亲子关系究竟如何认定呢？基因母、代孕母与抚养母，究竟谁是代子法律上的母亲呢？对此类复杂的法律问题，不妨区分为不同的类型，在不同情境下展开分析。

---

〔1〕 广州社情民意研究中心："代孕行为全国城镇居民看法数据表"，载 http://www.c-por.org/index.php？c=news&a=shujudetail&id=1736&pid=24，2020 年 4 月 16 日访问。

（三）夫精代卵型代孕下亲子关系的认定

在夫精代卵型代孕实施过程中，有的当事人通过自然受孕即男女两性结合的方式，使代母受孕；有的当事人通过体外授精——胚胎移植方式，使代母受孕。无论采取何种方式，都不能改变委托之夫与代母共同生育代子的事实。在此期间，由于委托之夫与代母之间不存在婚姻关系，由此所生子女属于双方的非婚生子女。委托之夫为代子法律上的父亲，代母为法律上的母亲。实践中，有的代母分娩代子后割舍不断母子亲情，拒绝将代子交给委托夫妻；有的交给委托夫妻后反悔，向委托夫妻主张代子的探望权。我国《婚姻法》第38条仅规定了离婚后，不直接抚养子女的父或母的探望权，尚未涉及非婚生子女探望权的处理问题。不过，《婚姻法》第25条规定，"非婚生子女享有与婚生子女同等的权利"。据此，可类推适用《婚姻法》第38条规定，代母作为代子的生母，当然享有探望代子的权利，委托之夫有协助的义务。行使探望权利的方式、时间由当事人协议；协议不成时，由人民法院判决。父或母探望子女，不利于子女身心健康的，由人民法院依法中止探望的权利；中止的事由消失后，应当恢复探望的权利。例如，在姚某与覃某探视权纠纷案中，覃某与代母姚某通过自然受孕方式实施代孕，生下代子覃某某。覃某某出院后被覃某抱回家中，拒绝姚某探望覃某某。一审法院经过调解，双方自愿达成协议：覃某某由覃某抚养，抚养费由覃某自行承担；姚某每年探望覃某某3次，探视的时间和地点由双方自行协商。[1]而在谢某与高某探望权纠纷一案中，高某1与陶某系夫妻，高某1与谢某通过网络认识，于2015年3月24日签订协议，约定谢某在高某1付清所有费用后，不得再向高某1主张任何权利，并需于交接孩子时，亲写一张放弃主张任何权利的弃权书。此后，高某1以直接受孕的方式让谢某怀孕，谢某于2016年8月17日在重庆市某医院生产一女，取名高某2，该医院出具的出生医学证明上记载母亲陶某、父亲高某1。高某2自出生至诉讼时由高某1抚养，谢某未见过高某2。一审法院认定，代孕协议违背公序良俗、违反法理精神以及法律规定，该份协议无效。根据儿童利益最大化原则，从有利于未成年人健康成长的角度考虑，法律赋予父或母探望权，前提是有利于子女的身心健康。高某2的出生是基于一场对价交易，高某1

---

[1] 柳州市城中区人民法院（2011）城中民一初字第838号民事调解书。

为求子而出高价，谢某为获取费用而生子，从原审原、被告认识过程足可以看出二人之间无任何感情，高某1得子后依协议单独抚养高某2，拒绝谢某的探望，谢某自述挂念高某2，但在审理中并未对其生产后关心高某2的生活成长等情况举示证据材料。虽然高某1未举示高某2目前生活资料，但从高某1高价求子的举动看，高某1尽心抚养高某2的可能性是很大的，高某2目前不足2周岁，年龄尚小，心智发育不完善，辨识能力未形成，其需要一个稳定的家庭环境。这份稳定有部分来自于家庭的完整和健康，而高某1及配偶陶某能够提供一个这样的环境供其成长；这份稳定有部分来自于排除外界干扰，形成一定的封闭空间，不因身份关系而对高某2造成困扰，让高某2心智、心理发育的过程中不受此困扰。一审法院判决认为，作为生母的谢某享有探望权，但基于上述原因探望高某2不利于高某2的身心健康，故驳回了陶某的诉讼请求。二审法院也认为，父或母一方探望子女的权利，应受最有利于未成年人原则的约束，不利于子女身心健康的，应当暂时中止探望的权利。本案双方在探望问题上无法调和，在关系上存在一定的对立冲突，且高某2在一审辩论终结前尚不满2周岁，不适于在双方关系不和谐、互信度不高的情况下进行探望。高某2自小在高某1处生活，形成了较稳定的生活状态，亦不适合上诉人所诉请的要求接回高某2共同生活的探望方式。因不利于高某2的健康成长，故目前不宜支持上诉人的探望请求。[1]

（四）其他类型代孕下亲子关系的认定

在夫精代卵型代孕下，亲子关系的认定相对简单，但在其他类型的代孕情形，生身母亲与基因上的母亲发生分离，亲子关系的认定因而相对复杂。对此，学者多主张依据分娩者为母原则来认定亲子关系。其主要理由是：其一，分娩者为母是人类传统上认定亲子关系的基本原则。怀孕与生产对妇女而言，是一个漫长且充满煎熬和风险的过程，十月怀胎和分娩的痛苦都加深了代母与代子之间的骨肉之情。对于代子生命的到来，代母比委托之妻具有更大的贡献，也承担了一个母亲所应当承担的风险甚至损害。其二，我国现有法律秩序建立在分娩者为母的传统伦理和法律原则之上，只有坚持该原则，才能确保中国身份秩序的稳定，从而保证中国社会秩序的稳定。其三，只有坚持分娩者为母原则，才能使代母难

---

〔1〕 重庆市第五中级人民法院（2018）渝05民终3328号民事判决书。

以为了金钱而从事代孕，也可以阻断委托夫妻对代子主张亲权的途径，使其放弃代孕转而寻求收养等合法路径。其四，分娩者为母作为一项传统法律原则，是各国确定亲子关系的通例，无论禁止代孕的国家和地区，还是开放代孕的国家和地区，基本上都在奉行这项原则。[1] 其五，代母全程参与了生命的孕育过程，与代子之间更容易建立密切的关系，一般情形下是代子利益的最佳照看者。代母拒绝或无力抚养未成年人时，可以通过收养制度来最大程度保障未成年人利益的实现。[2] 本案例中，二审法院在论证采纳分娩者为母原则的理由时，指出该原则符合我国传统的伦理原则及价值观念，亦与我国目前对代孕行为采取禁止立场相一致。应当说，上述学者和司法实践主张的分娩者为母原则确有其合理性，但也存在以下不足之处：其一，在人工生殖技术发明以前，生母既是供卵者，也是妊娠者与分娩者，生育功能由生母一人承担，由此产生了分娩者为母或者生母恒定原则。人工生殖技术临床应用以后，供卵者与孕育者可以发生分离，分娩者为母原则得以建立的基础已经不复存在，仍然坚持生母恒定原则并不当然具有正当性。其二，代母固然在怀孕期间与分娩时候承受的巨大的痛苦，但委托夫妻也要承受高昂的代孕费用、传统伦理道德的压力和不能取得孩子抚养权的法律风险。其三，按照分娩者为母原则，代母为代子法律上的母亲，委托夫妻可通过收养程序，与代子建立养父母子女关系，但实践操作上面临着不确定性。如果精子来源于委托之夫，委托之夫与子女存在血缘联系，按照一般生活经验，该委托之夫为代子法律上的父亲。代子为委托之夫与代母在婚姻关系之外所生，法律地位上属于双方的非婚生子女。委托之妻可以通过收养程序，与代子建立养母子关系。但这需要经过代母的同意，若代母已经结婚，收养目的的实现将更为复杂。这是因为，代母在婚姻关系存续期间所生子女被推定为代母与配偶的婚生子女，尽管有证据证明代孕事实成立，但代母配偶若不提起婚生否认之诉，则事实上无法签订收养协议，从而无法办理收养登记，合法的收养关系也就无从建立。其四，有学者认为，代子可视为委托之妻的继子女，委托之妻若事实上抚养教育代子，双方

---

[1]　参见刘长秋：《代孕规制的法律问题研究》，上海社会科学院出版社 2016 年版，第 131 页。

[2]　参见朱晓峰："非法代孕与未成年人最大利益原则的实现——全国首例非法代孕监护权纠纷案评释"，载《清华法学》2017 年第 1 期。

将成立有扶养关系的继母子关系，委托之妻亦为代子法律上的母亲。[1] 本案二审法院也是采用的这一论证思路。这一论证思路在处理本案时确有其适用空间。两名孩子出生后，随罗乙、陈某夫妇共同生活近三年之久，罗乙去世后又随陈某共同生活两年，至原告提起诉讼时，陈某与孩子共同生活已有五年。其间，陈某将两名孩子视为自己的子女，并履行了一名母亲对孩子的抚养、保护、教育、照顾义务，故可认定双方之间已形成有抚养关系的继母子关系。然而，在一般规则意义上，这一论证思路也有其不足之处。一方面，如何认定确已形成事实上的抚养教育关系，并不存在一个清晰确定的标准，时间长短难以把握，只能就个案进行具体分析，不利于及时确立稳定的亲子关系。另一方面，若代母分娩后拒不交出代子，事实上的抚养教育势必无从谈起，代子将由代母单独抚养，显然不利于其健康成长。其五，若委托夫妻从他人处取得精子与卵子，通过胚胎移植技术植入代母体内，按照分娩者为母原则，代母为法律上的母亲，委托之夫与代子之间不存在基因联系，故不是代子法律上的父亲。代母若已结婚，代子或可由代母夫妇扶养，若代母尚未结婚，代子将由代母一人独自扶养，这显然不利于未成年人的健康成长。

在分娩者为母原则存在弊端的情况下，可适用儿童最大利益原则确定代子法律上的父母。1959 年 11 月 20 日，联合国大会通过了第 1386（XIV）号文件，第 2 条规定："儿童应享受特别保护，并应以法律及其他方法予儿童以机会与便利，使其能在自由与尊严之情境中获得身体、心智、道德、精神、社会各方面之健全与正常发展。为达此目的，制订法律时，应以儿童之最大利益为首要考虑。"由此，儿童最大利益原则首次确立下来。但该宣言仅具倡导性，没有法律约束力。1989 年 11 月 20 日，联合国大会通过了第 44/25 号决议即《儿童权利公约》，其第 3 条第 1 款规定："关于儿童的一切行动，不论是由公私社会福利机构、法院、行政当局或立法机构执行，均应以儿童的最大利益为一种首要考虑。"第 2 条款规定："缔约国承担确保儿童享有其幸福所必需的保护和照料，考虑到其父母、法定监护人、或任何对其负有法律责任的个人的权利和义务，并为此采取一切适当的立法和行政措施。"由此，儿童最佳利益原则成为一项具有法律约束力的原

---

[1] 参见彭诚信："确定代孕子女监护人的现实法律路径——'全国首例代孕子女监护权案'评析"，载《法商研究》2017 年第 1 期。

则，各公约加入国有责任予以贯彻落实。1991 年 12 月 29 日，我国第七届全国人大常委会第二十三次会议批准了该公约，这意味着涉及儿童利益的法律问题，均应以儿童利益最大化为首要目标。在代孕亲子关系的认定上，无论司法实践抑或未来可能的立法模式，都要贯彻并体现儿童最大利益原则。在本案中，二审法院为强化其说理，也运用了该原则确定陈某享有对罗某丁、罗某戊的监护权。首先，从纠纷双方的年龄及监护能力考虑，陈某正值盛年，有正当工作和稳定收入，亦有足够的精力和能力抚养照顾好两名孩子；而罗某甲、谢某某均年事已高，身体状况及精力均不足以抚养照顾两名年幼的孩子。其次，从生活环境的稳定性、与孩子的亲密程度及孩子的情感需求考虑，罗某丁、罗某戊出生后一直随罗乙、陈某夫妻共同生活，罗乙去世后由陈某抚养照顾，已与陈某形成了难以割舍的母子感情，而与罗某甲、谢某某并未共同生活过，能否适应环境的改变以及与老人共同生活的状态尚属未知。最后，从家庭结构关系的完整性考虑，维护正常的亲子关系和家庭内部结构，对幼儿人格的形成具有重要意义。事实上，在所有夫精代卵型之外的代孕类型中，均应以儿童最大利益为标准认定代孕亲子关系，而不宜拘泥于分娩者为母的传统原则。

现实生活中，有的代母分娩后可能反悔，不愿将代子交给委托夫妻，或者交给委托夫妻后主张探望权。对此，不宜赋予代母探望权。这是因为，一方面，《婚姻法》第 38 条确立的探望权，仅限于离婚场合不直接抚养子女的父母。在应用子女最佳利益原则确立委托夫妻为代子法律上的父母后，代母并非代子法律上的母亲，不存在赋予代母探望权的前提条件，当然也就不存在类推适用《婚姻法》第 38 条的可能。另一方面，代母固然全程参与了代孕过程，经历了漫长而艰辛的妊娠期，付出了巨大的精力和心血，承受了分娩的巨大痛苦甚至生命风险，但这是相对于委托夫妻而言的。对于代子而言，代母探望代子会使代子认为自己拥有两位母亲，形成过于复杂的社会关系，可能导致代子社会认同方面的偏差，进而影响未成年人的身心健康，与《民法总则》《中华人民共和国未成年人保护法》等法律确立的特殊保护未成年人的价值取向不相符。因此，从儿童最佳利益原则出发，代母的利益应劣后于代子的最大利益。或许会有人提出质疑，认为一般而言，委托夫妻在经济条件、教育背景、生活环境等方面，均比代母相对优越，依儿童最大利益原则，委托夫妻往往将被确定为代子法律上的父母。既然代孕协议无效，又承认委托夫妻与代子之间法律上的父母子女关系，在法律适用上是否存在逻辑矛盾？是否变相地承认了代孕协议的效力，甚至鼓励更多的人实施代孕呢？答案应当是否定的。一方面，代孕协议因违背善良风俗而无效，只是意味着不能发生当事人意欲的法律效果，即不能简单地依据代孕协议认定委托夫妻为代子的父母，并不排斥儿童最大利益原则的适用。若委托夫妻为法律上父母对代子确实有利，却又强行将亲权赋予代母，无异于以牺牲代子的最大利益为代价，去追求所谓的形式逻辑的完美，这就本末倒置了。另一方面，依据代孕协议与依据儿童最大利益原则确定亲子关系，所得结论往往会发生重合，但也不尽然。例如，委托夫妻离异、家庭暴力、吸食毒品或者有其他违法犯罪行为，对代子的健康成长明显不利的，未尝不可以将亲权赋予代母。

四、结语

代孕应否放开、代孕协议效力如何、代孕子女亲子关系如何认定，是多年来学界一直讨论的热点话题。不同学者从不同角度出发，所得结论见仁见智，短期内难以达成共识。司法实践的立场是基本一致的，大都认为代孕协议因违背公序良俗而无效，亲子关系认定采分娩者为母原则。不过，该原则在适用上也有其局限性，对此不可不察。而子女最大利益原则以未成年人利益最大化为中心，涵摄范围更广，更能维护未成年人的合法权益，具有显著的比较优势。我国未来的人工生殖立法以及目前的司法实践，宜将该原则作为代孕亲子关系认定的指导原则。

案例 25

人体试验中受试者的知情同意权

——"黄金大米"事件评析

一、案例简介

2012 年 8 月 1 日，《美国临床营养学杂志》刊登了一篇名为《黄金大米中的 β-胡萝卜素与油胶囊中的 β-胡萝卜素对儿童补充维生素 A 同样有效》的研究论文。论文透露，美国塔夫茨大学一科研机构 2008 年在湖南省一所小学进行过转基因大米（黄金大米）人体试验。论文称，为了比较儿童摄入"黄金大米"、菠菜和 β-胡萝卜素油胶囊对补充维生素 A 有何不同，美国塔夫茨大学、湖南疾病预防控制中心、中国病预防控制中心营养与食品安全所、浙江医学科学院等工作机构的研究人员 2008 年共同在湖南省的一所小学进行试验，针对的是 6 岁~8 岁健康的在校小学生。研究所用材料——黄金大米和菠菜都是在美国生产、处理和蒸煮，然后冷藏运至中国实验所就地加热后供小学生食用。国际环保组织"绿色和平"随即谴责研究人员使用转基因大米对中国儿童进行人体试验的行为，掀起轩然大波。国内的《人民日报》[1]、《新华每日电讯》[2] 等媒体都对"黄金大米"事件进行了追踪报道。事件发生后，中国疾病预防控制中心在卫生部的指导下，积极开展调查，调查结果表明：该项目所用"黄金大米"从境外带入时未经申报批准，违反了国务院农业转基因生物安全管理有关规定。项目在伦理审批和知情同意告知过程中，刻意隐瞒了试验中使用的是转基因大米，没有向学生家长提供完整的知情同意书，违反卫生部《涉及人的生物医学研究伦理审查办法

（试行）》规定以及科研伦理原则，存在学术不端行为。[1] 中国疾病预防与控制中心等机构对相关人员给予了党政处分，但在问责之余，该事件所折射的与人体试验相关的法律问题值得反思。

二、案例评述

所谓人体试验，是指以人体作受试对象，用人为的实验手段，有控制地对受试者进行研究和考察的行为过程。受试者的知情同意权是指受试者在获得及时、充分、有效信息的基础上，自主地做出是否同意参与人体试验的权利。由于我国没有制定统一的"人体试验法"，其中最核心的受试者保护制度，即受试者的知情同意权分散规定于各类法律规范中，欠缺完善的整体规范，受试者的知情同意权未能获得有效的保护。

在大量关于"黄金大米"事件的媒体评论中，参与"黄金大米"试验的部分科研人员的违规和失范行为成为众矢之的，公共媒介迅速直观的指认"科学道德自律缺失，法律意识淡薄，漠视公众知情权"。中方负责人荫士安事后解释中呈现出来："当时没想那么多，只是为了试验尽快完成"，"因为总觉得这是一个很好的项目，尽快按照计划把它做完，想着办法如何把这个项目能够完成。"[2]正如美国《科学》杂志主编布鲁斯·艾伯茨所言：其实，每个科学家都希望通过自身努力让生活变得更好，但在这个过程中，科学家不能违背基本的行为准则和伦理准则。否则，再伟大的科学成果也会黯然失色。从纯科学角度看，科学家对转基因食品的研究富有成效。但我们都认为，美国研究者在这件事上犯了一个明显错误：不该对参与实验者及其家人隐瞒真相——孩子们在实验中将食用转基因大米。这么做是故意欺骗和隐瞒，是违背科学家精神的行为。无论是什么实验，参与者都有知情权，有权了解潜在风险。[3]

可以说，知情同意是科学试验研究中必不可少的一部分，但它在"黄金大

---

〔1〕《中国卫生年鉴》编辑委员会编：《中国卫生年鉴（2013）》，人民卫生出版社2014年版，第180~181页。

〔2〕 胡浩等："骗了孩子、毁了道德、伤了科研：'黄金大米'种出的三声叹息"，载《新华每日电讯》2012年12月7日，第4版。

〔3〕 杨帆、张亦筑："科学家不能隐瞒和欺骗，美国科学家在'黄金大米'事件中犯有错误！——对话《科学》杂志主编布鲁斯·艾伯茨"，载《重庆日报》2012年9月16日，第2版。

米"试验中是缺失的。

那么，我国法律关于人体试验中受试者的知情同意权是如何规定的？国外又是如何处理此类案件的？我们应当如何完善我国的相关规定？

三、法理探析

知情同意是科学试验得以进行的法理基础，知情同意权属于人格权，是一种绝对权，该权利不能转让。只有在本人没有适当的行为能力时，该项权利才转由受试者的监护人代为实施。《中华人民共和国疫苗管理法》第 18 条即规定："开展疫苗临床试验，应当取得受试者的书面知情同意；受试者为无民事行为能力人的，应当取得其监护人的书面知情同意；受试者为限制民事行为能力人的，应当取得本人及其监护人的书面知情同意。"《中华人民共和国基本医疗卫生与健康促进法》第 32 条第 3 款亦规定："开展药物、医疗器械临床试验和其他医学研究应当遵守医学伦理规范，依法通过伦理审查，取得知情同意。"从法理上而言，人体试验中受试者的知情同意应当遵循研究者完全告知、受试者充分理解、受试者自主选择的基本原则。

（一）研究者完全告知

我国关于人体试验中研究者告知内容的规定，分散于多部立法当中。如《涉及人的生物医学研究伦理审查办法》第 36 条规定："知情同意书应当包括以下内容：①研究目的、基本研究内容、流程、方法及研究时限；②研究者基本信息及研究机构资质；③研究结果可能给受试者、相关人员和社会带来的益处，以及给受试者可能带来的不适和风险；④对受试者的保护措施；⑤研究数据和受试者个人资料的保密范围和措施；⑥受试者的权利，包括自愿参加和随时退出、知情、同意或不同意、保密、补偿、受损害时获得免费治疗和赔偿、新信息的获取、新版本知情同意书的再次签署、获得知情同意书等；⑦受试者在参与研究前、研究后和研究过程中的注意事项。"第 37 条规定："在知情同意获取过程中，项目研究者应当按照知情同意书内容向受试者逐项说明，其中包括：受试者所参加的研究项目的目的、意义和预期效果，可能遇到的风险和不适，以及可能带来的益处或者影响；有无对受试者有益的其他措施或者治疗方案；保密范围和措施；补偿情况，以及发生损害的赔偿和免费治疗；自愿参加并可以随时退出的权利，以及发生问题时的联系人和联系方式等。项目研究者应当给予受试者充分的时间理解知情同意书的内容，由受试者作出是否同意参加研究的决定并签署知情同意书。在心理学研究中，因知情同意可能影响受试者对问题的回答，从而影响研究结果的准确性的，研究者可以在项目研究完成后充分告知受试者并获得知情同意书。"《药物临床试验质量管理规范（2020 修订）》第 23 条第 1~7 项规定："研究者实施知情同意，应当遵守赫尔辛基宣言的伦理原则，并符合以下要求：①研究者应当使用经伦理委员会同意的最新版的知情同意书和其他提供给受试者的信息。如有必要，临床试验过程中的受试者应当再次签署知情同意书。②研究者获得可能影响受试者继续参加试验的新信息时，应当及时告知受试者或者其监护人，并作相应记录。③研究人员不得采用强迫、利诱等不正当的方式影响受试者参加或者继续临床试验。④研究者或者指定研究人员应当充分告知受试者有关临床试验的所有相关事宜，包括书面信息和伦理委员会的同意意见。⑤知情同意书等提供给受试者的口头和书面资料均应当采用通俗易懂的语言和表达方式，使受试者或者其监护人、见证人易于理解。⑥签署知情同意书之前，研究者或者指定研究人员应当给予受试者或者其监护人充分的时间和机会了解临床试验的详细情况，并详尽回答受试者或者其监护人提出的与临床试验相关的问题。"《医疗器械临床试验质量管理规范》第 21 条规定："在受试者参与临床试验前，研究者应当充分向受试者或者无民事行为能力人、限制民事行为能力人的监护人说明临床试验的详细情况，包括已知的、可以预见的风险和可能发生的不良事件等。经充分和详细解释后由受试者或者其监护人在知情同意书上签署姓名和日期，研究者也需在知情同意书上签署姓名和日期。"

总体而言，我国关于人体试验中研究者的告知内容，以《涉及人的生物医学研究伦理审查办法》第 36 条的规定最为详细，但随着科技的发展，哪些信息对受试者具有重要性，难以穷尽，对于研究者的告知内容应当具有一定的弹性。因此，除了在规定中对研究者应予以告知的一般信息加以列举之外，还应当明确增加规定"一个理性的受试者所期望知道的其他事项"，以补充列举方式的不足。

（二）受试者充分理解

关于受试者对研究者告知内容的充分理解，我国《涉及人的生物医学研究伦理审查办法》第 35 条规定："知情同意书应当含有必要、完整的信息，并以受试者能够理解的语言文字表达。"《药品管理法》第 21 条规定："实施药物临床试验，应当向受试者或者其监护人如实说明和解释临床试验的目的和风险等详细情况，取得受试者或者其监护人自愿签署的知情同意书，并采取有效措施保护受试者合法权益。"《干细胞临床研究管理办法（试行）》第 26 条规定："干细胞临床研究人员必须用通俗、清晰、准确的语言告知供者和受试者所参与的干细胞临床研究的目的、意义和内容，预期受益和潜在的风险，并在自愿原则下签署知情同意书，以确保干细胞临床研究符合伦理原则和法律规定。"《药物临床试验质量管理规范（2020 修订）》第 23 条第 7~14 项规定："⑦受试者或者其监护人，以及执行知情同意的研究者应当在知情同意书上分别签名并注明日期，如非受试者本人签署，应当注明关系。⑧若受试者或者其监护人缺乏阅读能力，应当有一位公正的见证人见证整个知情同意过程。研究者应当向受试者或者其监护人、见证人详细说明知情同意书和其他文字资料的内容。如受试者或者其监护人口头同意参加试验，在有能力情况下应当尽量签署知情同意书，见证人还应当在知情同意书上签字并注明日期，以证明受试者或者其监护人就知情同意书和其他文字资料得到了研究者准确地解释，并理解了相关内容，同意参加临床试验。⑨受试者或者其监护人应当得到已签署姓名和日期的知情同意书原件或者副本和其他提供给受试者的书面资料，包括更新版知情同意书原件或者副本，和其他提供给受试者的书面资料的修订文本。⑩受试者为无民事行为能力的，应当取得其监护人的书面知情同意；受试者为限制民事行为能力的人的，应当取得本人及其监护人的书面知情同意。当监护人代表受试者知情同意时，应当在受试者可理解的范围内告知受试者临床试验的相关信息，并尽量让受试者亲自签署知情同意书和注明日期。⑪紧急情况下，参加临床试验前不能获得受试者的知情同意时，其监护人可以代表受试者知情同意，若其监护人也不在场时，受试者的入选方式应当在试验方案以及其他文件中清楚表述，并获得伦理委员会的书面同意；同时应当尽快得到受试者或者其监护人可以继续参加临床试验的知情同意。⑫当受试者参加非治疗性临床试验，应当由受试者本人在知情同意书上签字同意和注明日期。只有符合下列条件，非治疗临床试验可由监护人代表受试者知情同意：临床试验只能在无知情同意能力的受试者中实施；受试者的预期风险低；受试者健康的负面影响已减至最低，且法律法规不禁止该类临床试验的实施；该类受试者的入选已经得到伦理委员会审查同意。该类临床试验原则上只能在患有试验药物适用的疾病或者状况的患者中实施。在临床试验中应当严密观察受试者，若受试者出现过度痛苦或者不适的表现，应当让其退出试验，还应当给以必要的处置以保证受试者的安全。⑬病史记录中应当记录受试者知情同意的具体时间和人员。⑭儿童作为受试者，应当征得其监护人的知情同意并签署知情同意书。当儿童有能力做出同意参加临床试验的决定时，还应当征得其本人同意，如果儿童受试者本人不同意参加临床试验或者中途决定退出临床试验时，即使监护人已经同意参加或者愿意继续参加，也应当以儿童受试者本人的决定为准，除非在严重或者危及生命疾病的治疗性临床试验中，研究者、其监护人认为儿童受试者若不参加研究其生命会受到危害，这时其监护人的同意即可使患者继续参与研究。在临床试验过程中，儿童受试者达到了签署知情同意的条件，则需要由本人签署知情同意之后方可继续实施。"

上述立法表明，为了保证受试者对研究者告知内容的充分理解，我国立法对研究者的告知提出了"受试者能够理解的语言文字表达""向受试者或者其监护人如实说明和解释""用通俗、清晰、准确的语言告知供者和受试者""经充分和详细解释试验的情况后获得知情同意书"等要求。相比而言，《药物临床试验质量管理规范（2020修订）》第23条第14项对未成年人的知情同意做出了特别的规定："儿童作为受试者，应当征得其监护人的知情同意并签署知情同意书。当儿童有能力做出同意参加临床试验的决定时，还应当征得其本人同意，如果儿童受试者本人不同意参加临床试验或者中途决定退出临床试验时，即使监护人已经同意参加或者愿意继续参加，也应当以儿童受试者本人的决定为准，除非在严重或者危及生命疾病的治疗性临床试验中，研究者、其监护人认为儿童受试者若不参加研究其生命会受到危害，这时其监护人的同意即可使患者继续参与研究。在临床试验过程中，儿童受试者达到了签署知情同意的条件，则需要由本人签署知情同意之后方可继续实施。"这可以较为充分地保障未成年受试者的充分理解。

（三）受试者自主选择

对于受试者的自主选择问题，《涉及人的生物医学研究伦理审查办法》第18条规定："涉及人的生物医学研究应当符合以下伦理原则：①知情同意原则。尊重和保障受试者是否参加研究的自主决定权，严格履行知情同意程序，防止使用欺骗、利诱、胁迫等手段使受试者同意参加研究，允许受试者在任何阶段无条件退出研究……"第 33 条规定："项目研究者开展研究，应当获得受试者自愿签署的知情同意书；受试者不能以书面方式表示同意时，项目研究者应当获得其口头知情同意，并提交过程记录和证明材料。"第 38 条规定："当发生下列情形时，研究者应当再次获取受试者签署的知情同意书：①研究方案、范围、内容发生变化的；②利用过去用于诊断、治疗的有身份标识的样本进行研究的；③生物样本数据库中有身份标识的人体生物学样本或者相关临床病史资料，再次使用进行研究的；④研究过程中发生其他变化的。"《药品管理法》第 23 条："对正在开展临床试验的用于治疗严重危及生命且尚无有效治疗手段的疾病的药物，经医学观察可能获益，并且符合伦理原则的，经审查、知情同意后可以在开展临床试验的机构内用于其他病情相同的患者。"

对于人体试验中受试者的自主选择问题，《涉及人的生物医学研究伦理审查办法》第 18 条明确规定："防止使用欺骗、利诱、胁迫等手段使受试者同意参加研究，允许受试者在任何阶段无条件退出研究。"明确规定了研究者不得违背受试者的真实意愿实施人体试验，并且明确规定即使受试者同意参与人体试验，受试者也可以随时退出人体试验，赋予了受试者高度自由的选择权。

四、结语

"实验这个词在方法意义上最初是由自然科学确认的。在其古典形式上，这个词和无生命的对象有关，因此在道德上是中立的。但是，一旦有生命的、有感觉的生物成为试验对象，正如在生物科学，特别是在医学研究中发生的情况那样，对知识的追求就失去这种纯洁性了，良心问题就出现了。拿人做实验必然使问题更加尖锐，因为它触及终极的人的神圣不可侵犯的问题。"[1] 知情同意是这种交往中不可或缺的基本原则，但它在"黄金大米"事件中是缺失的。"黄金大米"试验的研究者采用隐瞒欺骗手段，在受试儿童及其父母完全不知情或者不完全知情的情况下进行，违背科研诚信与伦理准则，让受试者稀里糊涂地成为试验

---

〔1〕 ［德］汉斯·约纳斯：《技术、医学与伦理学：责任原理的实践》，张荣译，上海译文出版社 2008 年版，第 82 页。

的"小白鼠"。[1] 为了杜绝"黄金大米"非法人体试验等类似事件的再度重演，应当进一步完善包括人体试验中受试者的知情同意权在内的人体试验立法。

---

[1] 徐喜荣："论人体试验中受试者的知情同意权——从'黄金大米'事件切入"，载《河北法学》2013 年第 11 期。

浅析患者医疗决定权的预先指示

——特丽·夏沃案

一、案例简介

近年来，随着医学与人文经历长时间的分离后又逐步靠拢融合，医学与人文的关系愈来愈密切。在如此的大环境下，医学模式经历了从"生物医学模式"到"生物—心理—社会"医学模式的转变，医学的目的也由单纯的"治愈疾病、避免死亡"发展为"避免早死，追求安详死亡"。对待生命的看法与观点也从单纯的"生命神圣论"逐步向"生命神圣论"与"生命价值论""生命质量论"的结合靠拢。可见，人文回归医学的一个最突出的特点即对"人"的尊重。

从法律层面来说，法律赋予每个公民不可剥夺的人格权，即是对"人"的尊重。在医疗领域，患者的医疗决定权有着十分基础且重要的地位。其不仅贯穿医疗行为的全过程，更是医疗行为是否得以正当实施的必要条件和根本保障。对于一般的医疗行为，我国的医疗实践中已经形成了一套体系以障患者的医疗决定权。但现在有一种情况已屡见不鲜：患者在有清醒意识且具备自由意志的情形下做出了相应的对于今后相应医疗行为选择的意思表示，大多是对于自己丧失行为能力后的医疗行为的选择，但在真正丧失了行为能力后，其相关意愿很大程度上并不会得到尊重及执行。我们将这种预先的意思表示称为医疗决定权的预先指示，将该预先指示相关的书面文件称为生前预嘱（living will）或预立医嘱（advanced directive）。世界上许多国家已经正式针对医疗决定权的预先指示立法，在我国也有北京生前预嘱推广协会作为民间组织进行推广，且不断有全国政协委员针对该权利向两会提交提案。

那么，医疗决定权的预先指示究竟是什么？其能否得到法理及我国法律的支持？其是否具有正当性？其在我国的推行存在何种阻滞或障碍？我们通过对美国经典的特丽·夏沃案新角度的切入来对这些问题尝试进行解答。

特丽·夏沃（Terri Schiavo），也被译为特里·夏沃，是美国佛罗里达州的一名公民。1990 年，特丽由于钾元素失衡导致心脏骤停，在几分钟内因大脑缺氧遭受严重脑损伤，从此再未恢复意识，多年来一直处于不可逆植物人状态。尽管特丽能够自己呼吸，发出声音，并有不自觉的肌肉收缩，但大脑绝大部分严重恶化，并被脊髓液取代。如果没有人工管进食，她就不可能活下来。同时，如果不出现危及生命的状况（如严重感染），她也会一直处在这种状态中[1]。

在特丽成为植物人之后的几年中，特丽的丈夫迈克·夏沃（Michael Schiavo）一直积极为妻子寻找治疗手段和方法，同时格外注重特丽的日常护理。但久病床前迈克最终没有抵挡住孤独，与他人确立了同居关系，并共同养育了一个孩子。1994 年迈克曾试图拒绝对特丽的感染进行治疗，被特丽父母告上法庭，要求法院撤销其监护权，但最终被驳回。

1998 年，迈克提起诉讼要求终止特丽的生命维持措施，特丽的父母对此诉讼请求表达了坚决反对，二者遂对簿公堂。法院最终认为，有确凿证据表明特丽处于不可逆植物人状态，且关键是基于相关证人提供的有关特丽先前对延长生命治疗陈述的证词，她将选择停止维生治疗程序，如果她神志清醒能自己作出决定的话[2]。2001 年 4 月，法院判决撤除特丽的生命维持措施，其进食管第一次被拔除。但仅在两天后，另一家法院作出相反判决，特丽的进食管重新被插上。

2003 年 10 月，因缺乏对以上判决的救济和相关审查，特丽的进食管再次被拔掉。而后佛州众议院于 10 月 20 日通过《特丽法》，授权州长可以中止一定案件的审理。次日，《特丽法》在佛州参议院获得通过。布什州长签署一项行政命令，要求重新插上进食管同时他还为夏沃女士指定一名诉讼监护人[3]。

迈克显然不能接受这样的结果，遂上诉。初审法院及最高法院均对迈克的诉讼请求表示支持。2005 年 3 月 18 日，特丽的进食管第三次被拔掉。3 月 21 日，

---

〔1〕 吕建高："拷问美国三权分立原则的效力——从一起死亡权案例说起"，载《北方法学》2015 年第 5 期。

〔2〕 袁文峰："持常与论理的司法——夏沃案最后阶段的 8：05-cv-530-T-27TBM 号司法命令介评"，载《惠州学院学报（社会科学版）》2009 年第 5 期。

〔3〕 袁文峰："持常与论理的司法——夏沃案最后阶段的 8：05-cv-530-T-27TBM 号司法命令介评"，载《惠州学院学报（社会科学版）》2009 年第 5 期。

美国国会连夜召开会议，作为多数派的共和党议员们通过了一项紧急法案，布什总统也提前从德克萨斯的农场赶回在法案上签字，允许特丽的父母请求联邦法官延长女儿的生命，并要求联邦法院重审此案[1]，但并未获得最高院的支持。最终，特丽于 2005 年 3 月 31 日死亡。

1990 年，特丽陷入不可逆植物人状态。

1998 年，特丽的丈夫迈克向法院提起诉讼要求终止特丽的生命维持措施。

2001 年 4 月，法院判决撤除特丽的生命维持措施，其进食管第一次被拔除。但仅两天后，另一家法院作出相反判决，特丽的进食管重新被插上。

2003 年 10 月，因缺乏对以上判决的救济和相关审查，特丽的进食管第二次被拔掉。《特丽法》在佛州参议院获得通过。授权州长可以中止一定案件的审理。特丽的进食管重新被插上。随后迈克上诉。

2005 年 3 月 18 日，初审法院及最高法院均对迈克的诉讼请求表示支持，并第三次拔除了特丽的进食管。而后最高院拒绝了国会要求重审的要求。

2005 年 3 月 31 日，特丽死亡。

特丽案时间轴

二、案例述评

我国《民法通则》第 17 条规定：无民事行为能力或限制民事行为能力的精神病人，由下列人员担任监护人：①配偶；②父母；③成年子女；④其他近亲属；⑤关系密切的其他亲属、朋友愿意承担监护责任，经精神病人的所在单位或

---

〔1〕　李青藜：“特丽·夏沃之死——美国社会文化的试金石”，载《检察风云》2005 年第 10 期。

者住所地的居民委员会、村民委员会同意的[1]。2017年3月15日第十二届全国人民代表大会第五次会议通过了《民法总则》已于2017年10月1日起实施。其中第28条规定：无民事行为能力或者限制民事行为能力的成年人，由下列有监护能力的人按顺序担任监护人：①配偶；②父母、子女；③其他近亲属；④其他愿意担任监护人的个人或者组织，但是须经被监护人住所地的居民委员会、村民委员会或者民政部门同意[2]。也就是说，在中国，一般情形下特丽的丈夫迈克是其法定监护人。

但如果监护人有实施严重损害被监护人身心健康行为的；怠于履行监护职责，或者无法履行监护职责并且拒绝将监护职责部分或者全部委托给他人，导致被监护人处于危困状态的；实施严重侵害被监护人合法权益的其他行为的情形之一的，人民法院根据有关个人或者组织的申请，撤销其监护人资格，安排必要的临时监护措施，并按照最有利于被监护人的原则依法指定监护人[3]。也就是说，如果迈克存在以上损害被监护人合法权益的行为，特丽的父母可以请求法院撤销其监护资格。

结合特丽事件的内容和性质，以上规定在适用上至少存在两方面的阻滞。

1. 尚不明确如何界定损害被监护人合法权益的行为。特丽案中，迈克要求撤除特丽生命维持措施的行为是否损害了被监护人的合法利益的确存在争议。自20世纪70年代"生物—心理—社会"医学模式提出以来，生命伦理学对传统观念不断造成着冲击。其中，固有的生命神圣论受到了生命质量论的挑战。生命伦理学要求把生命神圣论和生命质量论、生命价值论三者结合起来。传统伦理学的落脚点是人的生命，生命伦理学的落脚点是生命的价值[4]。1996年由14个国家联合号召并随后诞生的新的医学目的（Goal of Medicine，GOM）中也明确提出要"避免早死，追求安详死亡"。时至今日，愈来愈多的人可以更为理性地看待死

---

〔1〕 "中华人民共和国民法通则"，载中国人大网，http：//www.npc.gov.cn/wxzl/wxzl/2000-12/06/content_4470.htm，2017年7月11日访问。

〔2〕 "中华人民共和国民法总则"，载中国人大网，http：//www.npc.gov.cn/npc/c12435/201703/7944f166a8194d788c63cc6610aebb4a.shtml，2017年4月28日访问。

〔3〕 "中华人民共和国民法通则"，载中国人大网，http：//www.npc.gov.cn/wxzl/wxzl/2000-12/06/content_4470.htm，2017年7月11日访问。

〔4〕 杜治政："关于生命伦理学——伦理学道德观念面临的挑战"，载《医学与哲学》1986年第7期。

亡和衡量生命的质量和价值。然而，我国因社会、文化等因素并没有在法律层面对生命的质量和价值及与之有关的措施进行相关界定。或者说，法律从某种程度上来说不宜对其作出界定。所以，从法律层面无从判定撤除特丽的生命维持措施究竟是帮助其终止了无质量的生命还是对其生命神圣的肆意侵犯。所以，在不能明确界定何为损害被监护人合法权益行为的前提下，也就无从谈起如何切实地保护被监护人的合法权益了。

2. 对患者的医疗决定权规定有限。特丽案最重要的证据之一就是有证人证明如果特丽神志清醒能自己作出决定的话，她将选择停止维生治疗程序。也就是说，患者在其有清楚意识及自由意志的前提下所作出的意思表示，可以作为其丧失民事行为能力时相关行为的依据。但是在中国，法律对患者的医疗决定权规定相当有限。具体来说有以下两个方面：

（1）现有法律对患者医疗决定权规定模糊。《侵权责任法》第 55 条第 1 款规定，医务人员在诊疗活动中应当向患者说明病情和医疗措施。需要实施手术、特殊检查、特殊治疗的，医务人员应当及时向患者说明医疗风险、替代医疗方案等情况，并取得其书面同意；不宜向患者说明的，应当向患者的近亲属说明，并取得其书面同意[1]。可见，法律规定了患者应当享有知情权和同意权，且明确了在行使顺序上患者为第一顺位，家属为第二顺位，在特殊情况下家属才可以上升到第一顺位代为行使权利。也就是说，我国法律明确规定了患者医疗决定权及其地位。但问题在于，并没有相关细化规定作为后续支撑，比如何为"不宜向患者说明的"情况？由谁或哪个机构组织来决定"不宜向患者说明的"情况？此种模糊势必会给相关的法律适用造成困难，进而直接导致了在医疗实践中，相对于患者的同意权医方更看重患者家属的同意权，患者的同意权遂处在一个十分尴尬的境地。

（2）现有法律对患者医疗决定权的代理行为规定存在弊端。首先必须明确，医疗决定权的权利主体是患者本人。患者的同意权属于患者人格权的一部分，这

---

〔1〕《中华人民共和国侵权责任法》，载中央政府门户网站，http：//www.gov.cn/flfg/2009-12/26/content_1497435.htm. 2017 年 5 月 4 日访问。

种人格权具有专属性，可以由他人代理行使，但不可让渡给他人[1]。这种代理权的行使大致分为两种情况：其一，患者为无民事行为能力人或为限制民事行为能力人时，其法定代理人可代为行使同意权；其二，在极特定情况下，为确保患者的根本利益，有必要限制患者的自主权利，实现医生的意志以开展专业活动，这种医师权利被称之为医疗特权（therapeutic privilege）[2]，且多适用于紧急抢救等危急情况。但这两种代理行为得以存在的前提必须是：为保护患者本人的根本利益。除对"患者的根本利益"无明确规定的情形之外，在中国的法律实践中对患者预先做出的、针对其无行为能力时是否接受生命维持措施等医疗手段相关的意思表示并无明确规定；且在中国的医疗实践中相对于"家庭决策"，临终阶段相关医疗手段更倾向于"家属决策"。所以如果特丽在中国，其最重要的证据很可能会失去效力。依照我国法律实践及现实情况，其最后的判决结果很可能为：由特丽的父母继续为特丽的生命维持措施提供经济支持，即由愿意并有经济能力支付相关医疗费用的个人或组织继续维持相关措施。这样，从特丽的角度来看其利益受到了当然的侵犯，本属于其自己的医疗决定权形同虚设，其维护患者本人根本利益的初衷也无法实现。

虽然我国法律中对于患者医疗决定权的预先指示存在一定的阻滞和障碍，但如上所述，在法理层面及我国法律宏观层面其一定能够得到支持。现阶段只是其逐步完善的发展过程，需要结合实际情况综合考虑，并循序渐进。

三、法理探析

（一）从法律适用上看特丽案

早在 1976 年，美国加利福尼亚州就通过了《自然死亡法案》（*Natural Death Act*），规定具备决策能力的成年人可以拒绝一切无用的延续生命的医疗措施，提出了不予心肺复苏（Do-Not-Resuscitate, DNR）这个概念[3]，生前预嘱（liv-

---

[1] 祝彬："论医疗知情同意权的代理行使"，载《医学与哲学（人文社会医学版）》2013 年第 11 期。

[2] 脆怡、贺加、仇韶华："对医疗抢救立法中医疗特权相关问题的思考"，载《中国医院管理》2011 年第 6 期。

[3] 王丽英、胡雁："预立医疗照护计划的国内外发展现状"，载《医学与哲学（临床决策论坛版）》2011 年第 3 期。

ing will）作为保护患者医疗决定权的相关文件应运而生。生前预嘱即个体在兼具清醒意识和自由意志的前提下，决定其在丧失行为能力的临终阶段接受何种强度的医疗措施或手段的指示文件，而后美国不同州对生前预嘱的具体内容和制定形式形成了各自的规定，但大同小异，且不同州之间可以相互承认[1]。1991年12月1日，美国联邦法律《患者自我决定法案》（*The Patient Self-Determination Act*，*PSDA*）颁布实施，其主要内容即为患者提供生前预嘱的相关必要信息以及允许病人按照自己的价值观念和人生目标制定生前预嘱。通过此法律的目的在于在遇到紧急及非紧急的医疗情况时确认和强化病人的自主权[2]。抛除特丽案中的政治博弈和交锋，其在法律层面最核心的即特丽对关于自己的医疗决定权存在预先的意思表示。虽然特丽在生前并没有完整的书面生前预嘱，但美国法律仍对患者决定权预先指示的相关意思表示提供了应有的支持和保护。

（二）从权利层面看特丽案

自"权利"一词出现以来，无数学者及学派一直在尝试对其进行定义。权利的概念是什么？权利由何种要素构成？古今中外存在数十种不同的解答。这些"答案"或具有鲜明的时代特征，或是特殊社会背景和文化环境下的产物，所以对"权利"的概念及构成达成共识绝非一件易事。

张文显先生在其经典著作《法哲学范畴研究》中对权利进行了广泛而深刻的探讨。他率先系统地介绍了中外论著中产生过长期重要影响的权利释义，包括资格说、主张说、自由说、利益说、法力说、可能说、规范说、选择说八种。而后为了对权利有一个完整的、而不是残缺不全的认识，需要对权利的各个要素进行分析基础上的总结。进而张文显先生从法律角度将权利定义为：规定或隐含在法律规范中，实现于法律关系中的，主体以相对自由的作为或不作为的方式获得利益的一种手段[3]。有学者认为，关于权利的学说虽纷繁芜杂，各具其理，但就其对权利进行界定的角度和方法来看，是可以进行分类的。其将权利的释义分为：自由说、利益说、主张说、资格说[4]。另有学者认为，尽管出于不同研究

---

[1]　王丽英、胡雁："预立医疗照护计划的国内外发展现状"，载《医学与哲学（临床决策论坛版）》2011年第3期。

[2]　JL Lowder，SJ Buzney，LM Montoni，*The Patient Self-Determination Act*，Springer US，2008.

[3]　张文显：《法哲学范畴研究》，中国政法大学出版社2001年版，第308~310页。

[4]　陈俊乾："略论权利概念的生成及其要素"，载《社会主义研究》2010年第6期。

角度、不同论证需要，可以将"权利"的构成要素作多样化分解，但权利的基本构成要素只有两个：一是利益，二是正当。其他如资格、主张、甚至权威，都是可由正当这一基本要素派生出来，或推演出来的[1]。经过对不同观点进行查阅比较，笔者认为，各学说针对权利构成要素的重合点大致在：正当地获得利益。在特丽案中，相关判决充分尊重了患者本人的意愿和作出医疗决定的权利，且明确了相对于配偶、父母等近亲属患者而言患者自我决定权的优先顺序。其亦明确了将患者的利益放在首位，即患者利益至上原则。这不仅适用于法律层面，更可以受到生命伦理的辩护。一方面，患者本人作为权利主体，其相关利益排他性地受到法律保护，他人权利不能凌驾于患者本人权利之上，即不能有阻碍权利的行使、肆意篡改患者的原本意愿等损害患者权利的行为；另一方面，患者的利益作为生命伦理学体系中的核心和关键，是一切医疗行为的出发点和落脚点。

（三）于法律层面推导患者医疗决定权预先指示的合理性

1. 从人权角度推导患者医疗决定权预先指示的合理性。

（1）世界人权发展沿革大事记。人权起源于西方国家，紧紧跟随时代和社会的进步而发展，并逐步扩展到世界范围。在人权逐步被完善的过程中，以下事件或权利文件起到了至关重要的作用。

1689 年，英国议会通过了《权利法案》（*English Bill of Rights*），其内容共有 13 条，主要目的在于限制国王权力，赋予议会"至高无上"的权利，进而确立英国君主立宪的资产阶级统治格局。就人权来说，《权利法案》的颁布使权力从国王手中让渡到以议会为代表的人民手中，以权利的形式体现。

1789 年，法国颁布《人权宣言》（*Declaration of the Rights of Man and of the Citizen*），建立了相对完整的人权体系。《人权宣言》包括序言以及 17 条正文内容。其规定了人类"自然的、不可让渡的与神圣的权利"，主要包括：自由平等的权利；财产、安全、反抗压迫的权利；自由言论、出版的权利。

1889 年，《大日本帝国宪法》颁布，内容分为 7 章，共 76 条。该宪法作为明治维新的突出成果亦规定了公民的权利，在东方国家之中实属首次。其中规定的公民权利主要包括：人身安全及自由的权利；言论及信仰自由的权利；财产

---

[1] 北岳："关于义务与权利的随想（上）"，载《法学》1994 年第 8 期。

权利。

1945 年,《联合国宪章》由五十多个国家在美国联合签署,其内容包括序言、结语及正文共 19 章 111 条内容。其中规定:发展国际以尊重人民平等权利及自决原则为根据之友好关系。1948 年,联合国通过并发布《世界人权宣言》,在国际领域对人权进行了系统地阐述和界定。其中主要规定了:自由平等的权利,其中主要包括人身自由、婚姻自由、思想自由、言论自由、宗教信仰自由等;生命权和人身安全的权利;隐私权;财产权。

1966 年,联合国通过了《公民权利和政治权利国际公约》以及《经济、社会及文化权利国际公约》,并最终于 1976 年生效,以弥合社会主义国家和资本主义国家在人权上的不同取向。《公民权利和政治权利国际公约》包括序言及正文 6 部分 53 条,其中主要规定了:自由及人身安全的权利;生命权;财产权;自决权。《经济、社会及文化权利国际公约》包括序言及 5 部分 31 条,其中主要规定了:自决权;财产权;工作权;受教育权;健康权。

(2)患者医疗决定权预先指示与世界人权发展。从世界人权发展趋势来看,自由是人权永恒的主题。而"自由"又包括多个方面,如人身自由、思想自由、言论出版自由、宗教信仰自由、婚姻自由等。在联合国发布的《公民权利和政治权利国际公约》以及《经济、社会及文化权利国际公约》中提出了自决权的概念,其规定:所有民族均享有自决权,根据此种权利,自由决定其政治地位及自由从事其经济、社会与文化之发展。[1]所以从这个意义上来说,患者医疗决定权预先指示的订立和施行即公民自决权在医疗决策上的具体体现,其意义在于赋予公民对其生命权及健康权预先进行自由处分的权利。

我国于 1997 年正式签署《经济、社会及文化权利国际公约》,全国人大常委会于 2001 年做出批准该公约的决定;我国《宪法》于 1982 年全国人民代表大会第五次会议通过并实行,并前后于 1988 年、1993 年、1999 年、2004 年、2018 年经历修正。其中第 33 条规定,国家尊重和保障人权。第 38 条规定,中华人民共和国公民的人格尊严不受侵犯。第 51 条规定,中华人民共和国公民在行使自由和权利的时候,不得损害国家的、社会的、集体的利益和其他公民的合法的自

---

〔1〕 "经济、社会、文化权利国际公约",载联合国网站,https://www.un.org/zh/documents/treaty/files/A-RES-2200-XXI.shtml,2017 年 6 月 7 日访问。

由和权利[1]。所以从以上角度来说，患者医疗决定权预先指示在宏观人权上可以获得当然的支持。因为：其一，其是公民预先进行相关医疗决策的行为，而这种决策上的自由权作为广义自由权的一部分，当然受到国际公约及我国宪法的保护；其二，虽然其因主要涉及维生措施的拒绝及在临终阶段执行而颇为敏感，尤其是公众将其与"自杀"相类比时，但患者医疗决定权预先指示是绝对正当且值得提倡的。一方面，其是一种有利行为而自杀则是一种自损行为，其目的在于使个体在临终阶段的生命更有质量、价值和尊严，而自杀则是单纯不负责任的生命放弃行为。另一方面，自杀行为常因造成他人及社会利益的损失而被法律追究相应责任，如扰乱社会治安或造成他人受伤的责任等，而患者医疗决定权预先指示从订立到施行都鲜有侵犯他人及社会的合法权益的情况发生。

2. 从患者自主权角度推导患者医疗决定权预先指示的合理性。

（1）患者自主权与知情同意权。所谓患者自主权，是指具有行为能力的患者自主决定接受或拒绝相应医疗措施的权利。患者的自主权属于一个广义概念，其包括诸多方面，而涉及患者医疗决定权预先指示的自主权多具体地通过知情同意权的形式展现。所谓知情同意权，是指患者享有知悉和了解医务人员计划对其采取的医疗措施及其后果并作出是否同意该措施的权利[2]。从其概念上分析，知情同意权至少由两部分组成，即知情权与同意权，二者之间关系密切，虽有不同但互为表里。

第一，知情权是同意权的前提和基础。在知情同意权体系之中，医务人员充分、正确地履行其告知义务格外重要。一方面，如果在不知情、存在误解或知情不充分的情况下，即便患者做出相关同意的意思表示，也并不是正当地行使了同意权。另一方面，医学领域的相关信息具有高度的专业性，患者的病情、相关诊断、治疗手段方法、预后等信息仅靠患者自身并不能完全理解。因此，医务人员正确、充分的告知，并凭借自身专业知识和相关经验给出的医疗建议就显得合理且必要。

第二，患者的知情同意权中容易被忽略但却十分重要的即患者"知情不同

〔1〕 "中华人民共和国宪法"，载中国政府网，http://www.gov.cn/zhengce/2014-03/21/content_2643049.htm，2017年6月7日访问。

〔2〕 孟强："论患者知情同意权"，载《中国地质大学学报（社会科学版）》2013年第2期。

意"的权利。相对于知情同意，知情不同意更能体现患者自主权的高位阶。但需要明确，患者知情同意权的行使尤其是在知情不同意的情况下存在诸多限制。除了需要和医生进行讨论分析之外，在特殊情况下，医生更有其特殊的干涉权利。该干涉权是指：在尊重患者自主权的基础上，当患者的自主决定违背国家、社会、他人或自身的根本利益等特殊情况时，赋予医生行使限制患者自主决定权的特殊权利[1]。其中包括：违背国家、社会、他人利益的情况，如对于传染病的隔离治疗就适用医生干涉权；给自身根本利益带来损害的情况，如在危急情况下，患者不同意或无法行使知情同意权会给患者带来不能挽回的严重后果时，医生干涉权便可以对抗患者自主权。

（2）我国关于知情同意权的法律支持。关于知情同意权，我国早已在若干法律规范性文件中明确了其地位。

《侵权责任法》第 55 条第 1 款规定，医务人员在诊疗活动中应当向患者说明病情和医疗措施。需要实施手术、特殊检查、特殊治疗的，医务人员应当及时向患者说明医疗风险、替代医疗方案等情况，并取得其书面同意；不宜向患者说明的，应当向患者的近亲属说明，并取得其书面同意[2]。

《医疗事故处理条例》第 11 条规定，在医疗活动中，医疗机构及其医务人员应当将患者的病情、医疗措施、医疗风险等如实告知患者，及时解答其咨询；但是，应当避免对患者产生不利后果[3]。

《执业医师法》第 26 条规定，医师应当如实向患者或者其家属介绍病情，但应注意避免对患者产生不利后果。医师进行实验性临床医疗，应当经医院批准并征得患者本人或者其家属同意[4]。

《病历书写基本规范》第 10 条规定，对需取得患者书面同意方可进行的医疗活动，应当由患者本人签署知情同意书。患者不具备完全民事行为能力时，应当

---

〔1〕 邹春松："试论医生的特殊干涉权"，载《医学与法学》2015 年第 2 期。

〔2〕 "中华人民共和国侵权责任法"，载中国政府网，http：//www. gov. cn/flfg/2009-12/26/content_1497435. htm ，2017 年 6 月 8 日访问。

〔3〕 "医疗事故处理条例"，载中国政府网，http：//www. gov. cn/banshi/2005-08/02/content_19167. htm，2017 年 6 月 8 日访问。

〔4〕 "中华人民共和国执业医师法"，载中国政府网，www. gov. cn/banshi/2005-08/01/content_18970. htm ，2017 年 6 月 8 日访问。

由其法定代理人签字；患者因病无法签字时，应当由其授权的人员签字；为抢救患者，在法定代理人或被授权人无法及时签字的情况下，可由医疗机构负责人或者授权的负责人签字。因实施保护性医疗措施不宜向患者说明情况的，应当将有关情况告知患者近亲属，由患者近亲属签署知情同意书，并及时记录。患者无近亲属的或者患者近亲属无法签署同意书的，由患者的法定代理人或者关系人签署同意书[1]。

可见，我国相关法律规范性文件从不同的角度对知情同意权进行了规定。但这些规定有一个共同点，即虽然只从正面角度规定了"知情同意"，但完全可以由此推导出"知情不同意"亦是受到保护的。

（3）患者医疗决定权预先指示与患者的"知情不同意"。患者医疗决定权预先指示就是"知情不同意"的典型表现形式之一。且相对于广义上的"知情不同意"，其因本身的性质、情况以及适用条件已然规避了许多限制条件，更具合理性。具体来说：

第一，关于对患者自身利益的损害。一方面，患者医疗决定权预先指示存在本身目的即在于使个体临终阶段的生命更有质量和价值，而非单纯机械地延长生命时长。所以在这个阶段笔者认为患者的根本利益不再是生命是否能够被延长，而在于生命是否有质量、有尊严。当然，医疗决定权预先指示的订立与施行并非一项强制性规定，其总是受到患者自主决定权制约。所以，医疗决定权预先指示只是给予了在临终阶段视生命质量和尊严为根本利益的个体一个机会，以便其行使其患者决定权以保障其权益。另一方面，自愿订立医疗决定权预先指示的个体的相关利益也会被妥善地保护。因为医疗决定权的预先指示并非只需要患者的相关意愿即可成立并被实施，其更需要医生、家属的参与，其中医生的参与有效地使生前预嘱避免损害患者的利益。首先，临终阶段是预先指示得以施行的时间条件，而这个时间点需要医生进行专业判断；其次，在订立预先指示时也需要医生对相关选项进行解释，使患者明晰相关生命维持措施的情况，包括使用及拒绝使用的优缺点，以帮助患者选择。最后，医疗决定权预先指示自订立始并不是一成不变的，而需要进行定期地审视和更新，在这个过程中有医生的参与才能够最大

[1] "病历书写基本规范"，载中国政府网，http://www.nhc.gov.cn/yzygj/s3585u/200904/ebe63919d67b4c65a76b3f61d1c80cd6.shtml，2017年6月8日访问。

程度保证其科学性和适用性。

第二，关于对他人及社会利益的损害。这里关于他人利益的损害主要指对亲属的"损害"，且这种"损害"并不真正如其所述对家属利益有损，而是减少家属心理压力和冲击的有效手段。因为对于家属的"损害"是由于亲人过世而造成的，并非因医疗决定权预先指示。但预先指示因其内容的特殊性和敏感性确实易使患者家属产生抵触心理及错误认识。然而预先指示的出现不仅使家属预先了解了患者的意愿，更了解了相关使用或不使用维生措施的优缺点。这样，一方面既可以避免在患者的临终阶段家属因代替患者做决定而产生的巨大心理压力，或因"道德绑架"使患者接受只能推迟死亡但又极有可能产生巨大痛苦的医疗措施；另一方面，这种通过沟通达成的共识，也会使患者与家属之间建立良好的心理关系，能够在相关情况到来时共同面对。

生前预嘱不仅不会对社会利益造成损害，还会在一定程度上产生积极的效果。具体来说：其一，有助于合理分配医疗卫生资源。临终阶段相关抢救及维生措施需要调配大量的医疗资源，耗费巨大的人力、物力、财力，且对于晚期、不可治愈的患者来说，极易产生无效且给患者带来巨大痛苦的治疗。医疗决定权预先指示的订立，在尊重患者自主权、生命质量及尊严的同时，也能够使医疗资源更公平地分配，进而形成更健康的医疗保健服务体系；其二，有助于促进医学模式的转型和医学目的的更新；医疗决定权预先指示与二者相辅相成，相得益彰。二者为预先指示提供了环境和土壤，预先指示的推广则能够从具体的实践中使公众更易于接受新的医学目的，更能够以"生物—心理—社会"医学模式为指导思考相关问题。除此之外，预先指示的推广对缓和医患矛盾，减轻医患压力，重建医患信任等也有十分重要的意义。

四、结语

生前预嘱虽然尚未被我国法律体系所承认，但患者的自主权或自我决定权却毫无疑问地受到我国法律体系的保护。从实践上来说，患者医疗决定权的预先指示需要各方力量的配合，同时也有赖于民众相关认知水平的提升。如何有效地推进相应进程，切实保护个体相关权益不受侵犯和损害，是需要进行持续思考、讨论以及总结的。